SIMBOLISMO
do Segundo Grau
Companheiro

Rizzardo da Camino

SIMBOLISMO
do Segundo Grau

Companheiro

© 2024, Madras Editora Ltda.

Editor:
Wagner Veneziani Costa

Produção e Capa:
Equipe Técnica Madras

Ilustração Capa:
Mário Diniz

Revisão:
João Ricardo Alves
Arlete Genari

**Dados Internacionais de Catalogação na Publicação (CIP)
(Câmara Brasileira do Livro, SP, Brasil)**

Camino, Rizzardo da, 1918- .
Simbolismo do Segundo Grau : companheiro /
Rizzardo da Camino. — 7. ed. — São Paulo: Madras, 2024.
ISBN 978-85-370-0484-5
1. Maçonaria 2. Maçonaria - Rituais
3. Maçonaria - Simbolismo I. Título.

09-04109 CDD-366.12

Índices para catálogo sistemático:
1. Maçonaria : Simbolismo do Segundo Grau :
Companheiro : Rituais : Sociedades secretas 366.12

Proibida a reprodução total ou parcial desta obra, de qualquer forma ou por qualquer meio eletrônico, mecânico, inclusive por meio de processos xerográficos, incluindo ainda o uso da internet, sem a permissão expressa da Madras Editora, na pessoa de seu editor (Lei nº 9.610, de 19.2.98).
Todos os direitos desta edição reservados pela

MADRAS EDITORA LTDA.
CEP: Rua Paulo Gonçalves, 88 — Santana
02403-020 — São Paulo/SP
Caixa Postal: 12183 — CEP: 02013-970 — SP
Tel.: (11) 2281-5555-1127 — Fax: (11) 2959-3090
www.madras.com.br

*Dedico este livro à minha mãe
Victoria Helena Canini da Camino.
Ao prezado Irmão, amigo e confrade
Adauto Barreto da Silva Nen,
a homenagem do autor.
(Homenagem póstuma)*

NOTA DE LEMBRANÇA

Na qualidade de esposa do saudoso Rizzardo da Camino, não posso deixar de fazer uma homenagem, pois no dia 14 de dezembro de 2013 fez seis anos que perdemos o nosso querido Da Camino, que teve o privilégio de viver até os 90 anos com sua mente perfeita, sempre estudando e escrevendo, o que mais gostava de fazer! Ficamos casados por 60 anos, os quais me deixam muitas saudades.

Felizmente, estou acompanhada dos nossos filhos, Eloisa, Beatriz e Paulo – que é também maçom, agora da mais nova Loja, a Percepção nº 235, que foi criada em homenagem ao seu pai, o que muito me felicito.

Da Camino foi magistrado atuando como Juiz de Direito em várias cidades, onde sempre foi um maçom dedicado; deixou mais de 50 livros publicados nesses seus 60 anos de Maçonaria!

Muitos Irmãos não o conheceram pessoalmente, somente pelos seus livros, artigos, revistas e jornais maçônicos. Assim, deixo aqui meus agradecimentos a todas as Lojas e Irmãos que sempre foram presentes na vida de Da Camino.

Tenho a incumbência e a obrigação de agradecer, principalmente, à Loja Fraternidade nº 100 do Rio de Janeiro/RJ, à qual Da Camino pertenceu, pela sua grande gentileza para comigo!

À Madras Editora, meus sinceros agradecimentos por todos esses anos editando e publicando os livros do meu querido esposo!

É difícil, ainda, viver na ausência do meu esposo, restando somente a imagem do Da Camino na memória, mas tenho a certeza de que ele certamente deva estar ao lado do Grande Arquiteto do Universo!

Por fim, meus agradecimentos, conjuntamente com "nossos" filhos, a todos os Irmãos que prestigiam o Da Camino lendo os seus livros, os quais ajudam a resolver as dúvidas, tornando todos os homens mais "Justos e Perfeitos"!

Com saudades,
Odéci Da Camino

Índice

Prefácio 11
Manoel Gomes 13
Apresentação 15
Desenvolvimento do Ritual 19
    Os Cinco Sentidos 26
    O Número Cinco dentro da Numerologia 28
    A Estrela de Cinco Pontas 30
    A Cinco Viagens do Grau 30
    Os Cinco Degraus do Trono 31
São João 35
São João da Escócia 44
Ritual de Iniciação 70
    Elevação ao Grau de Companheiro maçom 70
O "Delta Misterioso" 86
O Simbolismo das Cinco Viagens 106
    A Primeira Viagem 106
    Os cinco sentidos 106
    A Visão 107
    A Audição 109
    O Olfato 110
    O Paladar 111
    O Tato 112
    A Segunda Viagem 113
    A Terceira Viagem 117
    Gramática 118
    Retórica 118
    Lógica 119
    Aritmética 121
    Os Números 121

As Medidas	122
Sistema Métrico Decimal	123
Geometria	124
Música	124
Astronomia	131
A Quarta Viagem	132
Sólon	132
Sócrates	133
Licurgo	136
Pitágoras	138
I. N. R. I.	142
A Quinta Viagem	143
A Palavra Sagrada	148
A Palavra de Passe	150
O Sinal do Grau	155
As Colunas	160
A Estrela de Cinco Pontas	170
A Estrela Flamígera	173
A Letra "G"	175
A Idade do Companheiro	178
O que é o pensamento?	180
O que é a consciência?	180
O que é a inteligência?	181
O que é a vontade?	181
O que é liberdade?	182
O Avental no 2º Grau	183
A Marcha do 2º Grau	189
As Pedras do 2º Grau	193
O Alfabeto	198
A Parábola dos Talentos	200
Os Oráculos	206
As Instruções do 2º Grau	208
Primeira Instrução	209
Segunda Instrução	214
Terceira Instrução	238
Orador	241

 O Tetragrama Hebraico 243
 O Quaternário 244
 O Quinário 245
 O Hexagrama 246
 O Setenário 247
O Exame.. 248
Palavras Finais 253

Prefácio

Lemos com atenção e avidez mais este livro de Rizzardo da Camino, Segundo de uma série de três, dedicados aos Graus da Maçonaria Simbólica.

Ao fazermos este prefácio que nos pediu o autor, queremos deixar, primeiramente, as nossas palavras de estímulo para que continue o Irmão Rizzardo da Camino a enriquecer a bibliografia maçônica, acrescendo-a de peças tão valiosas.

Seus livros, escritos em estilo elegante e de fácil assimilação, fogem ao comum e procuram, de forma assaz rica em didática, dar a mensagem sensata e correta.

Nesta sua série – SIMBOLOGIA DOS GRAUS, vindo de pacientes e prolongadas pesquisas, busca Rizzardo da Camino dar mais difusão ao Simbolismo, que entendeu um estudo fundamental e imperativo a todos os maçons, por ser sobre o que se eleva toda a filosofia e Doutrina da Sublime Instituição.

Em verdade, o Simbolismo é a alma e a vida da Maçonaria, nasceu com ela. É o germe do qual brotou a árvore maçônica que ainda a nutre e anima. É o veículo que trouxe até nós o conhecimento dos grandes luminares da Antiguidade.

Ciência que a Maçonaria adotou para desenvolver e revelar aos seus filiados as grandes verdades que ensina, seguindo os sábios preceitos que lhe foram transmitidos desde os tempos mais remotos.

Tem as suas origens nos símbolos primitivos, que foram as expressões resultantes dos primeiros reflexos da inteligência para a representação de uma ideia formulada na mente humana.

Não é, como pretendem alguns, o Simbolismo maçônico, uma tradição respeitável, apenas; ou, uma arte decorativa dos templos; tampouco, a convencional e rudimentar representação de sentenças morais. Pelo contrário – símbolo é a sintetização de um pensamento que, de maneira simples, representa.

Nos instrumentos de trabalho – o ESQUADRO, o COMPASSO, o CINZEL, o MAÇO, o PRUMO, o NÍVEL, a RÉGUA, e outros, buscados na arte de construir, neles não vê o maçom, evidentemente, o significado que pode sugerir seu uso mecânico, mas a motivação para pensamentos mais nobres e sublimes, ao mesmo tempo que o coloca em permanente contato com os princípios normativos da Instituição.

O SIGNO DE SALOMÃO – duplo triângulo, simbolizando a manifestação e evolução duais do Cosmos;

O DELTA – invocando a ideia de existência de um ser superior, criador de todos os Universos;

O SOL – a maior glória do criador;

A ROMÃ – simbolizando a família maçônica;

A ESTRELA FLAMÍGERA – afirmando que a inteligência e a compreensão procedem, igualmente, da razão e da imaginação;

A ACÁCIA – símbolo da imortalidade e outros tradicionais, pitagóricos e cabalísticos, que se prestaram a um significado maçônico, seja com um sentido esotérico, seja como fórmulas encerrando significados educativos.

O templo de Salomão, também um símbolo, representando o templo Ideal, de cuja construção o maçom participa com a sua pedra – esquadrejada e polida no silêncio do recolhimento e da meditação.

Pois tudo isso Rizzardo da Camino sabiamente coloca ao alcance de todos nesta sua série de livros dedicados ao Simbolismo, por uma sequência de argumentos e comentários exatos, com a beleza das coisas que são feitas com muito amor – inegavelmente, uma obra de verdadeira erudição.

Manoel Gomes[1]

---

1. Autor de *Manual do Mestre Maçom* e *A Maçonaria na História do Brasil* — Madras Editora, São Paulo.

Manoel Gomes

O prefácio de uma obra sempre é apresentado por uma personalidade ilustre que tece críticas à obra, uma vez que recebe as provas, seja diretamente da editora, ou do próprio autor.

Fugindo ao normal, que é a limitação da publicação do prefácio, dada a personalidade de Manoel Gomes, o editor sente-se na obrigação de fazer uma apresentação, para a qual nos servimos das palavras de Rodolfo Bosco, autor do prefácio da sua obra *Manual do Mestre Maçom*.

"Manoel Gomes, na Maçonaria catarinense, foi um apóstolo, integrado na solene disposição do amor, praticando-o por meio das virtudes que lhe ornam a alma. Viveu a Sublime Instituição no seu Simbolismo e identificou-se no sentido espiritual e moral de sua liturgia. Cedo, formou um conceito da Arte Real que iria projetá-lo no tempo. De simples jovem animado de ideal profundo, empunhou o malhete de Grão-Mestre da Grande Loja Simbólica de Santa Catarina.

"Na caminhada das Colunas ao altar dos juramentos, Manoel Gomes traçou a linha reta que seguiu sempre em sua vida, como chefe de família, como militar – um cidadão prestante à pátria, à família e à sociedade. Na Maçonaria, encontrou a forja para o melhor trabalho fraterno resumido nas virtudes exaltadas pelo apóstolo Paulo: a fé, a esperança e a caridade. Desbravou a floresta do desconhecido, para penetrar nos segredos históricos e nos enigmas do Simbolismo. Com mãos hercúleas e sem temeridade, afastou os ferrolhos da porta do desconhecido, para nos apresentar uma Maçonaria integrada nos seus legítimos postulados, nos seus reais valores".

Além do *Manual do Mestre Maçom*, obra já consagrada, excelente repositório de conhecimentos indispensáveis para todos os maçons, é também autor do livro *A Maçonaria na História do Brasil*, obra que nos apresenta, correta e corajosamente, os verdadeiros aspectos dos eventos da nossa História. Seus trabalhos são um retrato da sua personalidade, revelando o escritor e apontando o homem que caminha com o olhar fito no além, perscrutando o enigmático para revelar a Grande Verdade...

O editor

Apresentação

O Grau denominado de Companheiro é o Segundo dentro do Rito Escocês Antigo e Aceito. Junto com o primeiro e terceiro, é denominado de Grau Simbólico, ou Maçonaria Azul. Os demais 30 Graus do Rito são conhecidos como Graus Filosóficos, ou Maçonaria Vermelha.

O Grau de Companheiro tem como objetivo o estudo das ciências Naturais, da Cosmologia, da Astronomia, da Filosofia, da História e a investigação da origem de todas as causas de todas as coisas.

Dedica-se, outrossim, ao estudo dos símbolos, como o faz o 1º Grau; procura conhecer o homem como ser útil à sociedade, buscando colocá-lo a serviço da humanidade para semear bem-estar por meio do trabalho, da ciência e da virtude.

O Aprendiz maçom que conclui seu tempo no estágio que lhe foi proposto julga ter estudado e absorvido os ensinamentos de todos os símbolos que encontrou dentro do templo, contudo verificará que, ao passar para o 2º Grau, surgem novos símbolos e novas interpretações.

O seu caminho será um pouco mais preciso e filosófico/prático, sem, obviamente, somar profundos conhecimentos maçônicos, exigidos gradativamente em sua exaltação ao 3º Grau.

Por ser o Grau intermediário dentro da Maçonaria Simbólica, assume relevante posição o estudo. Ser Companheiro significa o laço de união entre o Aprendiz e o Mestre.

Sem ser já Aprendiz e sem ter alcançado a posição de Mestre, o Companheiro coloca-se como se fora o fiel de uma balança imaginária, equilibrando posições, aspirações e tendências.

Após cumprido seu período, que também é longo, paciencioso e constante, a sua fidelidade lhe dará um prêmio valioso, o de ser aceito como Mestre, que é a última posição na Maçonaria Simbólica.

A origem da palavra "Companheiro", no sentido maçônico, é um tanto nebulosa, pois não há, precisamente, documentos a respeito. Em latim, *companarius*, é aquele que acompanha ou que está na companhia de outrem.

Quando da construção do templo de Salomão, os artífices (não confundir com os operários) eram divididos em três escalões: Aprendizes, Companheiros e Mestres, porém, essa divisão nos chegou pelas lendas, e não por documento.

A adoção da nomenclatura provém de época recente; no idioma saxônico, temos: *felaw*, como em inglês *felow*, composto das palavras fé e *loy*, que poderiam significar "ligados em confiança mútua". Poderia ter outro significado originado da palavra anglo-saxônica *folgian*, que quer dizer "seguir", no sentido de "precursor".

Tanto por ocasião da reconstrução do templo de Salomão, destruído por Nabucodonosor, como na Idade Média, teriam existido apenas dois grupos destinados às construções: Os "cortadores" e os "pedreiros", porém sem a organização maçônica, isto é, sem que os "cortadores" fossem os "Aprendizes" e sem que os "pedreiros" fossem os "Companheiros".

Não resta dúvida, porém, de que o nome "Companheiro" tinha significado mais profundo, expressando uma posição de destaque dentro de uma "fraternidade universal".

"Companheiro" expressava um vínculo mais profundo que "Irmão"; todos os homens podiam ser "irmãos", porém nem todos podiam ser "companheiros".

A denominação sempre aparece junto à criação dos primeiros agrupamentos gremiais, seja no Egito, seja na Caldeia ou na Síria.

Os agrupamentos "profissionais" passaram do Egito à Ásia Menor; desta à Península dos Bálcãs, logo para a Itália, Alemanha, França e Inglaterra.

Na Inglaterra, em 1717, surgiram os agrupamentos tidos como maçônicos.

Em todos os ritos maçônicos conhecidos, em uso ou não, o Grau de "Companheiro" aparece como Segundo escalão hierárquico, representando a segunda fase da vida do homem: a da virilidade.

Outro aspecto importante diz respeito ao fato de que a admissão ao Segundo Grau, ou seja, ao de Companheiro, em todas as épocas sempre constituiu seleção, pois nem todos possuem o mesmo nível intelectual; em épocas passadas, a instrução era privilégio de poucos, daí permanecerem na Maçonaria, a grande maioria, no primeiro escalão, ou seja, como Aprendizes; "Eternos Aprendizes", homens de bem, iniciados, com plena capacidade espiritual, mas que não poderiam absorver a cultura, posto que incipiente.

Hoje, evidentemente, houve uma mudança de 180°, porque qualquer jovem de 16 anos, que conclua o primeiro ciclo de estudos, sabe muito mais que os jovens do passado.

Assim, se o 2º Grau significava um avanço no caminho maçônico reservado a poucos, hoje, apenas constitui uma complementação da Maçonaria Simbólica; o maçom atinge a sua plenitude simbólica ao ser exaltado Mestre.

A relevante importância do Grau de Companheiro o diz a sua própria "iniciação"; se fosse apenas mais um degrau, não haveria necessidade de "iniciação"; tem-se diminuído a importância da "iniciação" ao 2º Grau, denominando-se a cerimônia de "Elevação", o que constitui uma diminuição injustificada.

Desde remota antiguidade, muito antes da criação do Rito Escocês Antigo e Aceito, quando a Maçonaria possuía tão-somente três Graus, estes possuíam as suas próprias iniciações e os seus temas de estudo, enfeixando um ciclo perfeito.

Quem estuda os 33 Graus do Rito Escocês Antigo e Aceito, encontrará um perfeito entrosamento entre todos, e sempre os três primeiros Graus constituirão a fundamentação dos demais. No Grau 32, há remissão ao Grau de Companheiro, em uma explanação mais ampla, mas subsistindo as bases sólidas de sua filosofia.

Hoje, a Maçonaria tem em mira os três aspectos essenciais: a instrução moral, física e intelectual; a moral abrange a espiritualidade; a física, o conhecimento completo da natureza;[2] e a intelectual, a mística, parapsicologia e ciências afins.

---

2. *Phisis*, em grego

O Grau de Companheiro avança, paralelamente, para o futuro e, paradoxalmente, "avança" para o passado, estudando o pensamento dos filósofos, sejam os que foram maçons, ou não.

O fator tempo, no 2º Grau, desaparece; sempre é o presente. Trata-se de uma das primeiras lições que o Companheiro absorve: tempo e espaço são apenas atributos do Grande Arquiteto do Universo.

*

* *

Desenvolvimento do Ritual

A praxe, que sempre constitui um mal, porque conduz ao relaxamento na observância dos Ritos, faz com que as reuniões de Companheiros iniciem-se com o 1º Grau, fazendo a transformação dentro da Loja.

O correto será iniciar o 2º Grau, desde o ingresso no templo que deverá estar preparado para o Grau, isto é, com as luzes apro-priadas e os instrumentos de trabalho que lhe correspondam, inclusive a cor das paredes, que deverá ser azul.

A abertura e o encerramento dos trabalhos nas Sessões comuns desenvolvem-se quase da mesma forma como no 1º Grau; apenas na cerimônia de Elevação surge a diferença.

Quando o Venerável Mestre, já colocado em seu altar, comanda o início, declarando a Loja aberta, solicita ao Irmão Primeiro Vigilante que cumpra o seu primeiro dever.

A cobertura do templo apresenta dois momentos: o Cobridor Interno, que já fechara a porta externa quando por último ingressara o Venerável Mestre, dá as pancadas do Grau, que são repetidas pelo Cobridor Externo.

O certo é que as pancadas sejam as do Grau e não como de "praxe", que se inicie com as do 1º Grau. Não se deve confundir quando alguém, após iniciados os trabalhos, "bate à porta do templo", obviamente, no 1º Grau, eis que ignora em que Grau a Loja está trabalhando.

O Segundo momento diz respeito à Cobertura Esotérica, isto é, o significado filosófico de encontrar-se um templo a coberto.

Sendo a Loja uma oficina que trabalha dentro de um templo, fácil é compreender que toda mística religiosa se faz presente, após o fechamento da porta de entrada; a Loja, que surge no momento em que reúne seus membros, atrai a presença do Grande Arquiteto do Universo.

A "onipresença", um dos atributos do Grande Arquiteto do Universo, não deve ser confundida com a mística da "Sintonia"; apesar de sempre presente, o Grande Arquiteto do Universo faz-se "pensamento" e desperta no Membro da Loja a "Sinfonia", ou seja, a cons-cientização da existência de um elo entre a criatura e o Criador.

A Loja, após receber o "Som" das pancadas à sua porta, passará a ESTAR A COBERTO, ou melhor, receberá a "Cobertura", ou "Presença" do Grande Arquiteto do Universo.

Só com a "Presença" do Grande Arquiteto do Universo é que o Venerável Mestre poderá dar começo aos trabalhos.

A segunda ordem e, portanto, o Segundo dever do Primeiro Vigilante, será verificar se todos os presentes são Companheiros-maçons.

O sinal do Grau, evidentemente, é um gesto e uma postura adequada e necessária para os trabalhos; contudo, o Primeiro Vigilante deverá "sentir" a presença de um Companheiro, pois o 2º Grau é um escalão de muita importância dentro do Rito Escocês Antigo e Aceito.

Não basta um mero sinal de postura, é mister que haja entre o Primeiro Vigilante e o Companheiro, uma "Sintonia" perfeita, a ponto de, se surgir um "mistificador", ser ele desmascarado.

A "sensibilidade" do Primeiro Vigilante deve ser cultivada, pois ele será o sucessor do Venerável Mestre.

Os *Landmarks* não dispuseram em vão, que os substitutos do Venerável Mestre são os Vigilantes.

Dentro do conjunto de uma Loja, os que evoluem de forma natural, dado a sua privilegiada posição e proteção, são os Vigilantes; seria risco eleger como Venerável Mestre a qualquer Irmão do quadro, posto possa qualquer um, e tenha o direito, de ver-se votado; a experiência recomenda e os resultados estão presentes, que durante o ano o Primeiro Vigilante receba de todas as luzes, a orientação necessária para ocupar o futuro cargo.

Conhecer o Ritual e desenvolvê-lo não é suficiente; faz-se necessário "viver" a liturgia e ter plena consciência do significado de cada palavra e gesto.

Feita a verificação, o Primeiro Vigilante responde: "Todos os presentes são Companheiros-maçons".

Evidentemente, em uma Loja do 2º Grau não é admitida a presença de Aprendizes; contudo, pode haver a presença de Mestres.

O Venerável de uma Loja maçônica sempre é o Venerável da Loja de Companheiros.
Porém, há possibilidade das luzes serem apenas Companheiros? Trata-se de uma questão ainda não definida, porque a Loja Simbólica compreende o conjunto dos três primeiros Graus. Desconhecem-se Lojas exclusivamente de Aprendizes ou de Mestres. O Rito Escocês Antigo e Aceito divide os seus Graus em grupos; portanto, um Venerável Mestre é eleito para dirigir uma Loja que trabalha nos três primeiros Graus. Ocorre daí que, embora um Companheiro fosse antes um Aprendiz, em Sessão de 2º Grau será considerado somente Companheiro maçom. Nem todo Companheiro, obviamente, é Mestre Maçom, mas todas as luzes e Oficiais serão Mestres, por força do regulamento Interno da Loja.

Os ocupantes das Colunas, incluindo os Vigilantes, dentro de uma Sessão de Companheiros, nivelam-se pelo 2º Grau. Os Mestres são eternos Aprendizes e eternos Companheiros.

O Venerável Mestre aceita as informações de que todos os presentes nas Colunas são Companheiros e diz: "Desde que a Loja esteja justa e perfeita, procedamos à abertura dos trabalhos".

O que se entende por uma Loja encontrar-se justa e perfeita?

Aqui temos uma Loja do 2º Grau, ou seja, Loja de Companheiros maçons; uma Loja justa e perfeita, porque, realmente os presentes foram reconhecidos Companheiros; todos passaram a "sintonizar" dentro de um idêntico "Plano", em que a maior Presença é a do Grande Arquiteto do Universo.

Deus é justo, a sua obra é perfeita, eis a origem da frase.

Temos, ainda, para analisar a diferença entre o Ritual do Grau de Aprendiz, com o do Companheiro, quanto às presenças dos obreiros, pois, quando o Primeiro Vigilante responde ao Venerável Mestre que todos os "presentes" são maçons, este dá o testemunho de que também os que ocupam o Oriente o são.

Na Loja de Aprendizes, o Primeiro Vigilante não afirma que os componentes das Colunas são Aprendizes, mas generaliza dizendo que "todos os presentes nas Colunas" são "maçons"; ele não destaca a presença de "Aprendizes", mas, apenas, de "maçons".

A Loja de Aprendizes divide-se em duas partes, o Oriente e o Ocidente; a de Companheiros apenas possui um plano no qual os

Companheiros devem sentar; é certo que existe o Oriente, mas este é ocupado pelo Venerável Mestre, Diácono, Secretário, Orador, Porta-Estandarte e Porta-Bandeira.

O Venerável Mestre não confirma ao Primeiro Vigilante a presença de Companheiros no Oriente.

Uma única vez o Primeiro Vigilante informa, respondendo a sua pergunta, ao Venerável Mestre, que o mesmo está sentado no Oriente.

A seguir, o Venerável Mestre destaca a presença dos Diáconos, perguntando-lhes onde se encontram.

O Segundo Diácono diz que o seu lugar é junto ao Primeiro Vigilante, à sua direita, com a finalidade de transmitir as suas ordens ao Segundo Vigilante.

Porém, não existem ordens a ser transmitidas de Vigilante para Vigilante; o que os Diáconos transmitem no início e fim da Sessão é a Palavra Sagrada.

A função dos Diáconos é "disciplinar", eis que observam se os obreiros se conservam nas Colunas com o devido respeito e disciplina.

Dentro de uma Loja, que é justa e perfeita, haverá lugar para desrespeito e indisciplina?

Cremos que não, portanto devemos buscar o verdadeiro significado de "respeito" e "disciplina".

"Respeito e disciplina" não constituem comportamento, eis que, dentro de uma Loja maçônica, não haveria lugar para pessoas mal comportadas, uma vez que todo iniciado é portador de um desusado interesse para com a Arte Real, que procura absorver paulatina, mas metodicamente.

O "respeito" tem mais a ver com a "postura", que é cumprir com o que é ensinado, conscientemente; "respeitar" é sinônimo de "venerar"; portanto, o maçom que se mantém na postura adequada, estará capacitado a "venerar" os símbolos. As posturas são inúmeras: o "de pé e à ordem", o modo de permanecer sentado, a posição de dar seu óbolo, a de colocar a sua "proposição" no saco de propostas e informações, o ajoelhar, marchar, ocupar lugares que lhe são destinados, enfim, toda a sistemática preestabelecida no Ritual, para um perfeito desenvolvimento da Sessão.

A "disciplina" não é, propriamente, um ato de submissão, mas sim, de acatamento à hierarquia maçônica, tanto para com os obreiros como para si mesmo; a "autodisciplina" constitui uma forma de aceitar a filosofia maçônica, mesmo como uma "Técnica de vida", em busca de uma felicidade que nem sempre é encontrada no mundo profano.

Disciplinar constitui uma resultante da iniciação, pois a nova criatura que renasceu necessita observar as regras que não lhe são impostas, mas que aceita porque as compreende perfeitas.

Os obreiros devem "conservar-se" nas Colunas com o devido "respeito" e "disciplina"; isso sugere uma atenção permanente. A Maçonaria é vida dinâmica e jamais, estática.

Pergunta-se: e no Oriente, os obreiros não necessitam do "respeito" e da "disciplina", uma vez que o Ritual silencia a respeito?

Supõe-se que no Oriente não há Companheiros, mas se houver, obviamente, manterão a mesma atitude.

O Primeiro Diácono, que está à direita do Venerável Mestre e abaixo do sólio, tem uma missão: a de transmitir as ordens do Venerável Mestre a todas as "Dignidades" e "Oficiais", com a finalidade de os trabalhos serem executados com prontidão e regularidade.

O que entendemos por "Dignidade" e "Oficiais"?

Em primeiro lugar, não há distinção entre "Digndade", membro de uma Loja, e "digndade", visitante.

Uma Dignidade é quem ocupa um cargo honorífico. Os Vigilantes não são Dignidades, mas Luzes; portanto, as "Dignidades" de uma Loja serão os membros que mereceram posições honoríficas.

"Nem todos os rituais são idênticos." Nós estamos comentando um dos bons rituais brasileiros,[3] que dispôs sobre as reuniões tidas como "econômicas"; no Ritual de iniciação ao 2º Grau, não há o preâmbulo a que estamos dedicando nossa atenção.

Os Oficiais são todos os obreiros que ocupam cargos na Loja, com exceção dos Vigilantes.

Os Vigilantes não recebem ordens, pois são o deslocamento no espaço do próprio Venerável Mestre.

O "Past-Master" é a denominação dada aos ex-Veneráveis nas Grandes Lojas; no Grande Oriente, são denominados "Mestres Instalados"

---

3. Ritual da Grande Loja do Rio Grande do Sul.

Embora não haja uma referência exata, consta[4] que o hábito de "instalar" Mestres foi iniciado pelos "antigos", depois de 1750, constituindo quase um Grau; a praxe tem determinado que as decisões de maior relevância sejam tomadas pelos "Past-Masters" da Loja.

Cada Grande Obediência possui o seu próprio ritual de instalação que, obviamente, não faz parte do Rito Escocês Antigo e Aceito, como não fazem parte, os rituais de adoção, pompa fúnebre, confirmação de casamento, etc.

A seguir, o Venerável Mestre pergunta ao Primeiro Diácono, onde tem assento o Segundo Vigilante.

A finalidade de se encontrar o Segundo Vigilante ao Sul é idêntica à do 2º Grau; as palavras não mudam portanto, o Segundo Vigilante mantém a mesma atribuição do HH.

Contudo, embora o Primeiro Vigilante permaneça no Ocidente, as palavras que profere são um pouco alteradas, permanecendo, porém, a sua essência, igual à do 1º Grau.

E como no livro dedicado ao 1º Grau já aludimos à saciedade sobre esta parte, remetemos o leitor àquela obra.[5]

A finalidade da reunião dos Companheiros em Loja difere da dos Aprendizes.

"A promoção do bem-estar da humanidade, o erguimento de templos à virtude e a construção de masmorras ao vício."

O bem-estar da humanidade poderia, hoje, ser traduzido como "justiça social".

O governo brasileiro, na última década do século XX, esmerou-se em proporcionar a todos os brasileiros o bem-estar que merecem, pela grandiosidade da pátria e pela conservação da tradição da família.

O bem-estar é uma aspiração de todos, ricos ou pobres; é um equilíbrio emocional, pois traduz, em última análise, a própria felicidade; bem-estar é conforto, saúde, instrução, desenvolvimento e diversão.

Mas a "justiça maçônica" é um pouco diferente da justiça social; a Maçonaria visa a atingir um ponto mais alto, dando aos seus

---

4. *Freemason – Guide and Compendium* de Bernard E. Jones. Edição 1950, pág. 248. Biblioteca de Kurt Prober, vol. n.º 1950/921.
5. Obra do mesmo autor, *Simbolismo do 1º Grau* (Madras Editora).

Iniciados uma visão mais ampla de bem-estar, que abranja, também, a espiritualidade.

Promover significa "impulsionar", dar o primeiro passo, mostrar o caminho.

A Maçonaria impele o Iniciado à conscientização de que deve preocupar-se com o bem-estar da humanidade. A Maçonaria prepara o cidadão, o chefe de família, enfim, o membro da Comunidade.

Maçons, nós os temos em toda parte; nós os temos Iniciados, e os temos como prolongamento nos seus filhos e netos. Um neto de um maçom trará em si a força impulsora que seu avô recebeu, quando membro de uma Loja maçônica!

Muitos entendem que o maçom deve, em seus trabalhos, programar realizações sociais, envolver-se nos múltiplos setores da Administração Pública e tomar parte em todas as iniciativas para atender às necessidades sociais.

Essa tarefa será do cidadão, que tem o dever de cooperação; mas o maçom apenas recebe os "Impulsos", dentro dos templos; fora, no mundo profano, ele saberá comportar-se e cumprir com os seus deveres de cidadão, dentro da comunidade onde vive e tem os seus interesses.

Levantar templos à virtude é uma das mais belas tarefas do Companheiro maçom.

Erguer, pedra por pedra, um edifício, adorná-lo, consagrá-lo ao Grande Arquiteto do Universo, transformando-o em templo, é o seu maior virtuosismo.

Que podemos entender por virtude?

O Ritual de iniciação do 1º Grau diz: "É uma disposição da alma que nos induz à prática do bem".

Então, o Companheiro maçom deverá levantar templos à disposição de sua alma indutora à prática do bem?

Certamente que não é essa a definição de virtude do 2º Grau.

Os vocábulos, como os símbolos, não possuem definições estéticas; os símbolos, que são elementos de uma linguagem mística, adquirem de Grau a Grau, novos aspectos, nuanças e significados, assim como os vocábulos.

Virtude, no 2º Grau, é sinônimo do Grande Arquiteto do Universo, pois só a Ele é permitido erguer templos! Só a Ele é devida toda honra e glória, obediência, aplauso e amor!

Em oposição, surge o Vício.

Diz o Ritual do 1º Grau, sobre o Vício: "É tudo o que avilta o homem. É o hábito desgraçado que nos arrasta para o mal".

Portanto, Vício é oposição, o opositor a que a religião dá nomes: Satanás, Belzebu, Diabo.

É a forma negativa e a própria negação da virtude, ou seja, de "Deus".

"Cavar masmorras" é soterrar, em lugar profundo e baixo, a negação, o pessimismo, o desinteresse, o egoísmo, enfim, os aspectos contrários à nossa evolução.

Deve-se notar que o Ritual não faz referência a "vícios" no plural, mas sim a Vício, que se deve grafar com maiúscula, por ser nome próprio!

Torna-se preciso um longo período de exercício para conseguir dominar as forças contrárias que se opõem aos nossos ideais. Porém, jamais a Virtude poderá permitir uma presença paralela com o Vício.

Um Companheiro maçom, logo exaltado, não possui a perfeição do Grau; faz-se necessário um período de CINCO ANOS de dedicação, estudo e perseverança para que ele atinja a "maturidade".

O número CINCO tem especial significado dentro do Grau.

Os cinco sentidos do homem,[6] o número cinco dentro da "nume-rologia" e da matemática; a estrela de cinco pontas; as cinco viagens do Grau.

*
* *

OS CINCO SENTIDOS

Partindo do cérebro, por meio de nervos motores, o corpo humano estabelece relações com o mundo externo.

"Sentir", raiz da palavra "sentido", diz respeito, também, à parte "espiritual" do homem; os "sentidos" comuns partem do cérebro,

---

6. Cada sentido será descrito à parte.

Desenvolvimento do Ritual 27

porém, os "sentidos" espirituais partem do que se convencionou chamar de "espírito"; assim, o homem poderá "enxergar" com "olhos espirituais", ouvir com "ouvidos espirituais", enfim, aplicar os seus "sentidos" em dupla função, inclusive o "transporte" espiritual que seria a locomoção através do espaço, deixando a matéria em repouso, ou mesmo, o "transporte" vertical, que seria a "levitação".

O primeiro sentido é o da visão; com ele, apreciamos a forma de todas as coisas. Os olhos são seus órgãos.

O Segundo sentido é a audição; a percepção dos rumores, hoje, ampliada pela tecnologia, a ponto de, empregando instrumentos sofisticados, poder se escutar uma pessoa falando dentro de um raio de um quilômetro de distância, sem que haja da parte de quem fala, aparelho de transmissão; sem mencionarmos as transmissões partidas do Cosmos, a milhões de quilômetros.

O terceiro sentido é o do olfato; sentido que percebe os odores, apenas de certa distância; apesar de secundário, desempenha funções excitantes e distingue as espécies necessárias para a alimentação. Está relacionado com o sexo.

O quarto sentido, o do paladar, também é restrito às funções orgânicas imediatas. O olfato e o paladar são sentidos que podem se tornar requintados, por meio de um período de educação.

O quinto e último sentido é o do tato, o qual dá ao homem a faculdade de aproveitar a natureza e executar as tarefas que lhe agradam e desempenhar os seus deveres e obrigações, dentro da profissão que abraçou.

O tato é o responsável pela dor e pelo prazer e se desenvolve pela parte externa do organismo, especialmente pela pele. Aparentemente secundário, constitui um dos principais, se não o principal dos sentidos.

A par dos cinco sentidos fisiológicos, o homem possui os sentidos "anímicos", que não devem ser confundidos com os "sentidos espirituais".

Os sentidos "anímicos" são:

O sentido humanitário, que leva o homem a auxiliar o próximo com a sua solidariedade.

O sentido moral, que visa ao bem-estar social, ao interesse do homem pelo seu semelhante.

O sentido da estética, que conduz o homem a distinguir a perfeição, ver a diferença entre o belo e o imperfeito, a deleitar-se diante de uma obra de arte, fruto do trabalho de um artista, ou da própria natureza.

O sentido intelectual, que impulsiona o homem a buscar o conhecimento por intermédio da experiência dos sábios; a ilustrar-se, diante dos ensinamentos dos mestres, e a ver o exemplo de nossos semelhantes, buscando soluções para os problemas aparentemente sem definição.

O sentido religioso, que é a inclinação aos assuntos "divinos", o estudo do "Livro Sagrado", a harmonia com o Grande Arquiteto do Universo e compreensão das coisas sutis e espirituais.

*
* *

O NÚMERO CINCO DENTRO DA NUMEROLOGIA

Tem a denominação de "quinário", sugere a "quintessência"[7] da fase do 2º Grau, ou seja, a perfeição a que deve atingir o Companheiro maçom, antes de encetar a viagem para o Grau seguinte.

Traduz a essência vital, a vida espiritual, o aperfeiçoamento genealógico e a própria força intelectual.

---

7. Extrato levado ao último apuramento; a parte mais pura; o requinte.
8. Pentacâmara: fruto de cinco câmaras; Pentacarpo: fruto que tem cinco carpelos; Pentacontaedro: cristal com cinquenta faces; Pentacontarco: comandante de 500 homens nos exércitos gregos; Pentacórdio: lira com cinco cordas; Pentacosio-medimno: renda de ateniense, equivalente a uma medida de trigo; Pentacótomo: que se divide em cinco partes; Pentacróstico: grupo de versos, composto de maneira a ler-se cinco vezes o nome que é objeto de um acróstico dividindo-se toda a composição em cinco partes; Pentadáctilo: que tem cinco divisões; Pentadelfo: estames cujos filetes estão reunidos em cinco fascículos; Pentaédro: sólido com cinco faces; Pentaetéride: espaço de cinco anos que decorria entre duas celebrações sucessivas dos grandes jogos gregos; Pentaglota: escrito em cinco idiomas; Pentágono: polígono de cinco lados; Pentagrama: as cinco linhas da pauta musical; Pentagino: que tem cinco pistilos; Pentalépido: partes vegetais que têm cinco estames; Pentâmero: insetos cujo tarso

O número cinco representa os elementos da natureza: a terra, a água, o ar, o fogo e a semente, ou gérmen.

PENTA, em grego, expressa o número cinco e serve de prefixo para um sem-número de palavras, entre as quais o PENTAGRAMA.[8] O pentagrama é a figura geométrica formada de cinco triângulos agrupados; assim, o polígono de três lados, continua sendo a base de todas as medidas, daí a sua aplicação na Trigonometria.

O número cinco é tomado como medida; por exemplo, o lustro, que se compõe de cinco anos; a felicidade é composta de cinco fases: o adorno, o amor, o socorro, o trabalho e o gozo; o mundo divide-se em cinco grandes partes: Europa, Ásia, África, América e Austrália; Companheiro quando elevado à sua Câmara, são feitas cinco perguntas; faz cinco viagens; cinco são as baterias do Grau; cinco são os pontos de esquadria que forma para executar sua postura; cinco são os seus toques; são cinco os degraus que deverá subir, cinco são as luzes que iluminam seu trajeto; a estrela do Grau tem cinco pontas; cinco são os anos de estudo e dedicação; os instrumentos de trabalho são cinco: o maço, o cinzel, o compasso, o esquadro e a régua.

Encontraremos, dentro da presente obra, inúmeras e infindáveis vezes, a aplicação do número cinco.

Dentro das cinco vogais do alfabeto, iremos encontrar, na análise do nome e da assinatura do Companheiro, o significado mental

---

se acha dividido em cinco artículos; Pentâmetro: verso de cinco pés; Pentangular: que tem cinco ângulos; Pentapétalo: que tem cinco pétalas; Pentápole: reunião de cinco cidades: Pentapilo: que tem cinco portas; Pentarquia: governo exercido por cinco chefes: Pentaspermo: que contém cinco sementes; Pentassílabo: que tem cinco sílabas; Pentateuco: os cinco livros de Moisés: Gênesis, Êxodo, Levítico, Números e Deuteronômio; Pentatlo: conjunto dos cinco exercícios dos atletas gregos: luta, carreira, disco, salto e pugilato: Pentátono: intervalo de cinco sons na antiga música grega; Pentacampeão: (brasileirismo) campeão cinco vezes; Pentacapsular: que tem cinco cápsulas; etc.

e espiritual, deixando para as consoantes a descrição de sua parte física e material.[9]

*
* *

A ESTRELA DE CINCO PONTAS[10]

No presente estudo, preocuparemo-nos apenas como o desenvolvimento do Ritual, portanto diremos tão-somente, em resumo, as questões principais.

O "Pentalfa", figura geométrica construída pelos Pitagóricos, tem como base um triângulo; a união de cinco dessas figuras forma a estrela de cinco pontas, que se constituiu como o emblema da Perfeição e da Sabedoria.

A estrela de cinco pontas simboliza o próprio homem: a cabeça, os braços e as pernas, ocultando o "membro viril", revelado na estrela de David, ou seja, de seis pontas.

Os cristãos primitivos tomaram a estrela de cinco pontas como símbolo das feridas de seu Salvador.

O símbolo maçônico é "quinário" e representa a Paz e o Amor Fraterno.

A estrela de cinco pontas representa os cinco sentidos do homem; os cinco elementos do ser: a matéria, o espírito, a alma, a força e a vida.

*
* *

AS CINCO VIAGENS DO GRAU[11]

A primeira viagem é consagrada aos cinco sentidos do homem; a segunda objetiva o estudo das cinco ordens da Arquitetura: dórica, jônica, coríntia, compósita e toscana; a terceira é dedicada às artes

---
9. Diz respeito à grafologia ou "terapêutica do destino".
10. Vide estudo à parte, página 179.
11. As cinco viagens serão estudadas em capítulo à parte.

liberais: gramática, retórica, lógica, música e astronomia; a quarta simboliza a dedicação à memória dos grandes filósofos: Solon, Sócrates, Licurgo e Pitágoras, e a quinta e última viagem é dedicada à glorificação do trabalho.

*

* *

OS CINCO DEGRAUS DO TRONO

As três primeiras viagens findam junto ao trono do Segundo Vigilante ; a quarta e a quinta viagens são concluídas junto ao trono do Primeiro Vigilante . O novo Companheiro deverá ascender a cinco degraus, que simbolizam as cinco etapas da elevação; essas etapas podem ser representadas por cinco tonalidades: azul e vermelha; negra, incolor e branca.

A "incolor", ou "policrômica" (a soma das cores) corresponde à "quintessência".

Assim, a idade do Companheiro maçom expressa toda a filosofia do 2º Grau.

Prossegue o Venerável Mestre, perguntando sobre o horário de trabalho.

A Loja do 2º Grau trabalha, simbolicamente, durante 12 horas, que abrangem metade do dia e metade da noite.

É a expressão do equilíbrio, pois os trabalhos iniciam quando o sol se encontra em seu zênite, ou seja, no centro da Abóbada Celeste, que corresponde ao "meio-dia".

É de se supor que os Companheiros já tenham feito a sua refeição.

O início dos trabalhos obedece a um cerimonial, pondo-se todos de "pé e à ordem."[12]

O Primeiro Diácono sai do seu lugar, que é à direita do Venerável Mestre e abaixo do sólio de seu trono, sobe os degraus, posta-se à frente do Venerável Mestre e o saúda maçonicamente, como Companheiro.

---

12. Em capítulo à parte, já foi descrito sobre o "de pé e à ordem" do 2º Grau.

É a primeira saudação que o Venerável Mestre recebe desde que foi fechada a porta e a Loja foi coberta.

O Venerável Mestre responde à saudação, fazendo o sinal convencional se tiver a destra desocupada; se estiver empunhando o malhete, o que seria de prever, pois acabara de dar uma batida no tímpano, coloca-o à altura de seu coração, erguendo sempre o braço esquerdo e espalmando a mão.

Em sinal de agradecimento, o Venerável Mestre chama a si o Primeiro Diácono e lhe sussura ao ouvido a Palavra Sagrada.

O Primeiro Diácono, satisfeito pela honraria, desce os degraus do Trono e se dirige ao Trono do Primeiro Vigilante, a quem saúda também e transmite, de igual forma, a Palavra Sagrada recebida, colocando-se a seguir, após descer os degraus, à frente da coluna "B" e permanecendo de pé.

Os Diáconos empunham, com a mão esquerda, a férula[13] ou o cajado; o braço direito permanece caído, junto à coxa.

O sinal, como todos os sinais da saudação, e o de "pé e à ordem", devem ser executados no seu todo; não se pode conceber uma postura incompleta. Os Diáconos transportam o bastão com finalidade dupla: a de demonstrar o cargo que possuem e a de formar o Pálio, sob o qual o experto irá abrir o Livro da Lei.

A saudação é feita apenas com a mão direita sobre o coração; não se poderá confundir postura com saudação.

Os militares à paisana, quando ouvem o Hino Nacional, ficam de pé, eretos e colocam sua mão direita sobre o coração; se tiverem chapéu, colocam-no sobre o coração. Isso não significa que estejam na posição de "sentido", como concebe o regulamento militar.

A Maçonaria tem posições militares, pois surgiu na sua forma atual, dentro das fileiras, hierarquia e disciplina dos exércitos.

Quando o Segundo Diácono sai de seu lugar, no topo da coluna "B" e se dirige ao Primeiro Vigilante, sobe os degraus do trono, faz a saudação e recebe, também como recompensa, a missão de levar a

---

13. Bastão oco, onde Prometeu escondeu o fogo furtado dos deuses, quando passeava pelos Céus no carro do Sol (Mitologia).

Palavra Sagrada até o Trono do Segundo Vigilante: depois, o Segundo Diácono vai postar-se, de pé, à frente da coluna "J", para junto com o Primeiro Diácono acompanhar o Mestre de Cerimônias que forma um Pálio triangular, sob o qual se coloca o Experto.[14]

Os quatro encetam a marcha em direção ao ARA e lá estando, o Experto avança um passo; põe-se à ordem, uma vez que já está de pé e saúda o Venerável Mestre.

Os Diáconos, assim como o Mestre de Cerimônias, não saúdam o Venerável Mestre.

Nesse momento, tudo está justo e perfeito, é o que afirma o Segundo Vigilante.

Tal afirmação é feita pelo Segundo Vigilante, porque é quem reteve a Palavra Sagrada e a retém até o fim da Sessão.

A expressão maçônica por excelência "justo e perfeito" tem variadas interpretações, dependendo do momento em que é proferida.

Aqui, ao abrir-se o Livro da Lei e declararem-se abertos os trabalhos, sintetiza o equilíbrio e a expectativa da presença "materializada" do Grande Arquiteto do Universo, com a cerimônia da abertura do Livro da Lei.

O Experto, oficial que desempenha o magno papel de mediador, pois é ele quem conduz os candidatos através das viagens e das várias etapas da elevação, responsável pelo êxito da cerimônia, é quem deverá proceder a abertura do Livro da Lei e a leitura do trecho convencional.

É praxe atribuir-se a cerimônia ao mais moderno dos ex-Veneráveis, ou ao "Past-Venerável".

Há quem exija que o Livro Sagrado seja aberto tão-somente por um Mestre Instalado.[15]

Para a instalação de um Mestre, este deve ser antes eleito Venerável.

Como já vimos, a cerimônia do "Mestre Instalado" surgiu no ano 1750, constituindo-se quase "Grau", obviamente, não dentro do Rito Escocês Antigo e Aceito.

---
14. Há variações ritualísticas, de acordo com a potência Maçônica.
15. Vide obra do mesmo autor: *Introdução à Maçonaria*.

Se os três primeiros Graus simbólicos pertencem ao referido Rito, não se poderá fazer essa exigência, ou seja, de só abrir o Livro da Lei ou ocupar o Trono do Venerável, um "Mestre Instalado".

Considerando que o Livro da Lei está sobre o ARA, o Experto deverá, antes de abri-lo, ajoelhar-se.

Aberto o livro, o experto ou no caso, o oficiante, fará a leitura de um texto.

A praxe recomenda a leitura do capítulo 7, versículo 7, do livro de Amós:[16]

"Isto me mostrou ele: eis que estava Jeová junto a um muro, feito a prumo, e tinha na mão um prumo.

Jeová disse-me: que vês tu, Amós? Eu respondi: Um prumo. Então, disse Jeová: Eis que porei um prumo no meio do meu povo de Israel, e não tornarei mais a passar por ele; os altos de Isaac serão desolados, e os santuários de Israel serão assolados, e me levantarei com a espada contra a casa de Jeroboão".

Em algumas Lojas[17] é lido o versículo 34 do capítulo 20 do livro dos Atos dos Apóstolos:

"A ninguém pedi ouro, nem prata, nem veste; bem sabeis que estas minhas mãos me forneceram o sustento, a mim e aos meus companheiros".[18]

Não há, propriamente, um texto definitivo ou regulamentar. Há quem sugira que a leitura deve ser de texto adaptável ao dia da reunião, consoante a hora, a latitude e a longitude.

De qualquer modo, o principal e válido é realizar a leitura do Livro Sagrado. Não basta abri-lo. O som da palavra deve ser ouvido por todos e as suas vibrações devem permanecer no recinto.

Iniciados os trabalhos com plena força e vigor, o Venerável Mestre convida a todos para que procedam a saudação e a Bateria do Grau.

*

* *

---

16. Nas Grandes Lojas quem abre o Livro da lei é o Past-Maste; no Grande Oriente, é o Orador.
17. Grande Oriente do Brasil. Seminário Geral de M∴ M∴ 1966.
18. Versão de Huberto Rohden.

São João

A Loja do 2º Grau, como no 1º Grau, é dedicada à honra de São João.

Patrono é sinônimo de defensor, advogado; na antiga Roma, o escravo libertado chamava seu antigo dono de patrono; com o surgimento do Cristianismo e o reconhecimento pela autoridade dos papas, os patronos passaram a denominar-se "padroeiros".

De qualquer forma, na linguagem maçônica, "patrono" tem sua origem no Cristianismo.

A existência dos "essênios", constatada por meio das descobertas dos manuscritos de Qumram, criou a lenda de que Jesus Cristo tenha pertencido àquela confraria, e que durante o período de silêncio dos Evangelhos o divino Mestre teria obtido, pela iniciação, os mistérios da Maçonaria[19] e, como consequência, o Evangelho Cristão ou o Cristianismo, não passaria de uma filosofia maçônica.

Há uma única razão de ser, dessa lenda: que o divino Mestre pregou o "amor fraterno".

Amar ao próximo como a si mesmo; perdoar os ofensores; morrer em benefício da humanidade, seriam os reflexos da iniciação maçônica.

Essa versão não é aceitável. A Maçonaria medrara sempre entre os poderosos, e Jesus era o símbolo da humildade, posto de descendência real, sendo os seus prosélitos gente do povo, pecadores, enfermos e atribulados.

Contudo, os Evangelhos contêm todos os postulados maçônicos, sem que isso signifique qualquer ligação entre Cristianismo e Maçonaria.

---

19. O autor denomina de "Movimento". Vide a primeira parte do livro *Trilogia Simbólica*, do mesmo autor.

Mas a influência do Cristianismo foi tão forte que, ao surgir a Instituição, na passagem de "Movimento" para a organização moderna com a denominação de Maçonaria, apresentou-se totalmente cristã.

A Maçonaria moderna, nos países onde a religião predominante não é a cristã, obviamente se apresenta com tendências às religiões professadas; porém, os ritos usados, mormente o Escocês Antigo e Aceito, são cristãos. Pode-se afirmar que a Maçonaria foi introduzida nos países não cristãos, pelos maçons cristãos.

Dos evangelistas, São João se destaca pelo fato de ter absorvido do divino Mestre toda filosofia do amor. Fora o discípulo amado, em seu Evangelho, um cântico de amor.

A alma da Maçonaria é a dedicação que os Irmãos oferecem uns aos outros. O amor fraterno é a luz que ilumina a Loja e, por isso, São João passou a ser considerado o "patrono" da Maçonaria, evidentemente sem o cunho vulgar que as pessoas imprimem aos santos, em busca de proteção vinda dos céus.

João Evangelista era filho do pescador Zebedeu e de Salomé, parenta da mãe de Jesus, irmão mais novo de Tiago Maior.

Natural de Betsaida sobre o lago de Genezaré, exercia na mocidade a profissão de pescador.

Foi discípulo de João, o Batista, e depois, seguiu o divino Mestre com André.

No Colégio Apostólico, ocupava João o lugar mais saliente, depois de Simão Pedro, e era o discípulo predileto de Jesus que na Cruz o recomendou à Maria, sua mãe.

Essa predileção decorre da idade de João, que ainda não atingira a puberdade.

Depois da ascensão do Senhor, ficou em Jerusalém até a morte de Maria, pregando o Cristianismo na Judeia e na Samaria; mais tarde, quiçá depois da morte de São Paulo, vivia em Éfeso, onde formou os seus discípulos, entre eles o bispo Pápias de Hierápolis, Inácio de Antioquia e Policarpo de Smirna.

Sob o império de Domiciano foi desterrado para a Ilha de Patmos, de onde regressou para Éfeso durante o governo de Nerva, vindo a falecer, de morte natural, no templo de Trajano, com aproximadamente 100 anos.

A tradição atribui o quarto Evangelho e o Livro do Apocalipse a São João, posto que Santo Irineu tenha deixado escrito:

"Depois destes (isto é, dos três primeiros Evangelistas) também, João, discípulo do Senhor, que reclinou sobre o peito dele, editou um Evangelho, quando vivia em Éfeso".

Consoante a tradição antiga, foi o quarto Evangelho escrito depois dos sinóticos. É certo que São João demandou a Ásia só depois da morte de São Paulo, isso no ano 67; sendo que, por outro lado, o Evangelho supõe um apostolado de maior duração entre os cristãos daquela província. Teremos de buscar a origem desse documento sacro lá pelo ano 90 do primeiro século.

O Evangelho de São João difere, notavelmente, dos três primeiros, quer quanto ao conteúdo, quer quanto à forma.

Tudo faz supor que São João, ao escrevê-lo, já conhecia os três primeiros Evangelhos.

São João especializa-se em descrever a vida de Jesus em Jerusalém e acrescenta vários discursos inexistentes nos outros Evangelhos. É aqui que se nota a presença da Maçonaria por meio da dedicação aos assuntos do amor fraternal.

Há a presença de múltiplos símbolos e alegorias doutrinárias.

Mas São João escreveu, também, três Epístolas destinadas: a primeira, a alguns hereges; a segunda, à Senhora Eleita e seus filhos, e a terceira, a Gaio.

A tônica das cartas é o canto ao amor fraterno e a evidência de uma trilogia: Pai, Verbo e Espírito Santo.

O Livro do Apocalipse, todo figurativo e pleno de símbolos, faz acreditar em uma Maçonaria futura, com seus aspectos evolutivos e sua glória suprema!

O fecho do Livro está em uma linguagem toda maçônica:

"Declaro a todo homem que tiver conhecimento das Palavras proféticas deste livro: quem lhe acrescentar alguma coisa, sobre esse mandará Deus cair os flagelos descritos neste livro. E quem tirar alguma das palavras deste Livro profético, Deus lhe tirará o quinhão na Árvore da Vida e na Cidade Santa, das quais trata este Livro".

O Grande Arquiteto do Universo determinou aos seus engenheiros a construção de um templo, mas que fosse, ao mesmo tempo, de pedra e que com a evolução natural da civilização foi denominado de Igreja; e paralelamente, um templo vivo, a transformação do homem em luz universal!

Outra não tem sido a orientação da Igreja, e outra não tem sido a orientação da Maçonaria!

Uma coexistência pacífica, porque o resultado de todos os esforços visa à perfeição do homem, mormente dentro da filosofia do 2º Grau.

*
* *

A Maçonaria cultua outros Joãos, outros Patronos: São João Batista e São João da Escócia.

Pouco se sabe a respeito de São João da Escócia.

O Batista é suficientemente descrito pelos quatro evangelistas, que narram a mesma história:

Vivia nos dias de Herodes, rei da Judeia, um sacerdote de nome Zacarias, da classe sacerdotal de Abias. Sua mulher era da estirpe de Aarão e chamava-se Isabel. Ambos eram justos aos olhos de Deus e andavam irrepreensíveis em todos os Mandamentos e Preceitos do Senhor. Mas não tinham filhos, porque Isabel era estéril e ambos se achavam em idade avançada.

Ora, em certa ocasião, desempenhava Zacarias as funções sacerdotais perante Deus, porque era a vez da sua classe.

Segundo o costume do sacerdócio, tocou-lhe por sorte entrar no templo do Senhor para oferecer o incenso.

Todo o povo estava na parte de fora e orava durante o sacrifício do incenso.

Apareceu-lhe, então, à direita do altar de incenso, um anjo do Senhor. À vista dele ficou Zacarias aterrado e transido de medo.

Disse-lhe, porém, o anjo:

"Não temas, Zacarias; foi ouvida a tua oração. Tua esposa Isabel te dará um filho, a quem porás o nome de João. Encher-te-ás de gozo e regozijo, e muitos hão de alegrar-se com o seu nascimento, porque será grande diante do Senhor".

"Não tomará vinho, nem bebiba inebriante, e desde o seio de sua mãe será repleto do Espírito Santo; converterá ao Senhor, seu Deus, muitos dos filhos de Israel e seguirá diante dele no espírito dos pais e reconduzirá os rebeldes aos sentimentos dos justos, a fim de preparar ao Senhor um povo dócil".

Disse Zacarias ao anjo: "Por onde me certificarei disso? Pois eu sou velho e minha mulher avançada em anos".

Respondeu-lhe o anjo: "Eu sou Gabriel, que assisto diante de Deus, e fui enviado para falar-te e dar-te esta boa nova. Mas, como não deste crédito às minhas palavras, que a seu tempo hão de se cumprir, eis que ficarás mudo e sem poder falar até o dia em que isso se realizar".

Entrementes, esperava o povo por Zacarias, admirado da sua longa demora no templo. Quando Zacarias saiu, não pôde proferir palavra; e eles compreenderam que tivera alguma visão no templo. Falou-lhes por acenos e permaneceu mudo.

Assim que terminaram os dias do seu ministério, regressou para casa. Depois desses dias, concebeu sua mulher Isabel; retirou-se por espaço de cinco meses e dizia: "Foi o Senhor que isso me concedeu; nesses dias fez cessar benignamente o meu opróbrio diante dos homens".

Chegou o tempo em que Isabel devia dar à luz um filho.

Ouviram os vizinhos e parentes que o Senhor lhe fizera grande misericórdia e congratularam-se com ela. No oitavo dia, vieram para circuncisar o menino, e quiseram pôr-lhe o nome de seu pai, Zacarias.

"De nenhum modo, – replicou a mãe, – o seu nome será João".

Ao que lhe observaram: "Mas não há ninguém em tua parentela que tenha esse nome".

Perguntaram, então, por acenos ao pai do menino como queria que se chamasse. Pediu ele uma tabuinha e escreveu: "João é o seu nome".

Pasmaram todos. No mesmo instante, desimpediu-se-lhe a boca e soltou-se-lhe a língua, e falava bendizendo a Deus.

Então se encheram de temor todos os vizinhos, e por todas as montanhas da Judeia se divulgaram esses fatos.

E todos os que dele tiveram notícia ponderavam-se consigo mesmos, dizendo: "Que será deste menino? Porque a mão do Senhor estava com ele".

Seu pai Zacarias ficou repleto do Espírito Santo e rompeu nestas palavras proféticas:

"Bendito seja o Senhor Deus de Israel, porque visitou e redimiu seu povo. Suscitou-nos um Salvador poderoso na casa de seu servo Davi; salvação dos nossos inimigos e das mãos de todos os que nos odeiam, assim como desde século prometera, por boca dos santos profetas, para fazer misericórdia aos nossos pais e recordar-se da sua santa aliança, do juramento que fez a nosso pai Abraão; para conceder-nos que, libertados das mãos inimigas o servíssemos sem temor, em santidade e justiça, todos os dias de nossa vida.

"E tu, menino, serás chamado profeta do Altíssimo; irás ante a face do Senhor para preparar-lhe o caminho e fazer conhecer ao seu povo a salvação pela remissão dos pecados, graças à entranhável misericórdia de nosso Deus; pois que das alturas nos visitou o sol nascente; a fim de alumiar aos que jazem nas trevas sombrias da morte, e dirigir os nossos passos ao caminho da paz".

O menino crescia e se fortalecia no espírito. Vivia no deserto até o dia em que havia de manifestar-se a Israel.

Era no décimo quinto ano do reinado do imperador Tibério. Pôncio Pilatos era governador da Judeia; Herodes, tetrarca da Galileia; seu irmão Felipe, tetrarca da Itureia e da província de Traconites; Lisânias, tetrarca de Abilene; Anaz e Caifaz eram sumo sacerdotes.

Foi então que a palavra de Deus veio a João, filho de Zacarias, no deserto.

E pôs-se ele a andar por todas as terras do Jordão, a pregar o batismo de conversão para perdão dos pecados, conforme está descrito nas palavras do profeta Isaías: "Uma voz de quem clama no deserto: preparai o caminho do Senhor; endireitai as suas veredas; encher-se-á todo o vale e abater-se-ão todos os montes e outeiros; tornar-se-á reto o que é tortuoso, e o que é escabroso se fará caminho plano; e todo homem verá a salvação de Deus".

Assim falava João às turbas que afluíam para se fazerem batizar por ele: "Raça de víboras! Quem vos disse que escapareis ao juízo da ira que vos ameaça? Produzi frutos de sincera conversão, e não digais: temos por pai a Abraão. Pois, eu vos digo, que destas pedras pode Deus suscitar filhos a Abraão. O machado já está à raiz das árvores: toda árvore que não produzir fruto bom será cortada e lançada ao fogo".

Ao que lhe perguntaram as turbas: "Que nos cumpre, pois, fazer?"

Respondeu-lhes ele: "Quem possui duas vestes dê uma a quem não tem; e quem tem de comer faça o mesmo".

Apresentaram-se-lhe também publicanos para que os batizassem; e perguntaram-lhe: "Mestre, que devemos fazer?

Respondeu-lhes: "Não exijais mais do que vos foi ordenado".

Vieram, também, soldados a interrogá-lo: "E nós, que faremos?"

Disse-lhes: "Não useis de violência, nem de fraude para com ninguém, e contentai-vos com o vosso soldo".

O povo estava em grande expectativa. Todos pensavam de si para si, que talvez João fosse o Cristo.

Ao que João declarou a todos: "Eu vos batizo com água; mas virá outro mais poderoso do que eu; eu não seu digno de lhe desatar as correias do calçado. Ele é que vos batizará com o Espírito Santo e com fogo. Traz a pá na mão e há de limpar a sua eira, recolhendo o trigo em seu celeiro e queimando a palha em um fogo inextinguível".

Ainda, muitas outras exortações dirigia ele ao povo, anunciando-lhe a Boa Nova.

O tetrarca Herodes, que fora por ele repreendido por causa de Herodias, mulher de seu irmão, como também por todas as outras maldades, acrescentou a tudo aquilo mais essa, a de lançar João ao cárcere.

Quando todo o povo se fazia batizar, foi também Jesus receber o batismo.

Enquanto orava, abriu-se o céu, e o Espírito Santo desceu sobre ele em forma corpórea, como uma pomba, e uma voz bradou do céu: "Tu és meu filho querido; em ti pus a minha complacência".

*
* *

Os discípulos perguntaram a Jesus: "Por que é que os escribas dizem que primeiro há de vir Elias?"

Respondeu Jesus: "Elias, certo virá e restabelecerá tudo; mas eu vos declaro que Elias já veio; mas eles não o reconheceram e fizeram dele o que queriam. Da mesma forma, terá também o Filho do homem que padecer da parte deles".

Então, compreenderam os discípulos que Jesus se referia a João, o Batista, que era seu primo-irmão.

*
* *

Herodes mandara prender e lançar ao cárcere João, por causa de Herodias, esposa de seu irmão Felipe, a qual ele tinha levado por mulher. Pois João tinha censurado Herodes, dizendo: "Não te é lícito possuir a mulher de teu irmão".

Por isso, Herodias lhe guardava rancor, e bem quisera matá-lo; mas não o podia, porque Herodes reverenciava a João; sabia que era homem justo e santo, e o protegia.

Toda vez que ouvia, sentia-se muito perturbado; mas nem por isso deixava de ouvi-lo com gosto.

Chegou então o dia azado. No seu aniversário natalício, ofereceu Herodes um banquete aos grandes da Corte, Tribunos e Próceres da Galileia.

Nisso entrou a filha de Herodias e pôs-se a dançar, e tanto agradou a Herodes e aos convivas, que o rei disse à menina: "Pede-me o que quiseres, que to darei". Chegou a jurar: "Dar-te-ei tudo o que me pedires, ainda qua seja metade de meu reino".

Saiu ela e perguntou à mãe: "Que hei de pedir?" Respondeu ela: "A cabeça de João, o Batista".

Tornou a entrar sem demora e, apresentando-se pressurosa ao rei, exigiu: "Quero que me dês, agora mesmo, em uma bandeja, a cabeça de João, o Batista".

Entristeceu-se profundamente o rei; mas, por causa do juramento e dos convivas, não lho quis recusar.

Enviou pois, o rei, imediatamente um dos seus guardas com a ordem de trazer a cabeça.

Foi-se ele e degolou no cárcere a João e veio com a cabeça em uma bandeja e entregou-a à menina, e esta a foi levar à sua mãe.

A essa notícia, vieram os discípulos de João, levaram o corpo e o sepultaram.

*
* *

São João da Escócia

Há bem poucos anos, o patrono da Maçonaria no Brasil era São João da Escócia, porém, com a verificação de que se tratava de um símbolo, foi substituído apenas pelo nome JOÃO.

Nada há de positivo sobre a existência de São João da Escócia, que não passa de uma lenda, quiçá oriunda do título de uma Loja fundada em Marselha (França), no ano de 1751.

Diz a tradição ter sido essa Loja fundada por um viajante, cujo nome e demais circunstâncias permanecem no esquecimento. A tradição falha em certos aspectos, pois nós sabemos que uma Loja não pode ser fundada por uma só pessoa.

A Loja "São João da Escócia", de Marselha, após a Revolução Francesa, toma outras denominações: "Loja Mãe de Marselha" e, posteriormente, "Loja Mãe Escocesa da França".

Essas mudanças comprovam que o nome de "São João da Escócia" não tinha aquela importância a ponto de ele vir a se tornar o patrono da Maçonaria.

Porém, São João da Escócia poderia ter sido o nome dado a outros personagens, como "São João Esmoler" ou "Esmoleiro" e "São João de Jerusalém".

Torna-se necessário, para que se possa ter uma visão ampla sobre o assunto, discorrer a respeito desses personagens, que na realidade se fundem em um só.

A grande confusão reside no fato de que certas Lojas tomaram o nome de "São João", como pessoa, originando, assim, a crença da existência real de um personagem protetor.

"São João de Jerusalém" era o título de uma ordem de Cavalheiros espanhóis, bem como "São João da Palestina" seria outra ordem semelhante.

Os mais credenciados tratados maçônicos afirmam, e nós aceitamos, que as Lojas Maçônicas não estejam dedicadas a São João Batista ou a São João Evangelista, mas sim a "São João, o Esmoleiro", que fora o Grão-Mestre dos "Cavaleiros de São João de Jerusalém", no século VIII, honrado e venerado pelos Templários.

"São João, o Esmoleiro", teria nascido no ano 550 e morrido no ano 619, na cidade de Amatonte (Chipre), filho do rei de Chipre e que por ocasião das Cruzadas, seguindo uma vocação, abandonou sua pátria indo a Jerusalém socorrer os feridos e enfermos que lutavam movidos pela fé cristã.

Com seus recursos de berço, auxiliava também os peregrinos que visitavam o santo sepulcro.

Sua tarefa não foi tão simples, porque assumia toda sorte de riscos, enfrentando os infiéis, a peste, a lepra e mil outros perigos, tendo sido ferido várias vezes até encontrar a morte em tão longínquas terras.

O seu desprendimento fora tão sublime, e o seu amor aos semelhantes tão engendrado, que, reconhecido pelo próprio papa, foi canonizado com o nome de "São João, o Esmoleiro", ou "São João de Jerusalém".

Os maçons que, quase em massa, haviam se deslocado para as guerras das Cruzadas, ao restaurarem os templos cristãos que haviam sido destruídos pelos infiéis, escolheram "São João, o Esmoleiro", para patrono da Ordem.

A título de ilustração, consignaremos que além de São João Batista, São João Evangelista, a Maçonaria cultuara a "São João Marcos", "São João Crisóstomo", "São João de Boston", "São João de Deus", "São João de Edimburgo" e, evidentemente, "São João, o Esmoleiro", ou "São João de Jerusalém", ou ainda, "São João da Escócia".

*
* *

Considerando que a Maçonaria criou, em torno do nome de São João, uma série de crenças e festividades, é de todo conveniente e útil uma digressão mais profunda, face a grande confusão que existe e, também, omissão resultante da escassez de obras sobre tão palpitante assunto.

Para nós, os ocidentais, especialmente os da América Latina, a Maçonaria se apresentou com características nitidamente cristãs.

A grande influência da Igreja, devido justamente à construção de templos dedicados ao Senhor, trouxe-nos a remota origem da construção do templo de Jerusalém, quando o rei Salomão transformara-se em um dos principais marcos da Maçonaria.

Com o advento do Cristianismo e as perseguições dos primeiros séculos, pareceu que a Maçonaria tivesse sido destruída e fenecera, mas eis que ressurge com entusiasmo, como necessidade para que o Cristianismo não corresse risco de desintegração.

A Maçonaria não se fez cristã, mas protetora da "filosofia cristã", porque os pontos essenciais eram coincidentes.

O "sigilo maçônico", as "palavras de passe", toda organização milenar do "Movimento" que lhe dava segurança, foram restabelecidos, surgindo então, as Comunidades, as Confrarias, estas recomendadas até pelo próprio Nazareno, que ensinava: "Vivei em comum"; "Amai-vos uns aos outros".

É possível que Jesus tivesse amplo conhecimento da existência, força e poder do "Movimento", integrado em todos os setores, obviamente até entre os essênios, e que confiasse em sua proteção para preservar, não a sua vida, mas o que julgava mais importante: a sua "doutrina".

Dizer que Jesus foi maçom é afirmar uma hipótese sem qualquer fundamento ou raiz; mas dizer que Jesus confiara o seu "Movimento revolucionário", à proteção do "Movimento" que mais tarde formaria a Maçonaria, é de todo provável.

Os pagãos dedicavam os seus templos às divindades, e esse costume foi adotado pelos primeiros cristãos, que passaram a consagrar aos seus irmãos mártires, por eles considerados "santos", às novas Igrejas, posto humildes e ocultas em Roma, nas catacumbas.

Teria então surgido o primeiro nome: "São João Batista", de tão grata memória, o primeiro decapitado, tanto por ter sido primo-irmão de Jesus, como porque fora quem o precedera na anunciação da vinda do "Messias" e quem, finalmente, o batizara.

"São João Evangelista" não foi mártir, apesar de ser considerado o discípulo amado do Mestre.

Em meados do século II, o Colégio de Artífices de Roma abraçou o Cristianismo e adotou sem vacilação, como patrono, o nome de "São João Batista".

O Colégio de Artífices de Roma fora instituído por Numa Pompílio a quem, evidentemente, se imputa a tarefa de ter mantido a Maçonaria em grande evidência.

O Colégio de Artífices de Roma abrangia uma série de agremiações, de acordo com as ocupações de seus membros, mas, aos poucos, Numa Pompílio foi perdendo prestígio, surgindo dissenções e com essas, a separação das agremiações do Colégio.

Essa luta interna foi benéfica, porque as agremiações foram se disseminando pela Europa, adquirindo novas denominações mais próximas da Maçonaria.

Na Itália, passaram a denominar-se de "Confraternidades Maçônicas"; na França, "Irmãos maçons"; na Inglaterra, "Franco-maçons", "Irmãos" ou "Confraternidades de São João".

Essas confrarias não eram compostas somente de arquitetos ou de construtores; os obreiros mais hábeis, os artesãos, aqueles que iam encontrando uma especialização, por sua vez se reuniam e formavam a sua confraria.

Os padres, com grande vantagem sobre os demais, porque dispunham de conventos e igrejas, aderiram com extrema facilidade a essas organizações, e no início dos três primeiros séculos, inexistia qualquer constrangimento entre cristão e artífices quando se uniam para exercer a arte de construir e edificar.

Para os maçons, construir um templo significava executar livremente, sob a proteção dos reis, os segredos da arquitetura, exercitando, assim, o seu privilégio; porém, para os cristãos, a construção de um templo tinha maior significado: mais um local para honrar e glorificar o Senhor.

Os conventos passaram a ser abrigo seguro quando surgiam lutas e perseguições.

No século X, surge um fenômeno curioso: o nome de "são joão", como sinônimo de "maçom"!

A transformação teve origem na própria história do santo: judeu e filho do sacerdote Zacarias, nascido por um "sopro divino", precursor do Cristianismo, retirado ao deserto durante 30 anos, alimentando-se de frutos silvestres, mel e insetos e, por fim, decapitado, porque ousou enfrentar a licenciosidade de um potentado. São João Batista, apesar de ter batizado Jesus, não foi um dos seus discípulos ou seguidores.

Posto isso, "São João Batista" foi aceito tanto por judeus como por cristãos.

A grande influência do Judaísmo na Maçonaria vem demonstrada nos seus rituais, história e tradição; tal influência é paralela à influência do Cristianismo.

A "Franco-Maçonaria de São João" passou a ser uma denominação uniforme para, mais tarde, simplificar-se com o nome que subsiste até nossos dias: "Maçonaria".

Na Idade Média, as corporações dos construtores tomou vulto jamais previsto; e a Maçonaria, de sua posição iniciática, passou para a "operativa".

Precisava-se construir. Após essa febre, que proporcionou à Europa os mais belos monumentos de arte, a Maçonaria, gradativamente retornou à fase "especulativa", e passou a sentir a grande necessidade de "reconstruir", não um templo ou monumento de pedra, mas o próprio HOMEM!

Abraçou todos os ramos da Ciência e das Artes e verificou que o elemento mais belo e precioso continuava sendo o próprio homem.

A Maçonaria não podia abrir mão do Simbolismo, e eis que passa a firmar-se no terreno simbólico.

Tanto o Judaísmo como o Cristianismo haviam consolidado a sua filosofia no Simbolismo; eram pontos comuns.

É aqui que iremos encontrar, por grande coincidência e agrado, o Segundo significado do nome "JOÃO".

O homem é universal (um em diversos), e o astro rei, o sol, sempre o iluminou.

Por esse fato, o homem viu no sol algo para ser adorado, porque era quem lhe proporcionava a vida, a fecundidade e o calor.

O sol era o supremo construtor, seu deus!

O guardião do infinito. A luz.

Os pagãos aceitavam essa presença fiscalizadora e denominavam o Ser Supremo como JANUS, aquele que guardava as "portas dos céus" (portas do infinito).

JANUS nada mais é do que JOÃO.

Os etruscos, totalmente desaparecidos, mas que povoaram a Itália, tinham um culto muito afeiçoado a Janus, dedicando-lhe o primeiro mês do ano (janeiro), porque tudo o que tivesse começo com Janus, teria um bom termo.

A Janus eram consagrados as casas, os trabalhos, os templos e as guerras não se faziam sem o seu beneplácito, tanto que posteriormente em Roma, o seu templo, em tempo de guerra, não cerrava as portas. Era o famoso templo "Janus Quirinus".

Posteriormente, surgiu um "Jano" que reinou na Itália central, no Lácio, sendo bom rei com reinado felicíssimo entrosado por acontecimentos mitológicos, como quando acolhera a divindade Saturno, que fora expulsa por seu filho.

A festa do Solstício, dedicada a São João, também fora dedicada a Jano.

Portanto, a tradição autoriza a confirmar que Jano, ou Janus, fora o padroeiro dos maçons pagãos, e com o advento do Cristianismo, a substituição fora, comodamente, aceita por todos.

O patrono da Maçonaria, para solucionar a permanente confusão, deveria ser um símbolo que concentrasse as qualidades daqueles santos com o significado dos seus nomes: "João".

*

* *

O Venerável Mestre é quem profere as palavras sacramentais de abertura da Loja, abertura litúrgica até o ponto em que se possam iniciar os trabalhos denominados "econômicos", ou seja, administrativos, que iniciam com a leitura da ata dos trabalhos realizados na última reunião.

O Venerável Mestre diz que declara aberta a Loja, sob os auspícios da sua Grande Loja, ou no caso de se tratar de Grande Oriente, de seu Grande Oriente, dando-lhe, evidentemente, a denominação; caso a Loja seja irregular, isolada, a "descoberto", então não haverá ligação alguma com uma Potência; as Lojas são autônomas, mas obedecem a uma Constituição e um Regulamento Geral, oriundos de uma Grande Loja ou Grande Oriente; cada Loja possui o seu regimento interno.

Uma Loja "filiada" a um poder central, ou uma Potência, possui uma "carta constitutiva", ou seja, uma "credencial" ou "autorização" para funcionar; eis por que, o Venerável Mestre, ao abrir os trabalhos, invoca esses "auspícios".

Outrossim, o Venerável Mestre invoca os "poderes de que está investido", obviamente, pela Legislação maçônica, que reúne, além da Constituição, Regulamento Geral, Regimento Interno, os *Land-marks* da ordem maçônica universal e o Rito que adota para os trabalhos litúrgicos.

É nesse momento que o Venerável Mestre declara qual o Grau em que trabalhará a Loja; no caso, o de Companheiro.

Assim, os trabalhos iniciam tomando "plena força e vigor", limitados aos dispositivos da já referida Legislação.

"Força e vigor" é uma expressão que constitui linguagem maçônica, somente após a abertura ritualística dos trabalhos é que há a possibilidade de prosseguirem as tarefas equacionadas previamente; "força e vigor" significa que tudo está em ordem e que os obreiros encontram-se aptos para os trabalho.

Dito isso, passa o Venerável a "convocar" os obreiros e os chama com a seguinte expressão: "A mim, meus Irmãos, pelo sinal e pela bateria".

O sinal constitui um dos "segredos" maçônicos e é repetido várias vezes, mas em situações sempre diferentes; o sinal aqui não é saudação nem postura.

O sinal nesse momento é feito por todos, com uniformidade e ritmo; com o sinal é iniciado um movimento, cujo som tem a finalidade de pôr termo às vibrações existentes, surgidas por meio dos outros "sons", produzidos pelos atos litúrgicos anteriores.

É o som produzido pela bateria; o bater das palmas, com uniformidade, tantas vezes quantas admitidas pelo Grau, além de deslocar o ar, produz um "som", que surge do "choque" entre o "positivo" e o "negativo". É o romper violento de uma postura que tem suas raízes no passado, quando expirando Jesus crucificado, rompera-se o véu do templo de Jerusalém.

Os presentes sentam-se. O Primeiro Diácono, ao retornar ao seu lugar, de passagem, abre o "painel" da Loja.

O "painel" do 2º Grau, como no 1º Grau, não passa de um "estandarte", ou quadro, no qual são gravados os símbolos apropriados à Loja de Companheiro.

O Primeiro Diácono o busca do seu lugar, onde é guardado, e o coloca à frente dos degraus, que conduzem para o Oriente, diante do Ara.

Em tempos idos, o "painel" era desenhado sobre um pano ou tela, e conservava-se "enrolado", como são os livros hebraicos lidos nos templos; hoje é apresentado, ao gosto do Arquiteto da Loja, de forma mais cômoda e simplificada.

A rigor, a figura apresentada no "Painel" deveria existir, na realidade, como entrada de uma Loja de Companheiro; a escada de três lances deveria, realmente, conduzir a uma câmara, onde deveriam desenvolver-se os trabalhos.

Porém, ainda não temos no Brasil templos adequados e apropriados para cada Grau do Rito Escocês Antigo e Aceito; limitamo-nos a, dentro da Maçonaria Simbólica, ter uma Loja de Aprendizes e, raramente, uma "câmara do meio", destinada ao 3º Grau ou de Mestre.

Nos Graus denominados filosóficos, encontramos, raramente, um templo para os últimos Graus.

Assim, a Maçonaria brasileira trabalha sempre improvisadamente, adaptando o templo do Grau de Aprendiz para os demais trabalhos.

Nos Estados Unidos da América, em vista da grande expressão numérica e econômica, existem muitos templos específicos a cada grupo de Graus.

Nós nos contentamos em "ver" no "painel" o que deveria existir, para o desenvolvimento ritualístico do 2º Grau.

O "painel" não é uniforme, pois em algumas Lojas vem simplificado.

No primeiro plano vem o Pórtico de um templo, com as suas duas Colunas, "J" e "B" suportando nos seus capitéis as esferas terrestre e celeste; as Colunas encontram-se sobre o pavimento de mosaicos: após as Colunas inicia a escada com cinco degraus, que findam na porta do templo.

Após um descanso, partem outros sete degraus que conduzem à Câmara.

No resto do painel, combinados artisticamente, os símbolos do Grau: o esquadro com suas extremidades ou braços voltados para o Leste, um malhete e uma prancheta com figuras geométricas; nível, prumo, pedra cúbica piramidal, Estrela Flamígera, pedra bruta, régua de 24 polegadas e trolha.

O painel é circundado por um cordão com dez nós equidistantes.

Nos cinco primeiros degraus, são escritos os cinco sentidos, nos outros sete, as artes liberais: gramática, retórica, lógica, aritmética, geometria, música e astronomia.

A gramática, que ensina com regras próprias, a linguagem, o expressar das ideias.

A retórica, que adorna e embeleza a palavra, criando um estilo individual.

A lógica, para formar juízos e concepções exatos de todas as coisas.

A aritmética, que empresta valor verdadeiro aos números, a fim de não errar nos cálculos.

A geometria, que proporciona o conhecimento das proporções e dimensões dos corpos.

A música, que dá doçura e harmonia aos sons, com reflexos gratos ao coração e sentimentos.

A astronomia, que ensina e demonstra a ordem e o equilíbrio perfeito do firmamento.

Usa-se, também, expor em quadros afixados em uma parede, os nomes dos cinco sentidos, em vez de escrevê-los nos cinco primeiros degraus.

Precedem esses cinco degraus, outros três que dão acesso ao pórtico.

Após a subida, vê-se uma porta fechada por uma cortina; no umbral, a efígie de uma pomba que esparge raios luminosos, como símbolo da paz e do Cristianismo; acima, uma expressão escrita em hebraico, que significa a presença do Judaísmo.

Ao lado esquerdo, a letra "G" dentro de um "hexagrama".

*

* *

Aberto o Livro da Lei, ou Livro Sagrado, o oficiante coloca em seu centro, entrelaçados, o esquadro e o compasso que se encontram ao lado do livro, o esquadro à esquerda, e o compasso, à direita.

O esquadro e o compasso são utensílios, instrumentos ou joias, dependendo de onde se encontram.

Junto ao Livro Sagrado, passam a constituir a maior das joias maçônicas; são três elementos unidos e devem ser considerados como tal.

Entrosados com o Livro Sagrado aberto, o esquadro e o compasso têm o significado de unir o maçom ao seu "Deus Arquiteto criador", na autêntica unificação, em plena harmonia, dentro "do reino dos céus", sob a filosofia cristã, e do significado judaico da escada de Jacó.

As extremidades do esquadro voltam-se para o oriente e o seu vértice para o Ocidente, na forma equilibrada de uma perfeita perpendicular; é a verticalidade da posição do maçom, que visa a subir ao Cosmos nos dois sentidos, da direita e da esquerda, sem um possível encontro, mas ao mesmo tempo um afastamento que permanece solidamente unido no seu vértice.

É o caminho vertical, mas reto, para o alto, em busca do pleno conhecimento da vontade do Criador.

O compasso que permanecia sob o esquadro, com as suas pontas dirigidas para o Ocidente, em um aspecto igual ao esquadro, porém em posição invertida, eis que em sua anatomia o compasso é figura igual ao esquadro, e sua "cabeça" voltada para o Oriente simboliza a profundidade do conhecimento humano, que deve penetrar através de suas pontas agudas, para o interior do mundo, buscando na matéria o conhecimento dos mistérios da criação.

O compasso traça círculos; o esquadro traça retas; o Universo é composto de retas e curvas, em uma harmonização estética e científica. Fundem-se os três traçados: o ponto, a reta e a curva e com eles, tudo poderá ser construído.

Nos três Graus simbólicos, as posições do esquadro e do compasso, sobre o Livro Sagrado, alteram-se.

No Grau de Aprendiz, o esquadro cobre totalmente o compasso; são os traçados das retas, as preliminares da construção.

No Grau de Companheiro, já a "perna" direita do compasso ficará sobre o braço direito do esquadro.
No Grau de Mestre, o compasso ficará todo sobre o esquadro.
As posturas das joias merecem estudo, eis que, infelizmente, a esse respeito, a literatura maçônica é escassa.
O Livro Sagrado permanecendo aberto está "falando" a sua mensagem; é a presença reavivada do Senhor dentro do templo.
Aqui, o Grande Arquiteto do Universo assume o aspecto humano; desce para a compreensão do maçom e se faz entender com extrema facilidade, pois fala.
O oficiante lê o Livro Sagrado, transmitindo, assim, a mensagem.
O oficiante é o "alto falante" do Senhor, a sua "caixa de som", que transmite pela sua garganta a vontade do Senhor.
O Grande Arquiteto do Universo assume a postura de Senhor.
O compasso que permanecia inerte sob o esquadro revela-se, por metade, ao maçom Companheiro; contribui com a sua postura, para traçar um semicírculo; enceta uma caminhada mais sutil, envolvendo com as suas curvas as retas já traçadas.
Assume o templo vivo, os contornos estéticos da moral.
Se no Grau de Aprendiz a conduta fora reta, dentro de uma moral do comportamento, agora, essa moral penetra o espírito; há o início da construção do pensamento, da volição, da espiritualidade, sem conflitos, mas com harmonização e colaboração estreita entre o espírito e a matéria.
A Palavra Sagrada junta-se ao esquadro e ao compasso para que a obra resulte justa e perfeita, porém, ainda não totalmente acabada.
Ainda não surgiu o sábado de aleluia, que é dedicado ao descanço após os seis dias de Criação.[20]
O oficiante, após abrir o Livro Sagrado e fazer, em voz alta, a leitura, toma das duas restantes joias – com litúrgico cuidado, o compasso com a mão direita e o esquadro com a esquerda, e as coloca sobre o Livro aberto. Só então recua um passo, em sinal de missão cumprida.

---

20. Na tradição cristã, o descanso é no domingo.

Essa cerimônia, de tão relevante significado, deve ser executada conscientemente e o Venerável Mestre deverá, com frequência, explicar aos Irmãos as sutis lições que encerra.

*

* *

O Venerável Mestre, ao acionar o malhete, inicia a abertura dos trabalhos, dizendo: "À Glória do Grande Arquiteto do Universo".

A expressão "À Glória" vem repetida muitas vezes, e é praxe que os obreiros, ao falarem, sempre precedam seu discurso com essa exclamação.

Toda "honra e glória" deve ser dada ao Grande Arquiteto do Universo. A Ele, sempre, o reconhecimento do que existe, espe-cialmente, a criatura humana.

Se nós estamos dentro de um templo maçônico, devemos o fato, exclusivamente, à vontade de Deus, e isso para nós constitui uma glória!

A expressão significa um louvor. Vamos encontrá-la no Livro dos Salmos de Davi, que são cânticos em louvor ao Senhor.

A preocupação do maçom sempre foi colocar, em primeiro lugar, o louvor a Deus.

É nisso que a Maçonaria se evidencia como religião.

O valor da glorificação reside no fato de que o maçom reconhece o poder de Deus, em todas as circunstâncias, dentro do espaço e do tempo.

*

* *

Concluída a cerimônia da abertura, todos os obreiros em seus lugares, o Venerável Mestre solicita ao Secretário que dê leitura ao "balaústre" dos últimos trabalhos, ou seja, da reunião anterior.

O vocábulo "BALAÚSTRE" vem de um adorno colocado no capitel da coluna jônica.

É, portanto, uma linguagem arquitetônica que significa "ata", ou seja, o resumo registrado em livro dos trabalhos da reunião.

A "ata", ou "balaústre", diz respeito ao histórico da Loja, pois não tem outro significado senão o de registrar para a posteridade o que se tratou em uma reunião. Contudo, esse registro é prática bem moderna, pois, no tempo das perseguições, não eram registrados os trabalhos, por temor de que caíssem os registros em mãos dos opressores.

Não se consegue a história da Maçonaria, afora o que a tradição transmitiu, justamente pela falta de registro dos acontecimentos.

A partir do momento em que o Secretário faz leitura do balaústre, os trabalhos passam a ser considerados "econômicos", ou seja, a fase quando são tratados os assuntos administrativos, de interesse da própria Loja.

A Ordem do Dia estabelece os assuntos a serem tratados e nela são previstos os trabalhos literários que os obreiros deverão apresentar, bem como palestras, conferências, discursos dos próprios obreiros ou de Irmãos convidados pertencentes a outras Lojas.

A Ordem do Dia é preparada com antecedência pelo Venerável Mestre que convoca as luzes e determinados obreiros, para assim proporcionar trabalhos interessantes, proveitosos e do agrado de todos.

O progresso de uma Loja está na dependência de uma Ordem do Dia bem elaborada.

*

* *

Finda a fase administrativa ou econômica, o Venerável Mestre determina o encerramento dos trabalhos, que será sempre da forma litúrgica.

O ritual prevê o encerramento que se desenvolve quase com as mesmas palavras da abertura.

Os Vigilantes repetem o anúncio de encerramento; os Diáconos repetem a sua posição.

Apenas é alterada a palavra do Primeiro Vigilante, que diz ter sua posição no Ocidente, para fechar a Loja.

O Venerável Mestre pergunta se os obreiros estão satisfeitos, e eles respondem, batendo a mão direita sobre o avental, de forma uníssona, mantendo-se sentados.[21]

---

21. Esta passagem ritualística inexiste nas Lojas do Grande Oriente do Brasil.

Trata-se de uma resposta simbólica, eis que as pancadas produzirão um "som" abafado.

A resposta, portanto, não será por meio da palavra, mas de um gesto e de um som.

O bater no avental significa que o trabalho foi agradável, construtivo e que a obra transcorreu normalmente.

Há, porém, um destaque a fazer: as luzes não batem no avental, pois são elas que dirigem os obreiros.

Deve-se observar que o Ritual diz textualmente: "Os obreiros estão satisfeitos, pois o afirmam em ambas as Colunas".

A "satisfação" deverá, pois, ser "afirmada"; isto posto, tenha sido estabelecido no Ritual há mais de dois séculos, evidencia a necessidade da "comunicação"; não basta o gesto, o bater nos aventais faz-se necessário, é obrigatório que o obreiro bata conscientemente.

E se algum obreiro não se sentir satisfeito? Poderá ele deixar de bater em seu avental?

Essa recusa será observada? Constituirá um ato de indisciplina? Ou faz parte da liberdade de ação, garantida pelo regulamento da Loja?

É aconselhável que, ou os vigilantes, ou os Diáconos, ou mesmo o Mestre de Cerimônias, o Guarda da Lei ou o próprio Venerável Mestre observem os obreiros.

Caso algum não "afirmar" sua satisfação, então, haverá a oportunidade de suprir a falha, dentro da Cadeia de União, quando será possível "equilibrar" todos, com a "magia" desse ato litúrgico por excelência.[22]

Os Irmãos que sentam no Oriente não são obrigados à "afirmação"; desejando, porém, podem bater nos aventais.

A "afirmação" parte dos ocupantes das Colunas, e antes de o Primeiro Vigilante responder ao Venerável Mestre sobre o comportamento final dos obreiros, deverá tê-los observado, um a um; a praxe dos trabalhos nos demonstra que o Primeiro Vigilante responde precipitadamente à pergunta do Venerável Mestre, quando a resposta deve tardar, a fim de possibilitar o exame e a observação.

---

22. *A Cadeia de união e Seus Elos*, do mesmo autor.

Por sua vez, o obreiro, ao bater com sua mão direita sobre o avental, deverá deixá-la por instantes, antes de conduzi-la ao joelho, restabelecendo a "postura" anterior.

Esse lapso de tempo significa que a "satisfação" não é momentânea, fugaz e ligeira, mas duradoura.

Qual a idade do Companheiro maçom?

todos sabemos, porém, sobre ela teceremos, oportunamente, algumas considerações.[23]

Em que consiste a "satisfação" do obreiro? É a concordância com o "salário" distribuído.

O próprio vocábulo obreiro, conduz à percepção de um salário, pois o "trabalhador faz jus ao seu salário", são palavras evangélicas.

Qual o salário distribuído? Evidentemente, é o lucro que o obreiro teve, após a dedicação, o esforço e o interesse demonstrado, entregando "alguma coisa".

O obreiro, para merecer um salário, deverá produzir e apresentar um resultado positivo.

Assim, surge uma troca: o obreiro recebe o salário após o trabalho. Poderá não ficar satisfeito e terá todo o direito de reclamação, assim como, hoje, as leis sociais admitem e garantem o direito da reclamação.

Reclamar não é insurgir-se, é um direito. Assim, o obreiro, antes de "passar o recibo", terá a oportunidade de manifestar-se, eis que lhe é oferecida a palavra durante duas oportunidades; em resumo, a Maçonaria incentiva a comunicação.

A parte maior de um "trabalho" dentro da Loja, afora as "posturas" e o cerimonial, a apresentação de "peças de arquitetura", a contribuição de seu óbolo, será, evidentemente, o trabalho mental, a permuta psíquica, a troca espiritual.

A soma dos esforços mentais, o desejo de aceitar a presença do Irmão, a benquerença, a tolerância, enfim, a sintonização perfeita das personalidades merecem, inquestionavelmente, o salário, porque o obreiro, mormente o Companheiro, está "construindo", ainda, o templo, em sua fase mais bela, a dos adornos.

---

23. Vide capítulo à parte.

O Companheiro orgulha-se em bater em seu avental, sentir-lhe a presença, notar-lhe o som, participar de seu Simbolismo e fundir-se harmonicamente, sem envergonhar-se das tarefas mais pesadas e grosseiras.

A tarefa grosseira, primária, rude, é a comprovação da capacidade de humildade perante os demais; de tolerância, compreensão e, sobretudo, dedicação.

Tanto uma pedra tosca, escondida, enterrada porque faz parte do mais profundo alicerce, quanto o adorno mais rico e burilado, são necessários para o todo. Um templo é a soma dos esforços dos sábios e dos humildes; a modéstia sempre será exaltada, porque dignifica.

O origem das idades dos Graus simbólicos remonta à época da construção do templo de Salomão; os Aprendizes permaneciam no seu aprendizado por um determinado período; os Companheiros, da mesma forma, para atingir o mestrado.

Não há uma razão especial para afirmar-se que um Companheiro deva permanecer durante cinco anos em seu trabalho.

O número cinco, aqui, e hoje, é mantido por uma questão de tradição e Simbolismo: não constitui princípio esotérico, nem tem uma razão científica ou filosófica.

É conservado, dada a importância da numerologia dentro do $2^{\underline{o}}$ Grau; o número cinco integra o rito em diversos e múltiplos aspectos, já referidos anteriormente.

A seguir, o Venerável Mestre pergunta a que horas é permitido aos Companheiros deixar o trabalho.

A pergunta, na sua singeleza, recorda o tempo da escravidão, quando faz referência à "permissão".

Na construção do templo de Salomão, não foram ocupados escravos; todos eram obreiros contratados, selecionados e divididos em Graus, percebendo no fim da jornada, seu salário.

Contudo, os grandes monumentos foram erguidos com mão escrava.

Ninguém podia deixar o trabalho sem uma ordem expressa, havia um período exato que compreendia 12 horas.

O período de trabalho, para os Aprendizes, Companheiros e Mestres Maçons, finda à MEIA-NOITE, quando o astro rei se encontra na parte oposta do local de trabalho.

De meia-noite ao meio-dia, os obreiros maçons não trabalham. Em todos os Graus do Rito Escocês Antigo e Aceito, há hora para o início e término dos trabalhos; genericamente, os trabalhos iniciam ao amanhecer e findam ao escurecer; há Graus em que a hora é imprecisa; outros, na "hora preestabelecida" para o início e "hora cumprida", para o término; curiosos, alguns Graus iniciam os labores no "início do sacrifício dos filhos de Hiram" e, "ao término do sacrifício"; a "hora da verdade" e a "hora da difusão da verdade", "quando é noite fora e o sol brilha dentro do templo"; "quando a lua surge" e "quando a lua desaparece".

Sempre, em cada Grau, o início e o término dos trabalhos obedecem rigorosamente a um horário, significando a disciplina, a programação e, sobretudo, a influência dos astros nos diversos trabalhos, comprovando, assim, a importância da astrologia dentro da Maçonaria.

Não basta, porém, que o Primeiro Vigilante informe ao Venerável Mestre sobre o horário e a hora; ele baterá com o seu malhete as pancadas previstas no ritual, produzindo o "som" apropriado para a abertura e o encerramento dos trabalhos.

Em cada trono das luzes, há um malhete que, tocado, produz uma determinada nota da escala musical.[24]

Será, sempre, o som apropriado para a preparação do ambiente harmônico, tanto para o início quanto para o término da Sessão.

O som é, no início dos trabalhos, forte e, no fim, os malhete são tocados de leve, produzindo um som mínimo, que representa a extinção dos trabalhos.

A soma dos toques nos malhetes, em suas três variações, forma a melodia[25] indispensável para os atos litúrgicos.

As vibrações sonoras, ocupando todo o espaço, precederão a ordem dada pelo Venerável Mestre: "de pé e à ordem".

É a postura, essencialmente simbólica, e em sua plenitude.

Já tecemos alguns comentários a respeito das diversas posturas e nunca será demasiado complementá-las:

---

24. Vide obra do autor: *Introdução à Maçonaria*.
25. Vide obra do mesmo autor: *Cadeia de União e Seus Elos*.

"De pé e à ordem", postura em que o maçom permanece imóvel, estático, a caminho do "êxtase".

"Saudação", quando de pé é feita a saudação simples e tríplice.

"Glorificação", quando o oficiante abre o Livro da Lei e precede a leitura com a saudação que faz ao delta sagrado.

"Advertência", para controlar as emoções e paixões relembrando, ao mesmo tempo, a forma de castigo ritualístico, quando usa da palavra.

"Marcial", quando entre Colunas ingressa na Loja com a marcha do Grau.

"Mística", quando ajoelhado, presta juramentos.

"Em descanso", quando sentado.

"Em elo", quando forma a Cadeia de União.

"Em dinâmica", quando executa trabalhos, desempenhando cargos, como os de Mestre de Cerimônias, Diáconos, Hospitaleiro, Experto e Cobridor.

Há uma tendência que se torna praxe, do abuso da postura "estática", o de "pé e à ordem", feita em qualquer oportunidade, mesmo em movimento, saudando, ou prestando juramentos.

Essa praxe constitui um vício tolerado que reflete a falta de orientação recebida das luzes e a falta de estudo.

Encontrando-se todos os Irmãos de "pé e à ordem", o Venerável Mestre repete a transmissão da Palavra Sagrada.

Houve nessa cerimônia final quem lhe desejava dar sentido diverso, ou seja, que a Palavra Sagrada deveria ser "recolhida" ao término dos trabalhos, indo o Segundo Diácono buscá-la do Segundo Vigilante, levá-la ao Primeiro Vigilante, de onde o Primeiro Diácono a buscaria para devolvê-la ao Venerável Mestre.

À primeira vista, isso pareceria certo, mas não o é, porque o encerramento não constitui um "retorno" aos momentos iniciais, mas sim, um fecho dos trabalhos.

Já dissemos que os vigilantes provêm do aspecto tríplice do Venerável Mestre; são um deslocamento no espaço de uma trindade.

A Palavra Sagrada não é tripartida, não é distribuída para ser recolhida, mas constitui um "mantra", isto é, um "som" destinado a manter uníssonas as luzes.

E quem "conduz o som" são os "pombos da paz", os mensageiros de Jeová, os Diáconos.

Após o trajeto realizado pelos Diáconos, repetem o ato litúrgico inicial da abertura do Livro Sagrado, encerrando-o o oficiante.

Será sempre o mesmo oficiante a "desmontar" os utensílios e fechar o Livro Sagrado.

Poderá, porém, suceder que por qualquer motivo imprevisto, o oficiante da abertura tenha se retirado. Será, obviamente, designado pelo Venerável Mestre, outro Past-Master, ou o Experto.

Aqui, a substituição não alterará a "composição" da Loja.

Antes do ingresso em Loja do Venerável Mestre, o Mestre de Cerimônias observará se os titulares dos cargos se encontram nos seus lugares e devidamente paramentados.

Caso falte um titular, o Mestre de Cerimônias convidará membros da Loja ou visitantes a ocuparem os cargos vagos. Ele estará "compondo" a Loja.

A composição equivale à criação do mundo, que foi executada pelo Grande Arquiteto do Universo, simbolicamente em seis dias e ordenadamente.

Consumada a criação, manifestado o justo e perfeito, nada mais há que realizar.

Assim, é erro grosseiro, quando tardiamente comparece o titular de um cargo já preenchido e é feita a substituição, após iniciados os trabalhos!

Como será possível retroceder no plano da criação?

Mas a praxe nos tem demonstrado que o erro vem sendo, insistentemente, mantido.

Logo, o oficiante, que não é partícipe na composição da Loja, pois não ocupa qualquer cargo, poderá ser substituído, sem causar "caos" ou desarmonia.

Quem fecha a Loja é o Primeiro Vigilante, comprovando, assim, o seu atributo de Venerável.

Fechada a Loja, o Venerável Mestre conclama a todos para que saúdem, aplaudam e aclamem.

Sobre a saudação e o aplauso (bateria), o significado já foi antes esclarecido.

A aclamação constitui na repetição, em voz alta, da expressão: "HUZZÉ, HUZZÉ, HUZZÉ".

A palavra "Huzzé" é de origem hebraica; os árabes a pronunciam "HUZZÁ e HOUZZÉ". Significa: Ciência, justiça, trabalho. Em árabe: força e vigor.

No 2º Livro de Samuel, capítulo 6 das Sagradas Escrituras, encontramos:

> "Tornou Davi a ajuntar todos os escolhidos de Israel, em número de 30 mil.
> Levantou-se e partiu com todo o povo que estava com ele de Baalé de Judá, para fazerem subir de lá a Arca de Deus, a qual é chamada pelo nome de "Senhor dos Exércitos", que se assenta sobre os querubins.
> Colocaram a Arca de Deus sobre o carro novo, e leva-ram-na da casa de Abinadab, que estava sobre o outeiro.
> Huzzá e Ahio, filhos de Abinadab, guiavam o carro novo.
> Levaram-no com a Arca de Deus, da casa de Abinadab e Ahio ia adiante da arca.
> Davi e toda a casa de Israel dançavam diante de Jeová com todas as suas forças, com cânticos, e ao som de harpas, saltérios e tambores, pandeiros e címbalos.
> Quando chegaram à eira de Nacon, lançou Huzzá a mão à Arca de Deus e pegou nela, porque os bois tropeçaram.
> A ira de Jeová se acendeu contra Huzzá, e Deus o feriu ali pela sua temeridade.
> Huzzá ali morreu junto à Arca de Deus".

Esse episódio, que entristeceu Davi, certamente foi relevante, eis que Davi batizou o local de "PEREZ-HUZZÁ".

Erich von Daniken, em seu livro *Eram os Deuses Astronautas*, aventa a possibilidade de a Arca de Deus ter sido uma "pilha", quiçá atômica, daí Huzzá ter sido "fulminado" por uma descarga elétrica.

Para os antigos árabes, "Huzzá" era o nome dado a uma espécie de Acácia consagrada ao sol, como símbolo da imortalidade e sua tradução significa: "força e vigor", palavras simbólicas que fazem parte da tríplice saudação feita na "Cadeia de União".

A nossa literatura maçônica é pobre sobre a descrição e significado da aclamação.

No *Pequeno vade-mécum maçônico*, do falecido maçom Hernani Haefner, lemos: "Houzzé", grito de alegria dos maçons do "Rito Escocês".

No *Dicionário de Maçonaria,* de Joaquim Gervásio de Figuei-redo, lemos: "Huzé", grito de aclamação do maçom escocês".

O ritual maçônico contém várias expressões, cujo significado é esotérico, isto é, palavras que nos parecem estranhas, às quais pretendemos dar significados filosóficos, quando a sua importância deriva do "som" que emana ao serem pronunciadas.

"Huzzé" é formada de duas sílabas que, por constituir uma aclamação, são pronunciadas com voz forte, servindo de uma verdadeira "descarga" de dentro para fora, purificando o ser.

As vibrações que se formam pelas vozes de muitos atingem a todos, propiciando os benefícios necessários para aquela ocasião.

A aclamação "Huzzé" é feita apenas duas vezes em cada reunião, por ocasião da abertura e do encerramento dos trabalhos.

A aclamação "Huzzé" só é feita após o sinal do Grau, estando todos de "pé e à ordem", na forma estática. Não se faz isoladamente.

No início dos trabalhos, completa a dualidade, ou seja, feito o "sinal", é pronunciada a aclamação.

No encerramento, completa a trilogia, pois feito o "sinal" é dada a "bateria", e após, conclui-se com o "Huzzé".

A Maçonaria francesa atribui à aclamação uma saudação equivalente ao "viva o rei".

Após, o Primeiro Diácono dirige-se ao seu lugar, bem como os demais acompanhantes do oficiante e, de passagem, "recolhe" o painel da Loja.

A "joia" fixa da Loja de Companheiro é guardada, face o seu significado simbólico e "valor".

Adorno e símbolo, deve ser guardada com cuidado, pois é o "recolhimento" de todos os símbolos que constituem a Loja de Companheiro.

Como dissemos antes, infelizmente não temos, no Brasil, templos próprios e exclusivos para cada Grau. Todos são adaptados grosseiramente do templo de Aprendizes.

Complementa e completa a Loja de Companheiro, o painel, pois nele estão inseridos todos os símbolos do Grau.

Como o Primeiro Vigilante fecha a Loja ritualisticamente, o Primeiro Diácono fecha a Loja fisicamente.

O painel simboliza o "ramo de oliveira", recolhido pelo "pombo", mensageiro de Jeová; como adaptação, o ramo pode ser substituído pela acácia.

Concita o Venerável Mestre, após declarar encerrados os trabalhos, a todos os presentes para que "jurem" nada revelar sobre o que foi feito na Loja.

É a postura do juramento, todos de pé, erguendo o braço direito horizontalmente.[26]

Nesse momento, embora se encontrem os maçons de pé, já não estarão fazendo o sinal "de pé e à ordem"; assim, o braço esquerdo já estará abaixado ao nível da coxa.

É erro erguer o braço direito para o juramento do silêncio, conservando o braço esquerdo na postura "estática".

O juramento abrange, obviamente, o "Sigilo" maçônico, mas não o "Segredo" maçônico.

O juramento sempre foi prática religiosa de todos os povos; encontramos referências em todo o Velho Testamento, desde o Livro de Gênesis.

A cerimônia do juramento é ato litúrgico, cercado de misticismo e pompa; é o momento culminante de todo cerimonial, e temos, em todos os Graus do Rito Escocês Antigo e Aceito, as fases dos juramentos.

Porém, encontramos no livro de São Mateus, o seguinte:

"Eu, porém, vos digo que de maneira nenhuma jureis:
nem pelo céu, porque é o trono de Deus; nem pela terra,
porque é o escabelo de seus pés; nem por Jerusalém,

---

26. Passagem ritualística inexistente nas Lojas do Grande Oriente do Brasil.

porque é a cidade do grande rei. Nem jurarás pela tua cabeça, porque não podes tornar um cabelo branco em preto.

Seja, porém, o vosso falar: sim, sim; não, não; porque o que passa disto é de procedência maligna."

(Mateus 5: 34-37)

A Maçonaria ocidental, que inclui a da América Latina, tem alicerces no Cristianismo.

Logo, os juramentos encontram na palavra de Jesus, o Cristo, severa censura; o que o Evangelista transcreveu revela uma lição de psicologia, pois o homem normal deverá honrar a sua palavra, seja afirmativa, seja negativa.

O homem não deve jurar pelo que o Grande Arquiteto do Universo criou; não deve jurar por seu corpo, porque não o pode comandar.

Estamos diante de um impasse: se no ritual vem conservado o juramento, devemos segui-lo, sob pena de desobediência.

É aceitável o juramento do Candidato, dentro do cerimonial do 1º Grau; após, quando o recipiendário é recebido maçom, deveria cessar todo e qualquer juramento.

A Maçonaria é uma escola de saber, aperfeiçoa a mente, bem como o comportamento social. Uma vez que o maçom recebe uma nova imagem de vida, nenhuma necessidade teria em repetir em cada Sessão de sua Loja um novo juramento, mormente aquele de que guardará o segredo maçônico.

Há, evidentemente, um choque entre a "doutrina cristã" e a "doutrina maçônica".

Contudo, se analisarmos com mais acuidade o significado do juramento, encontraremos uma solução prática.

Os aspectos esotéricos devem ser vistos dentro do "tempo" e do "espaço". Em épocas remotas e mesmo na Idade Média, havia necessidade imperiosa de jurar e manter o segredo.

O juramento era consequência da segurança; o segredo também era condição de segurança.

Hoje não tem qualquer cabimento jurar pelos segredos contidos no Ritual, como a "Palavra Sagrada", a "palavra de passe", a "palavra semestral", os "toques", as "posturas", pois tudo isso, e muito mais, encontra-se escrito em qualquer livro maçônico, seja do século XX ou do XIX.

Temos alguns autores, como Cassard, Magister, editoras como a Kier, que têm publicado com clareza solar, tudo sobre o Ritual.

Sobraria, então, o segredo dos assuntos tratados em Loja.

Isso não seria, propriamente, um segredo, mas um comportamento discreto.

Há Lojas que apresentam a orientação de que, ao findarem os trabalhos, é jurado manter sigilo sobre os assuntos que não convenham ser divulgados.

A conveniência fica adstrita ao critério de cada maçom, homem criterioso que deve distinguir o que pode e o que não pode ser revelado.

Por conseguinte, o "segredo" maçônico, ou o "sigilo" maçônico, pertence ao próprio maçom, que assume a responsabilidade de o revelar ou não.

Supondo-se que dentro de uma Sessão um Irmão, por qualquer motivo e circunstância, pronuncie uma injúria contra alguém, seja profano ou maçom; essa hipotética injúria que constitui crime poderá estravasar dos limites da Loja e terminar nos tribunais profanos?

Obviamente que não; contudo, se a autoridade judiciária profana requisitar o Livro de Atas, a Loja poderá negar-se a apresentá-lo?

Essa situação hipotética vem demonstrar que, em última análise, inexiste um "sigilo" ou "segredo" maçônico.

A escassez de documentos maçônicos teve como causa, precisamente a preocupação das Lojas, nas épocas de perseguições e despotismos, de não registrar os assuntos que poderiam comprometer a qualquer de seus membros. Exemplo marcante o tivemos durante o julgamento de "Tira-dentes", expoente da Maçonaria libertária, que foi sacrificado porque não revelara o nome dos "conspiradores".

Hoje, dentro das Lojas, nas assembleias de uma jurisdição, em conclaves nacionais ou internacionais, publicam-se os anais, relatórios, teses e, minuciosamente, os debates.

Não há razão, portanto, de maior preocupação quanto a pretensos sigilos ou segredos.

O juramento que os obreiros fazem, ao retirarem-se dos trabalhos, constitui apenas o prosseguimento de uma tradição e um gesto de autodisciplina, de reserva, discrição e obediência, face o fato que jamais deve ser esquecido de que, além do mais, uma Loja é uma escola, na qual aprende e se ensina a técnica da vida, em benefício da harmonia social e, sobretudo, da irmandade maçônica.

*
* *

"Retiremo-nos em paz", diz o Venerável Mestre, desfazendo o sinal.

A retirada induz, sempre, uma luta, a organização maçônica, o seu Ritual tem inspiração militar, pois são conservados os atos cavalheirescos das Cruzadas e, posteriormente, da Idade Média; a nomenclatura e instrumentos, as armas e a linguagem conservam-se em todos os Graus.

Sempre deverá ter presente esse aspecto, para compreender o significado de certas palavras e expressões.

A "retirada" de um templo processa-se inversamente da entrada. Porém, não será uma "retirada" de derrota, mas programada, tanto que a "retirada" é feita em paz, ou seja, sem luta, quer contra alguém, quer consigo mesmo.

Quando iniciados os trabalhos, o Venerável pergunta: por que motivo os obreiros se encontram reunidos?

A resposta é: "Para promover o bem-estar da humanidade, levantando templos à Virtude e cavando masmorras ao Vício".

No desenvolvimento do Ritual de iniciação à elevação do 2º Grau, as viagens são etapas de uma batalha, como verificaremos a seguir.

A "retirada" do templo é comandada pelo Venerável, que se retira em primeiro lugar; por ocasião da entrada no templo, o Venerável ingressa por último.

Ninguém poderá retirar-se sem permissão; a disciplina esteia-se no fato de que não há o pretenso "livre-arbítrio", mas uma obe-diência consciente.[27] Para a "retirada", faz-se necessário reunir todas as joias, instrumentos, paramentos, utensílios e símbolos, para que não se deixe no "campo de batalha" nada de sagrado, nenhuma pista para que o "inimigo" possa identificar uma presença, tampouco para que saiba o lugar para onde os maçons se retiraram.

---

27. Vide do mesmo autor: *O Delta luminoso*.

A "retirada" também abrange o aspeto místico e espiritual; a "Cadeia de União", que precede a "retirada", equilibra a todos, permitindo que o Venerável Mestre possa determinar que a "retirada" seja processada em paz.

O Guarda do Templo, o último a se "retirar", tem a incumbência de "apagar as luzes" e "fechar a porta".

Apagar a luz tem o significado de ocultar o local onde, há poucos instantes, desenvolvera-se tremenda batalha, como o que descreveu John Milton em sua obra *Paraíso Perdido*.[28]

O Guarda do Templo apagará as luzes, quando já não houver ninguém dentro do Templo. Fechará a porta, pelo lado externo, simbolizando que o local das batalhas é sempre sagrado e que ninguém poderá descobrir o verdadeiro campo, onde tantos sucumbiram.

Cada aresta que o maçom perde na luta simboliza o derramamento de sangue, o sacrifício e a força de vontade que o homem novo enfrenta em busca da autoperfeição.

O Guarda do Templo arrecadará o que, porventura, algum obreiro tiver deixado atrás; ele é guarda, não só do templo edifício, mas também do templo vivo que representa cada maçom.

A permanente vigilância exercida pelo guarda do templo lhe dá uma tarefa relevante; com a espada que sempre traz consigo demonstra que, se necessário, empregará a força para cumprir o seu dever; enquanto os demais "depõem" as armas, deixando-as no recinto, para que o "Arquiteto" do Templo (não confundir com o Grande Arquiteto do Universo), que é o obreiro encarregado de prover todo o necessário para o início da reunião, as possa arrecadar, o Guarda do Templo levará consigo, para fora, até fechar a porta, a sua espada, e a guardará em local apropriado, no átrio, fora, portanto, do Templo.

*
* *

---

28. Vide obra do mesmo autor deste livro: *Príncipe Rosa-Cruz e seus Mistérios* – (Madras Editora).

Ritual de Iniciação

ELEVAÇÃO AO GRAU DE COMPANHEIRO MAÇOM

A iniciação é o prosseguimento do Ritual de abertura dos trabalhos do Grau de Companheiro.

A iniciação faz parte da Ordem do Dia. Os trabalhos comuns são suspensos e o Venerável Mestre solicita ao Mestre de Cerimônias que informe se há visitantes na Sala dos Passos Perdidos, que desejam assistir à cerimônia da iniciação.[29]

O ingresso dos visitantes, que, obviamente, deverão ser Companheiros maçons, ou possuidores de Graus superiores, obedece a certos preceitos; os visitantes são introduzidos e colocados entre Colunas; fazem a saudação de praxe e são submetidos à "trolha", ou seja, são interrogados sobre os aspectos da iniciação.

Alguns autores denominam o interrogatório de "catecismo"; ele é procedido encontrando-se o visitante entre Colunas e serve não apenas para identificar o visitante, mas também como instrução para os presentes.

Introduzidos os visitantes, o Venerável Mestre ordena ao Experto que prepare o Candidato e faça-o penetrar no templo.

É pela mão do Experto, também no 2º Grau, que o Candidato é elevado; o Experto é intercessor, guia e fiador do Candidato; esclarece-lhe o que deve fazer e o conduz até a parte final da cerimônia; o Experto representa o pessoa de Jesus, dentro, evidentemente, das

---

29. Atualmente, é praxe os visitantes entrarem "em família", juntos com os Irmãos do Quadro.

limitações do cerimonial; trata-se de uma representação meramente simbólica que demonstra que todo Candidato está na dependência de alguém, para penetrar nos mistérios maçônicos.

O Experto prepara o Candidato; em tempos idos, o Candidato apresentava-se totalmente despido, cingindo apenas o avental.

Hoje o Candidato é apenas despido de todos os metais que porta, ou seja, de dinheiro, chaves, fivelas, adornos, fica sem casaco e a camisa lhe é aberta no peito.

O Candidato segura com o mão esquerda uma régua de 24 polegadas, que descansa sobre o ombro esquerdo, cinge o avental de Aprendiz, é conduzido pelo Experto até a porta do Templo e bate como no 1º Grau.

O Guarda do Templo anuncia ao Venerável Mestre que estão batendo à porta.

Após, faz a verificação e informa ao Venerável Mestre que é o Experto conduzindo um Aprendiz que deseja passar do prumo ao nível.

Já temos três elementos para nos deter em estudo: a régua de 24 polegadas, o nível e o prumo.

São três instrumentos primários para início de qualquer edificação.

A régua é um instrumento de trabalho que se destina ao traçado de linhas retas. Une a distância entre dois pontos e dita as normas do comportamento humano.

A retidão sempre foi a preocupação principal da Maçonaria, pois decorre de um princípio natural. É a observância das leis, e sem a obediência não poderá haver ordem.

A natureza toda "obedece", pois é regida por leis primárias e imutáveis, como a da gravidade, que abre as portas a um número infinito de condições para a existência.

São as leis do Grande Arquiteto do Universo, estabelecidas para que o Universo possa ser perene e infinito.

A régua é uma medida. A medida é o equilíbrio de todas as ações. A régua é um método de realização.

Os gregos atribuíam a construção da régua a "Rhico", célebre arquiteto que construiu o labirinto de Samos.

A régua maçônica, usada nos Graus simbólicos, é dividida em 24 polegadas, e representa a medida de um dia, definindo a unidade de tempo, consoante a evolução do sol em torno da Terra.

A régua é a insígnia do Mestre de Cerimônias, que divide as 24 horas de um dia da seguinte forma: oito horas para o trabalho; oito horas para o repouso e oito horas para os exercícios físicos e mentais.

A recreação para o maçom consiste em descansar o corpo, porém, jamais a mente; seu divertimento será conduzir a mente para as "regiões" além dos limites sensoriais; o misticismo e a meditação constituem partes de grande satisfação para o Companheiro que não tem tempo para gastar com o supérfluo.

A régua de 24 polegadas é instrumento de medida para avaliação de si mesmo e para o conhecimento dos demais.

A linha reta é própria ao 1º Grau, porém, na iniciação do 2º Grau, o Candidato conduz a régua de 24 polegadas, em uma afirmação de que a sua vida de Aprendiz tem sido pautada por meio de atitudes corretas, medidas e calibradas.

O Candidato Aprendiz segura com a mão esquerda a régua de 24 polegadas, deixando a mão direita livre, para com ela receber um novo instrumento que o auxilie na jornada que enceta.

A régua de 24 polegadas tem servido ao Aprendiz para medir horizontalidades; auxilia seu trabalho com o nível, instrumento que lhe foi entregue imediatamente após receber a régua de 24 polegadas.

O nível simboliza a igualdade maçônica e a vida espiritual, mental e social.

O Aprendiz tem uma vida horizontal, conhece a essência das coisas e penetra nos mistérios da filosofia; porém, falta-lhe nivelar seu viver com os que possuem mais experiência.

É por isso que o desejo do Aprendiz, quando bate à porta de uma Loja de Companheiro, é passar de seu estado horizontal primário, para o horizontal sutil. Ele busca, portanto, conquistar o nível.

O prumo é um instrumento que consiste em uma peça de metal suspensa por um fio e que serve para verificar verticalidade.

Também é uma joia, usada pelo Segundo Vigilante, em seu colar.

O Companheiro, nos seus estudos, encontrará a resposta para as suas dúvidas e compreenderá a existência de um ser supremo, que está acima de tudo. É o topo da escada de Jacó, cujos degraus horizontais conduzem a um fim supremo, por meio de uma ascenção.

O Candidato entra, permanece entre Colunas, de "pé e à ordem" com o sinal de Aprendiz.

No caso, o Candidato não entra com os olhos vendados, como quando de sua iniciação ao 1º Grau. O Candidato vê os obreiros, saúda os Vigilantes e recebe as homenagens à sua aspiração.

A seguir, o Venerável Mestre pergunta, em voz alta, ao Primeiro Vigilante se o Candidato preencheu seu tempo de trabalho e se a Vigilância está satisfeita com a sua conduta e o seu aproveitamento.

Nessa oportunidade, caso o Candidato não preencha as condições necessárias, será rejeitado e retirado do Templo. Mas não é só a opinião do Primeiro Vigilante que prevalece.

O Venerável Mestre solicita, também, o parecer de todos os obreiros presentes, que se concordarem, erguem o braço direito, permanecendo de pé.

Aprovado o Candidato, todos se sentam.

O Venerável Mestre dirige-se ao Candidato e lhe diz:

"Meu Irmão, nos tempos primitivos de nossa Ordem era preciso que o Aprendiz trabalhasse, ininterruptamente, durante cinco anos, para poder passar a Companheiro".

"Hoje, aquele período de tempo tornou-se simbólico, e é abreviada a estada no 1º Grau, pois abertos os vossos olhos à verdadeira luz, terminastes vosso trabalho na horizontalidade, tornando-vos aptos para serdes um obreiro da inteligência".

"Ao som do malho, símbolo da força impulsora das atividades humanas, compreendestes, paulatinamente, que tudo entre nós significa trabalho, em todos os níveis, por meio dos instrumentos simbólicos que aprendestes a manejar".

"As instruções que recebestes vos dão pleno direito a que uma ponta do véu se nossos mistérios se levante aos vossos olhos, enriquecendo os vossos conhecimentos".

"Tereis um aumento de salário e conhecereis o significado vertical de outros símbolos".

"Passareis do número três para o cinco; progredireis no caminho que encetastes desde vossa primeira iniciação".

"Cinco é um número misterioso, porque se compõe do binário, símbolo do que é falso e duplo, e do ternário, cujo segredo já conheceis".

"Cinco nos dá ideia da perfeição e da imperfeição, da ordem e da desordem, da felicidade e da infelicidade, da vida e da morte".

"Aos antigos dava a ideia dos maus princípios, lançando o caos do mundo, isto é, o binário agindo sobre o ternário".

"Cinco lembra, também, os anos de aprendizado dos iniciados".

"Cinco serão as viagens exigidas nessa segunda iniciação, a fim de que possais obter uma sólida instrução no campo moral, social, intelectual e espiritual".

"Está, ainda em vossas mãos, a régua de 24 polegadas, para vos lembrardes de seu significado, símbolo da Lei, da ordem, da inteligência, norteando os vossos estudos".

"As viagens vos dirão que o movimento é vida e que no Universo tudo se move, tudo é dinâmica".

*
* *

Feita a explanação, o Venerável Mestre ordena ao Mestre de Cerimônias que retire da mão do iniciando a régua e que em seu lugar lhe apresente o maço e o cinzel.

O Candidato enceta a sua primeira viagem, conduzido pelo Experto.

O trajeto percorrido relembra as viagens que o Candidato fez, quando de sua iniciação à Maçonaria; simboliza a primeira fase dos estudos entremeados com trabalho; é a Maçonaria Especulativa e Operativa. Desbastou a pedra bruta e a começou a burilar.

O maço, que é o seu primeiro instrumento, exige esforço físico, pelo seu peso e pela quantidade de pedra que deve trabalhar.

Sempre que se faz referência à pedra bruta, temos a imagem de um pedaço de pedra tosca, que se pode segurar com as mãos. Porém, o Aprendiz maçom tem diante de si, durante o tempo que lhe foi destinado, uma verdadeira "Pedreira" para desbastar, sendo possível que deva preparar pedra suficiente para construir o seu templo.

O maço, emblema do trabalho e da força material, serve para suprimir os obstáculos e as dificuldades. Não só os obstáculos e dificuldades já existentes lá colocados dentro da programação preestabelecida pelo criador dos mundos, mas também os obstáculos e dificuldades que são criação do próprio homem, que vê dificuldades onde não existem e encontra obstáculos onde não há.

As adversidades não devem propriamente ser suprimidas, mas contornadas, evitadas, superadas; o homem não tem o poder de aplainar o seu próprio caminho, e é por isso que seu guia é o Experto, que sabe, com inteligência, transpor as adversidades e chegar ao término com segurança e dentro do prazo previsto.

O homem aspira a felicidade, mas dentro de um determinado prazo; esperar até o findar de seus dias, uma felicidade *post-mortem*, ou fora do espaço em que vive, não o satisfaz.

Diz uma canção: "O lugar é este e a hora é agora"; em uma concepção popular muito feliz.

O cinzel, por si só, é instrumento dependente: sem o maço, nada faz.

O cinzel é essencialmente humano, na dependência do Dirigente dos mundos; precisa ser conduzido para cumprir a sua obra que deve resultar sempre bela.

O maço sozinho nada é; o cinzel por si só nada produz; ambos, para cumprirem seu "destino", necessitam do impulso do homem; é a Trilogia em ação.

Na fase essencialmente Operativa da Maçonaria Moderna, dava-se ao maço e ao cinzel uma importância relevante; a obra material era muito importante, pois a arquitetura, posto engatinhando, produzia monumentos de rara beleza, que até os dias atuais contemplamos.

Foi, porém, na Maçonaria Especulativa Moderna, que o maço e o cinzel foram usados para esculpir a obra mais importante: o embelezamento do templo humano, revelando à sociedade a parte preciosa e moral, devolvendo ao Grande Arquiteto do Universo a magnífica realidade: o homem divino.

A compreensão da autoperfeição e, consequentemente, da valorização do homem, diante de si mesmo, da sociedade e do Universo, é fruto que o Candidato colherá de sua primeira jornada.

Feita a primeira viagem, o Candidato, que está de pé, coloca-se à ordem como Aprendiz e faz o sinal "gutural" ao Primeiro Vigilante.

Embora, dentro do cerimonial do 2º Grau, o Candidato ainda não viu o novo sinal do Grau.

Ele só sabe cumprimentar como Aprendiz, e o faz antes de encetar a Segunda Viagem.

Não se trata de um cumprimento, mas de uma reafirmação a respeito do significado daquele sinal.

A seguir, o Mestre de Cerimônias retira da mão esquerda do Candidato, o maço e o cinzel e os substitui pela régua de 24 polegadas e pelo compasso.

Só existe uma régua dentro da instrumentação simbólica: a de 24 polegadas.

O Candidato já não recebe a régua, com a qual adentrou o templo, mas junto a ela o compasso.

O compasso é joia e instrumento, porque entrelaçado com o esquadro, só poderá traçar um semicírculo; o Companheiro não pode usar o compasso em toda sua plenitude; com ele poderá traçar o arco-íris, que é metade de uma circunferência e assim poderá compreender o significado do espaço entre o Oriente e o poente.

Compõe-se de dois braços articulares que se abrem até formar uma linha reta, e se unem até formar um ponto, que é a caminhada para a grande aventura da vida.

Com a régua e o compasso, porém usando a régua horizontalmente e o compasso, por metade, o Candidato executará a infinita série de curvas e de polígonos.

Sempre conduzido pelo Experto, o Candidato percorre o mesmo caminho da viagem anterior.

Agora ele vê novos aspectos em seu percurso e pode medir com mais precisão, e organizar os seus planos com mais perfeição. O local, aparentemente, é o mesmo, mas tudo o que é "espaço" altera-se na conjunção com o "tempo".

O tempo transforma os símbolos; o espaço é estática; o tempo, dinâmica.

O simbolismo do compasso não permanece definido, dentro do ritual, de forma definitiva; a definição amplia-se paralelamente ao conhecimento adquirido nas "ciências", nas "Artes" e nas "profissões liberais".

A "Ciência", e isso seria desnecessário referir, apresenta um quadro de natural evolução.

Portanto, a "viagem", feita nesta segunda etapa, embora dentro de um templo totalmente igual, com instrumentos, joias e elementos idênticos, de geração em geração assume nova visão e nova perspectiva. Obviamente, também nova simbologia.

O maçom não pode deter-se na leitura dos seus livros recebidos das mãos de seus antepassados; à sabedoria daqueles ensi-namentos, deverá acrescentar o resultado de seu próprio "aperfei-çoamento".

Há maçons que se situam, sempre e invariavelmente, em uma única posição: aquela, quando de sua iniciação, e não admitem e tentam não permitir a existência de uma evolução, recebendo, com amargas críticas, os novos autores de obras maçônicas.

Essa posição, que não deixa de ser cômoda, vem em oposição ao espírito do Ritual, que orienta no sentido de serem usados os instrumentos para um contínuo aperfeiçoamento.

A "evolução" não é restrita à "ciência", mas se aplica, também, às "artes".

As "artes" têm se apresentado às novas gerações de forma estranha, com dimensões que causam certa resistência aos de mais de 50 anos de idade.

O desenho, a pintura, a escultura, expressam-se por meio da cor e da forma, sem preocupação de perspectiva, regras ou estética. As Bienais e outras exposições nos revelam isso; verdadeiros "absurdos" na concepção dos "conservadores" constituem arte moderna consagrada e aceita em toda parte.

A dança, por sua vez, apresenta-se apenas como "movimento", divorciada das concepções clássicas.

A música resumiu-se na simplicidade dos "sons", produzidos com os mais diversos elementos. Se a muitos fere a audição, à mocidade agrada.

Essa mocidade que iniciou a transição, hoje já constitui uma grande parcela de homens maduros, com mais de 40 anos, o que quer dizer que, passados mais 20 anos, o que irá predominar no campo das "artes" será o gosto dos renovadores.

E dentro dos templos maçônicos? Permaneceremos no passado, divorciados dos sentimentos dos novos maçons que estão ingressando nos Quadros das Lojas? Devemos considerar que a música que nos agrada é a clássica e de câmara, e não aquela dos tempos do rei Salomão, dos romanos, dos hindus, dos egípcios, etc.

Torna-se muito difícil, nesse terreno, fazer afirmações e dar orientações, mas isso é referido para exemplificar sobre o sentido da evolução frequente e da mensagem constante que os símbolos nos transmitem.

A mensagem de ontem, nós temos meios para guardá-la e preservá-la; a mensagem de hoje não podemos repeli-la e repudiá-la, porque será, fatalmente, o fato ocorrido para ser, por sua vez, pelos que nos sucederem, preservado.

Incluiu o ritual no esclarecimento sobre a Segunda Viagem, o aperfeiçoamento nas "profissões liberais".

Isso foi consignado para evocar a fase operativa, quando, realmente, as "profissões" se tornaram liberais, como dura conquista dos nossos Irmãos maçons do passado!

Também é um alerta para que atraiamos para os Quadros das Lojas candidatos à altura de absorverem os novos e constantes conhecimentos que estão surgindo; isso não significa que as Lojas devam ser formadas pelos "bacharéis".

Com a régua e o compasso, "suprimem-se todas as imperfeições nas artes e nas produções literárias". Portanto, a missão do Companheiro não se fixa apenas no aperfeiçoamento em todos os campos do saber, mas também na supressão de todas as imperfeições que possa descobrir; para tanto, deverá ser bem dirigido e possuir conhecimentos suficientes e capazes para desempenhar a sua missão.

"Da retidão da moral e da sabedoria, de onde emanam o amor e a fé, ressaltam a perfeição individual e o conhecimento dos homens pelos ensinamentos superiores, como da justiça e da sabedoria promanam os bons governos das nações".

Essas palavras do ritual demonstram que o comportamento social do maçom é relevante.

O amor e a fé emanam do comportamento e do conhecimento. Porém, o ritual diz: "da retidão da moral e da sabedoria", o que equivale dizer: da perfeita aplicação da moral e da perfeita percepção da sabedoria e, em palavras mais práticas: o cumprimento das regras da moral e a dedicação ao conhecimento.

Logo, o maçom deverá ter um comportamento compatível com os preceitos da moral, não se descurando do estudo da Arte Real.

A moral maçônica é a mesma moral social e religiosa, porém, o conhecimento difere porque não basta a instrução profana; o conhecimento da filosofia maçônica constitui obrigação para o Companheiro.

Os ensinamentos da justiça e da sabedoria constituem ensinamentos "superiores", o que significa ensinamentos espirituais. É a visão que foge ao comum; os "bons governos das nações" são produto de uma visão mais ampla dos problemas e dos cidadãos; são governos incomuns, nos quais os comandantes possuem conhecimentos provindos de um plano superior.

Concluída essa explanação sobre a Segunda Viagem, o Venerável Mestre ordena que o iniciando dê ao Segundo Vigilante, o toque de Aprendiz.

Depois de o Segundo Vigilante ter recebido o toque, diz: "Este toque vos dá o direito de serdes admitido no templo do trabalho".

O Toque é a credencial que apresenta o Aprendiz, seu cartão de identidade, seu documento máximo.

É o contato pessoal de sua destra com a destra do Segundo Vigilante; é a unificação dos sentidos; é o "dar e receber".

O toque é a chave que abre o templo do trabalho. Templo de trabalho não é sinônimo de Loja maçônica e sim a oficina maçônica, onde o trabalho se transformará em culto litúrgico. É a espiritualização do trabalho.

A seguir, o Mestre de Cerimônias substitui, nas mãos do Iniciando, o compasso pela alavanca.

A alavanca é um instrumento de ferro, de aproximadamente 60 centímetros, em forma de barra, sendo uma de suas extremidades ponteaguda e a outra achatada, e serve para erguer objetos pesados, firmado em um ponto de apoio.

A sua origem é ignorada, porém, o grande matemático Arquimedes, nascido em Siracusa em 287 a.C., já dissera: "Dai-me uma alavanca e um ponto de apoio, que eu removerei o mundo".

A alavanca, portanto, é entregue ao Candidato à Terceira Viagem, com duplo significado: aquele figurativo da remoção de qualquer dificuldade, encontrando um ponto de apoio, e o de recordar a figura de Arquimedes.

O homem que porta em seu ombro esquerdo a alavanca encontra-se armado com o instrumento necessário para remover os obstáculos que se apresentarem à sua jornada; porém não basta ao homem possuir o instrumento, se não souber encontrar o "ponto de apoio" que a alavanca necessita para, sem esforço maior, remover grandes pesos.

A alavanca é o poder material; a parte física do instrumento; o meio que é entregue ao homem para a conclusão de sua viagem; meio que lhe é proporcionado no início da jornada.

O ponto de apoio é a parte invisível e espiritual, que vem de sua mente, do seu intelecto, do seu conhecimento, que o homem armazena dentro de si como complemento para a conquista de sua vitória.

A alavanca é o símbolo da força.

Surgem ocasiões, na vida, nas quais a força deve ser, obrigatoriamente, empregada. É da natureza do homem usar a força de seus músculos, para tanto, é exercitado.

O caminho que o iniciado percorre nesta Terceira Viagem é o mesmo, mas agora ele está apto para remover os obstáculos, usando a sua força, pois possui o instrumento necessário.

A força que o Iniciando emprega não será um trabalho desorientado; continua em suas mãos a régua de 24 polegadas, simbolizando que para o emprego da força deverá, antes, programar todos os detalhes, para que não haja desperdício e não surja o cansaço.

O esforço queima energias e forma toxinas; um esforço bem dirigido colimará o resultado desejado.

A força sempre deve ser empregada com equilíbrio.

A alavanca, símbolo por excelência da força, serve para levantar os mais pesados fardos.

Moralmente, representa a firmeza da alma, a coragem do homem resoluto e independente; o poder invisível e invencível, que desenvolve o amor da liberdade, poder do ser inteligente.

Intelectualmente, simboliza a força do raciocínio, a segurança da lógica.

É a imagem da filosofia esteiada em princípios invariáveis, mas em evolução constante.

A alavanca é usada para remover os fardos mais pesados da humanidade, que são a fantasia e a superstição.

Esse poder conferido pela régua de 24 polegadas e da alavanca é o centro da autoconfiança.

*

* *

Terminada a Terceira Viagem, o Mestre de Cerimônias substitui a alavanca por um esquadro.

Essa penúltima viagem é fisicamente idêntica à anterior, porém a função do esquadro dispensa a força que o maçom teve de empregar para remover os obstáculos e preparar os alicerces da construção.

O esquadro dá forma regular a toda espécie de material; forma regular significa forma convencional, porque há certas regras que são imutáveis; o tempo passa, sucedem-se os dirigentes, mudam os materiais, mas certas regras mantêm-se fixas, pois são as mesmas leis que dirigem a natureza, como por exemplo, a da gravidade, e outras que dizem respeito ao equilíbrio.

O esquadro com seu ângulo reto simboliza a conduta irre-preensível que os homens devem manter na sociedade, mas também, a conduta irrepreensível do trabalho.

Manter fixos os rituais, ou seja, imutáveis, sem alterar-lhes o espírito que seus inspiradores idealizaram, observando-os nos seus mínimos detalhes, significa saber usar o esquadro.

O que pode alterar-se em um ritual é a sua interpretação.

Enriquecer os conceitos, aprofundá-los, descobrir novos significados, revelar novas facetas, enfim, buscar evolução interpretativa, não é vedado, uma vez que sejam mantidas intactas as suas palavras.

Simplificar um ritual é mutilação.

O esquadro é formado de duas linhas: uma perpendicular sobre outra horizontal, iniciadas em um único ponto, mas se prolongarmos além desse ponto ambas as linhas, teremos o cruzamento e a formação de quatro ângulos iguais, ou seja, quatro esquadros.

Esse conjunto traduz a igualdade social que o Grande Geômetra estabeleceu entre os homens.

Essa igualdade, porém, tem limitações; a Maçonaria considera todos os homens iguais para as oportunidades que lhes são proporcionadas; nem a cor da pele, nem a origem da raça, nem a condição social e econômica apresentam dificuldades.

O que a Maçonaria exige é a igualdade intelectual, e por ela luta, propiciando aos seus membros o conhecimento necessário para uma evolução relativa.

A Maçonaria da América Latina diverge bastante da europeia e da América do Norte, pois esses povos possuem mais *status* intelectual, seja porque as oportunidades são maiores, seja porque a tradição nesse sentido vem de longa data.

O maçom latino-americano é de cultura média e isso constitui um dos maiores empecilhos para a evolução social da Maçonaria.

Não se poderá exigir uma igualdade rígida para todos os homens, se estes não possuem o mesmo Grau de intelectualidade.

A intelectualidade conduz a evolução espiritual, pois na Maçonaria, espiritualismo é fruto de conhecimento e não simplesmente de um "dom natural", ou de uma inclinação maior ou menor aos assuntos espirituais; obviamente, espiritualismo aqui não traduz religião. A espiritualidade religiosa equivale a uma dedicação específica a determinada doutrina. A espiritualidade maçônica diz respeito à compreensão da filosofia maçônica; espiritualidade maçônica assemelha-se ao conhecimento dos princípios que regem a instituição.

O Aprendiz entrega a alavanca e recebe o esquadro, porém, mantém em seu poder a régua.

A régua continua a sua missão; acompanha o esquadro para dar a todos os trabalhos a direção necessária.

A régua diz respeito mais à horizontalidade do trabalho, enquanto o esquadro tem um de seus lados em sentido vertical.

Assim, se para o esquadro há igualdade de direções, uma horizontal e outra vertical, com a soma da régua, o caminho a ser percorrido será mais horizontal que vertical, ou melhor, traduz um comportamento espiritual dentro do percurso horizontal da vida. Os pés, ambos percorrendo a terra, porém com o pensamento ao Alto.

Não será o trabalho encetado nesta Quarta Viagem, exclusivamente em benefício da própria pessoa, mas muito mais: da humanidade toda.

Percorrido o trajeto da Quarta Viagem, o Aprendiz entrega o esquadro e a régua.

Para a Quinta e última Viagem, é o Aprendiz quem faz a entrega dos instrumentos que recebera do Mestre de Cerimônias; nas quatro viagens anteriores, os instrumentos lhe são retirados.

Retirar equipara-se a despojar; mas, terminada a quarta viagem, o Aprendiz já adquiriu conhecimento suficiente para assumir responsabilidades e, então, é ele quem entrega as "dádivas" que recebera do Venerável Mestre ao Mestre de Cerimônias.

Enceta a Quinta Viagem sem nada carregar, as suas mãos estão vazias.

O Experto, o grande mediador e intercessor, coloca a sua espada sobre o peito do Aprendiz, na altura de seu coração.

O Aprendiz, com a sua mão direita, segura a ponta da espada, usando os dedos indicador e polegar.

Terá ele força e poder para evitar que a espada lhe penetre o coração?

A espada é arma e, ao mesmo tempo, instrumento; nas mãos do Experto, é um ferro em brasa que irá marcar o Aprendiz indelevelmente.

A espada fere o coração, mas não apenas por um gesto unilateral do Experto, o Aprendiz consente no sacrifício e com a sua mão direita orienta o caminho da lâmina para que não haja desvio algum.

A mente do Aprendiz não deseja que o coração seja ferido e penetrado.

A indecisão simboliza a fraqueza humana; assim sucedeu com Jesus, o homem que rogou ao Pai para que o "cálice" passasse e Ele não fosse sacrificado.

É sempre com a mão direita que o Aprendiz participa de todos os atos litúrgicos.

Esse momento de sua Quinta Viagem é sublime, pois irá, simbolicamente, verter seu sangue.

Finda aqui a fase do aprendizado.

Durante a iniciação do 1º Grau, também o Aprendiz, então mero Candidato, recebe a ameaça de um sacrifício de sangue, que aceita com valentia, mas que não chega a consumar-se.

Na elevação, o Aprendiz é ferido de morte, com o seu consentimento e participação.

O fim do aprendizado significa a morte da ignorância.

Nem dor, nem sangue, nem ferimento a espada causará ao Aprendiz, porque se trata de um ato litúrgico altamente simbólico; porém, em sua essência, o coração foi atingido, o sangue foi derramado e a dor, sublimada.

A trivialidade dos fenômenos dos quatro elementos simbolizados nas quatro Viagens foi superada.

O Aprendiz iniciou a sua maior viagem: a do caminho que conduz à verdade.

O início, os primeiros passos, o local e todas as primeiras situações da jornada, o Aprendiz conhece; não saberá, porém, a duração da viagem e, sobretudo, o destino.

É a transição do plano físico para o espiritual.

Após o longo trajeto das cinco viagens, o Aprendiz apresenta-se confuso, sofrido e perturbado.

O Venerável Mestre faz um teste com o Aprendiz e lhe determina que dê ao Segundo Diácono a Palavra de Passe.

O Aprendiz já havia sido conduzido para "entre Colunas".

Desloca-se sozinho, em uma demonstração de independência e autonomia, até o Segundo Diácono e lhe dá a Palavra Sagrada.

O Segundo Diácono dirige-se diretamente ao Venerável Mestre e confirma que a palavra recebida está certa.

A Palavra Sagrada significa estabilidade e firmeza, demonstrando assim, o Aprendiz, que retornou ao seu equilíbrio emocional e que pode manter a harmonia no convívio com a grande família maçônica.

O Irmão Experto, concluída a sua missão, retorna ao seu lugar.

O Mestre de Cerimônias entrega ao Aprendiz o malho e o conduz até o altar do primeiro Vigilante.

O Aprendiz, recordando o seu primeiro trabalho, bate com o malho na pedra bruta as pancadas de seu Grau e retorna "entre Colunas".

A cerimônia das cinco Viagens finda com o trabalho humilde na pedra bruta. Isso simboliza que o Aprendiz ainda é pedra bruta, ou seja, ainda tem arestas a desbastar, ainda tem muito para vencer até apresentar-se como pedra polida.

Solenemente, o Mestre de Cerimônias anuncia em voz alta, ao Venerável Mestre e a todos os presentes, que o Candidato concluiu seu trabalho de aprendizado.

Foram cinco anos de luta, sacrifício, esforço e dedicação, mas tudo vitoriosamente vencido.

Findou a primeira jornada.

Inicia o ex-Aprendiz o caminho do Companheirismo.

Diz o Venerável Mestre: "Meu Irmão, contemplai este "Delta misterioso" e nunca o afasteis de vosso espírito".

*
* *

O "Delta Misterioso"

Dois são os "Deltas" que ornamentam a Loja, e podem ser motivo de certa confusão.

Delta, Segundo o dicionário, é a quarta letra do alfabeto grego, correspondente ao nosso "D" e tem a forma do triângulo.

Convencionou-se, portanto, denominar de "Delta" apenas os dois triângulos sagrados.

O triângulo resume todo Simbolismo maçônico, pois o encontramos dentro dos templos assumindo várias posições e compondo vários aspectos simbólicos, adornando joias e servindo de destaque muito visível para os olhos dos iniciados.

Na parte fronteira do dossel é colocado um triângulo de "cristal facetado", transparente, equilátero e medindo os seus lados, convencionalmente, cerca de 25 centímetros. Em seu centro, gravada e recoberta a ouro, encontra-se a palavra hebraica "IOD", que se assemelha a uma vírgula.[30]

Este triângulo é denominado "DELTA MISTERIOSO" ou "DELTA SAGRADO".

Sob o dossel, atrás do trono do Venerável Mestre, acima de sua cabeça, fixo na parede, apresenta-se um Segundo triângulo tendo ao seu centro um "olho"; esse "Delta" é iluminado, denominando-se: "DELTA LUMINOSO".

O "Delta misterioso" que o Aprendiz contempla pela última vez, na condição de Candidato ao Grau de Companheiro, deverá penetrar profundamente em seu espírito.

---

30. Atualmente, esse triângulo é colocado acima do altar do Segundo Vigilante.

Sobre a letra hebraica "Iod", ensina-nos o dicionário hebraico: "Quando vogal, simboliza a divindade; é imagem da manifestação potencial, duração espiritual, eternidade e poder ordenador. Tornando-se consoante, designa duração material".
Sua tradução comum será: "mando e duração".

– O "Iod" hebraico é a mesma letra "I", e também a letra-nome: "AHeleH", que designa: "O EU, Supremo e Absoluto"; tem também o significado: "sou o que sou", ou seja, a "essência dos seres".

Escrito, desenhado ou gravado, como uma "vírgula", significa: "O princípio das coisas", ou o princípio da matéria.

É a décima letra do alfabeto hebraico e o número apresenta uma peculiaridade curiosa: formado dos algarismos 1 e 0, teremos a unidade e o nada, mas a unidade precedendo o nada adquire o significado que o Universo foi produzido do nada.

Na Geometria, IOD é representado pela circunferência e seu ponto central. O ponto representa Deus; a circunferência, o Universo, um Universo limitado pela superfície, limitado em Deus. Para nós, o Universo não possui limites, mas, dentro de Deus, tem os seus limites.

Deus é conhecido por vários nomes, mas saibamos como Ele mesmo "falando" a Moisés se denominou:

> "Disse Moisés a Deus: eis que quando eu vier aos filhos de Israel e lhes disser: 'O Deus de vossos pais enviou-me a vós'; e eles me perguntarem: Qual é o seu nome? Que lhes hei eu de responder?
> Disse Deus a Moisés: 'Eu sou o que sou'; e acrescentou: 'assim dirás aos filhos de Israel: Eu sou enviou-me a vós'".[31]

"Eu sou o que sou" é a tradução maçônica da letra "IOD", o nome do Senhor, de Deus, do Grande Arquiteto do Universo.

Outra fonte de direito maçônico, escrita, não temos; o Velho Testamento contém todo conhecimento maçônico, bastando analisá-lo e entender, sobretudo, o seu contexto.

---

31. Êxodo – Capítulo 3, versículos 13 e 14.

Para cada função há um nome divino; o hebraico expressa, com perfeição, todos os nomes divinos e as suas primeiras dez letras são dedicadas a esses nomes.

As traduções para outras línguas deturpam o verdadeiro sentido das expressões hebraicas.

Já vimos, embora superficialmente, o significado da primeira letra; deteremo-nos, agora, rapidamente, nas nove restantes:

– "IaH".[32] O princípio de todos os seres manifestados na vida absoluta. É a união do espírito com a alma universal, ou seja, o poder de Deus com sua criação. A harmonização completa entre a criatura e a sua obra. A justiça com a perfeição, porque Deus somente poderá criar perfeições.

O homem é um ser perfeito porque é criatura de Deus, as "imperfeições" que são imputadas aos homens são imperfeições sociais ou patológicas "adquiridas" após a criação, sem o envolvimento do Criador.

"IEUE" ou "IeHOaH" é a expressão mais importante de Deus a tal ponto que os hebreus mais religiosos não o pronunciam, chegando a substituí-lo pelo vocábulo "Adonai", de tanta significação maçônica.

É o "tetragrammaton" da Cabala. Dele é derivado "IEUE" e "Jeová". "IEUE" simboliza a parcela feminina e a masculina em unificação geradora.

Nos séculos passados, quando os escribas e copistas escreviam os trechos bíblicos, ao grafarem a palavra "Jeová", rompiam a pena e passavam a usar uma nova, porque o nome de "Jeová" jamais poderia ser escrito com pena usada para outras palavras; era um resquício do respeito existente entre hebreus e o seu Deus.

Essa prática orientou a recomendação das leis maçônicas de não permitir que a "Palavra Sagrada" fosse escrita, gravada, desenhada, ou comunicada por qualquer meio.

A prática sofreu uma alteração curiosa, pois entre o "respeito" e a "proibição" há muita distância.

---

32. Obeserve que a palavra é escrita com letras maiúsculas e minúsculas.

A Maçonaria, obviamente pela necessidade que teve com a natural expansão de sua doutrina, resumiu o intrincado sistema hebraico de designar Deus, adotando a palavra: "GRANDE ARQUITETO DO UNIVERSO".

É o enunciado do *Landmark* nº 19: "A crença na existência de Deus como "Grande Arquiteto do Universo".

Temos no *Landmark* duas partes distintas, a saber: a existência de um Deus e a fixação convencional desse nome.

A Maçonaria sempre comportou um espírito religioso; a religiosidade sempre foi o fator unificador dos indivíduos; na atualidade, com o surgimento do socialismo, a religiosidade cedeu terreno para o interesse econômico e do bem-estar do indivíduo, que abrange a sua saúde, mesa farta, vestuário, diversões e o preparo profissional por meio do estudo; certos países, entre eles, a Rússia e a China, têm colocado como meta principal o bem-estar da coletividade, banindo e perseguindo aqueles que depositavam, por fé, na religião, a finalidade de suas existências.

A Maçonaria, por tradição e por princípio, mantém acentuado o espírito de religiosidade, prestando "culto" a Deus em atos litúrgicos.

Os trabalhos são abertos e fechados "sob os auspícios" do Grande Arquiteto do Universo.

O Candidato, para ser admitido à iniciação maçônica, presta juramento em obediência aos rituais.

Os juramentos são dirigidos a "algo superior", pois o ser humano, desde os nossos indígenas até as sociedades primitivas, colocava os seus destinos e interesses aos cuidados de uma divindade.

Essa "fé" sempre esteve presente e não seria agora, a título de "evolução", que a Maçonaria abriria mão de uma tradição que não prejudica e que constitui um dos seus mais preciosos *Landmarks*.

Quando a religião "escraviza" por meio do fanatismo, fatalmente se torna nociva; mas sempre constituiu um freio, não à liberdade do homem, mas à sua libertinagem.

Se a religião tem influência no bem-estar do homem e se lhe proporciona felicidade, esperança e fé, deve permanecer, e a Maçonaria, em sua sabedoria, inseriu o espírito de religiosidade nos *Landmarks*.

A Maçonaria sempre foi chamada a participar de todos os movimentos que envolveram a "problemática religiosa", como durante os anos em que o positivismo entusiasmava os filósofos; contudo, a sua atuação sempre marcou o interesse em preservar a presença de Deus e a crença no princípio criador.

Porém, a Maçonaria não saiu imune daquelas discussões, tanto que ainda hoje, mesmo no Brasil, há Lojas que adotam ritos que aboliram a presença nas Lojas do Livro Sagrado, dos juramentos e da invocação ao Grande Arquiteto do Universo.

Por um princípio de equilíbrio natural, porém, os ritos modernos,[33] sem perceber, mantiveram o "Delta luminoso" e o "Delta sagrado" em seus templos!

A Maçonaria teve membros como Voltaire e, ainda hoje, possui muitos que não aceitam qualquer princípio religioso dentro das Lojas, e que não creem em Deus, embora aceitem (quiçá, apenas, para se manter nas fileiras da ordem) a existência de uma inteligência Superior.

Ninguém é obrigado a entrar para a Maçonaria, mas se assim o deseja, deverá, ou aceitar a crença em Deus por convicção, ou em obediência às leis magnas da Maçonaria.

A definição constante do 19º *Landmark* nos conduz a aceitar um Deus com a qualidade de Grande Arquiteto do Universo. Não basta defini-lo apenas como Grande, ou como Arquiteto, mas há de ser Grande Arquiteto do Universo, na forma típica.

A designação maçônica abrange um Deus com toda gama de personalidades, como Ser criador, não só do mundo, mas de todo o Universo, na sua concepção filosófica de "Um em diversos".

"AL-LAH" – adorar a Deus, "AL-KURAN – (Alcorão) Livro de Deus, ou "EL..." designam Deus como o Todo-Poderoso, sua projeção no Universo material e no espiritual, no espaço e no tempo, ou seja, sua onipotência, onisciência e onipresença.

"ALOaH" ou "ELoah" (é variante de EL), que demonstra uma das essências de Deus: a vida absoluta e inteligente, ou seja, o Deus do que foi criado e, especialmente, dos seres inteligentes.

---

33. Rito francês moderno.

Até há bem pouco tempo, o único ser inteligente seria o homem; hoje conhecemos e aceitamos inteligência nos seres animados e inanimados, até uma inteligência universal.

"ALHIM" ou "Elohim" (plural de ELoah = Deus), sexo, nome divino que representa as supremas potências vivas.

É Deus "criando" *in eterno*, ou seja, continuadamente. Deus em seu aspecto mais misterioso que nunca. Retirando do "nada" a perfeição.

"IEVE TseBAOTh", Deus dos exércitos, da ordem cósmica, diremos nós. Deus criador das leis que regem o Universo, ou os Universos, em todas as gamas, físicas e espirituais.

"ALHIM TseBAOTh" com o significado de: as supremas potências vivas das ordens cósmicas.

Hoje podemos compreender um pouco mais essa denominação de divindade, porque o que ontem era ignoto, hoje com as viagens cósmicas transforma-se em conceito quase vulgar.

A penúltima letra é "ShaDai", que traduz o nome da divina providência, com a significação divina, emanada de Deus. É o poder altíssimo da vida. A potência divina.

Finalmente, a décima letra: "ADoNAI", com o significado final de "Senhor", um Senhor Absoluto, real a quem todos devem obediência. "Senhor", "rei do Universo", "Pai absoluto".

Com a colaboração do alfabeto hebraico, entenderemos um pouco mais o significado da letra "IOD" dentro do "triângulo misterioso", transparente, "Delta sagrado", "equilátero de cristal", tendo em seu centro gravada a pequena "vírgula", expressando o maior poder de todos os Universos; para os maçons, o "Grande Arquiteto do Universo".

A "Mariologia"[34] herdou da prática hebraica o sistema de dar à Maria nomes diferentes para cada situação: Nossa Senhora das Dores; Nossa Senhora do Parto; Nossa Senhora da Saúde; Nossa Senhora da Glória; Nossa Senhora da Conceição, etc.

No "Delta sagrado" também é comum muitas Lojas substituir o que ao nosso entender é errado, o nome "IOD" pela letra maiúscula "G".

---

34. Mariologia: culto a Maria, mãe de Jesus.

Além de significar a letra "G", o "Grande Geômetra", aquele que sinonimamente é o Grande Arquiteto do Universo, significaria também a ciência geométrica, ou seja, a "Geometria", o que evidentemente está errado, porque não se poderá dar ao "Delta misterioso" duas aplicações, dois significados.

A respeito do Segundo Delta, o denominado "Delta luminoso",[35] sua presença simboliza uma "atuação" física de Deus dentro da Loja.

O triângulo é colocado atrás do "Delta misterioso" e não é transparente.

Em seu centro está desenhado, ou gravado, um "olho".

O "olho", embora com todo aspecto físico, humano, simboliza o "olho" espiritual.

O "insistente" olhar, que nos vem do Delta luminoso, é uma lição constante de que atrás daquele "olho" se encontra um ser.

Simboliza, outrossim, a nossa própria capacidade de "ver". Os símbolos que formam o todo de uma Loja não representam apenas uma presença espiritual externa, mas também o nosso modo de ser, para que possamos nos reeducar e sentir que o homem é muito mais do que uma simples criatura comandada pelo Ser Supremo.

Nós enxergamos, não porque temos visão, mas porque nosso organismo humano, em seu todo, está capacitado a desempenhar a função de ver, ou seja, de viver por meio dos sentidos de que somos dotados, principalmente no 2º Grau, quando os pontos centrais do conhecimento são os cinco sentidos humanos.

Não estamos longe do dia em que os cientistas aplicarão ao ser humano uma "visão artificial", assim como aplicam o "rim artificial", o "coração artificial", etc.; um aparelho ligado ao nosso sistema visual capacitará o homem a ver, mesmo que lhe seja extraído o órgão visual.

As profecias evangélicas já anunciavam que com o advento do Senhor os "cegos enxergariam".

Despertar os cinco sentidos; pô-los em funcionamento; valorizá-los, é a missão da Maçonaria.

---

35. Vide obra do mesmo autor: *O Delta Luminoso*.

O "Delta luminoso" sugere que Deus está presente, como "Vigilante "; o "Observador" que desempenha função dupla: o de "censor" e o de "protetor".

A forma como é apresentado um "Delta luminoso" dentro das Lojas tem variado Segundo o gosto do arquiteto e a falta de conhecimento dos dirigentes.

Poucos se preocupam quanto ao aspecto físico de uma Loja maçônica. Juntam alguns símbolos, nem sempre colocados nos lugares exatos, geralmente de forma desordenada e, sobretudo, improvisada, e formam um templo maçônico!

Cometem-se, assim, os maiores "pecados" impunemente, porque não há um órgão orientador ou fiscalizador central.

Assim, o Delta luminoso é representado ora por um triângulo equilátero,[36] ora por um triângulo isóscele[37] e no centro, um "olho" humano ora o esquerdo, ora o direito, escuro, claro, enfim, de conformidade com a fantasia do pintor.

Não se poderá conceber o GRANDE ARQUITETO DO UNIVERSO com características humanas.

Portanto, o "olho" deverá tão-somente possuir o aspecto de um globo ocular, redondo, mercê o significado simbólico da circunferência, com um ponto no centro, dada a alta simbologia do ponto.

A cor, já que seria difícil fazê-la "cristalina" ou transparente, seguindo a tradição da Igreja, "poderia" possuir uma tonalidade roxa, a cor dos bispos.

De outro lado, o formato com características humanas, completaria o símbolo, de que é o nosso próprio olhar a nos ver, como se fora, em vez da "voz da consciência", o "olhar da consciência".

De qualquer modo, deve-se emprestar ao símbolo todo cuidado e procurar estudar o que representa para nós, dentro das diversas fases de um Grau.

O Delta luminoso irradia mensagens diferentes, dentro das oportunidades que surgem. É, mais uma vez, a certeza de que os símbolos possuem linguagem e nos falam.

---

36. Triângulo com os três lados iguais.
37. Triângulo com dois lados iguais.

Precisamos ter "ouvidos" para ouvir a "mensagem" dos símbolos! Prossegue o Venerável Mestre:

"Iniciastes hoje a ascensão da estrada de Jacó, pondo os pés no primeiro degrau, que é o simbolizado pelo pressentimento de que, com a vossa segunda iniciação, adquiristes outras forças, além das físicas".[38]

Há muita diversidade entre rituais, face a pretensa "autonomia" das Lojas, em "revisar" e "alterar" os rituais dos três primeiros Graus.

Por causa disso, o que julgamos errado, eis que os rituais do "Rito Escocês Antigo e Aceito" são propriedade do "Supremo Conselho do Grau 33 do Rito Escocês Antigo e Aceito para a República Federativa do Brasil" e só ele pode autorizar qualquer alteração. As sucessivas modificações causam deficiências, omissões e até erros filosóficos.

Tomamos a liberdade de "criticar" essa passagem do ritual, porque a denominação de "estrada de Jacó" não condiz com o texto bíblico; deveria ser a "escada de Jacó", se considerarmos o verbo que antecede o substantivo: "ascensão"; Jacó percorreu seu "caminho", sua "estrada", mas em sentido horizontal.

Os pés no primeiro degrau dão a entender que se trata de uma escada.

Contudo, a interpretação não condiz com a história bíblica do sonho de Jacó.

Quem descia e subia os degraus da escada visualizada em sonho eram os Anjos.

A Maçonaria não pode, de um momento para outro, mormente no 2º Grau, ou seja, no início do rito, denominar o "iniciando" ao Grau de Companheiro, de "anjo", dentro do conceito bíblico.

Jamais o texto bíblico insinuou que Jacó subiu ou desceu a escada visualizada em sonho.

---

38. Ritual da Grande Loja do Rio Grande do Sul. Nos rituais das Grandes Lojas e do Grande Oriente do Brasil, realmente a frase é outra.

As cinco Viagens que o Candidato realiza não significam a ascensão de cinco degraus da escada de Jacó.
Já nos referimos a isso anteriormente.
As "viagens pelos sentidos" devem ser interpretadas como conhecimento de nosso corpo humano.
O homem é um Universo; os místicos o denominam de "Universo de dentro", para distingui-lo do Universo cósmico.
O Universo cósmico ainda é um mistério para a humanidade e só muito recentemente é que o homem conseguiu ultrapassar algumas barreiras e penetrar um pouco além do que constituía grande parcela de imaginação.
O que Júlio Verne descreveu em seus romances de aventura do século XIX, hoje o homem realizou.
Assim, no Universo humano a ciência está penetrando e desvendando, conquistando descobertas em direção ao Grande Arquiteto do Universo "de dentro".
Os componentes do corpo humano, dentro do Universo, são símbolos, assim como os símbolos existentes dentro de uma Loja maçônica, a que nós denominamos de templo do Universo.
Os símbolos existem, são visíveis, mas ao lado ou dentro de cada um deles existem outros, invisíveis, ou pelo menos imperceptíveis.
O 2º Grau é dedicado ao estudo dos cinco sentidos, que nada mais são do que os cinco grandes símbolos que enfeixam bilhões ou trilhões de outros símbolos, se quisermos denominar cada célula de nosso organismo como um símbolo.
O exterior e o interior de nosso corpo humano têm aparência igual ao corpo de qualquer homem; contudo, são muito diferentes, de indivíduo para indivíduo, mesmo que essas diferenças constituam-se em meras nuanças.
O interior de nosso corpo não é apenas o que nos revela um tratado de anatomia.
Há dois aspectos para serem analisados: um corpo humano com vida, e outro sem vida.
Podemos conceber um Universo sem vida?
Não basta abrir um cadáver para saber como funciona o organismo; não se poderá, jamais, conceber um corpo vivo, pelo estudo de um cadáver.

O iniciado é um corpo vivo; o profano, um cadáver – evidentemente no conceito maçônico.

A distinção entre um cadáver e um corpo vivo é que, no homem vivo, os seus cinco sentidos funcionam; posto se possa admitir que mesmo um cadáver sempre possui vida e que a matéria é eterna dado as mutações constantes e que nada se perde e consome, pois o que foi "criado" é sagrado e perdura.

O dualismo a que nós, maçons, nos habituamos a encarar e compreender, persiste no corpo humano, pois se temos o sentido da visão física, temos junto o sentido da visão espiritual.

Os fenômenos da vida abrangem os dois aspectos da vida: o comum e o espiritual; se o corpo humano está sujeito às leis naturais, também está sujeito às leis espirituais.

Nós raramente conhecemos as leis naturais, a não ser que sejamos médicos ou cientistas; e o que dizer das leis espirituais, a respeito do nosso corpo humano?

As células humanas organizam-se em sociedade, assim como as formigas ou as abelhas, ou os sistemas sociais políticos; obviamente há um comando, um ser supremo que, dirige tal sociedade celular.

Os fatores hereditários dentro dessa sociedade celular devem ser conhecidos; como entender que, hereditariamente, também podemos herdar fatores espirituais? E os maçons? Com a sua formação *sui generis*, com o seu conhecimento "hermético", transmitem à sociedade celular a sua influência?

Estamos longe de conhecer as relações existentes entre as células que formam o esqueleto, os músculos, os órgãos, os sentidos e as atividades mentais, as emocionais e as inclinações místicas e espirituais.

Como conduzir a sociedade celular para que o indivíduo tenha dentro da sociedade política e econômica uma posição que lhe dê poder, conforto, felicidade, bem como uma aproximação com o seu criador?

Que força misteriosa selecionou, dentre milhões, o espermatozoide que fecundou o óvulo que nos deu a vida?

Essa seleção fisiológica não terá sido também uma seleção espiritual?

O que pode fazer a Maçonaria para influenciar nessa seleção? Os nossos cinco sentidos possuem valores espirituais mais relevantes que os fatores celulares; faz-se necessário, porém, que no 2º Grau as luzes programem o seu trabalho em direção a esse interesse: conscientizar o Companheiro de que possui cinco sentidos, cujas funções desconhece e que, como símbolos, deve entender, ouvir-lhes a mensagem e, então, poder conhecer-se e empreender a caminhada para o 3º Grau.

O ritual diz que os cinco sentidos são os mais fiéis companheiros do homem. Seria mais exato dizer que eles são o próprio homem. São o "próximo" do homem, a quem cumpre amar.

O sentido do amor,[39] mais tarde estudado, abrange os cinco sentidos em uma compreensão esotérica.

O ritual diz que os cinco sentidos estão sempre prontos a dar conselhos ao homem.

São as lições advindas da experiência; se o dedo tocar o fogo, queimará, e o sentido do tato ensinará que não se deve aproximar o dedo do fogo.

Essa é uma lição fisiológica que não exprime o real significado da experiência. Surgem as lições esotéricas, tanto as que previnem contra o mal, como as que impulsionam para o bem.

Os antigos dedicavam ao estudo de cada sentido um ano de trabalho; compreende-se facilmente isso, dado a escassez de mestres; hoje o estudo é abreviado pelo avanço da tecnologia, e na Maçonaria, os anos são contados de maneira simbólica e não como tempo decorrido.

Os antigos usavam os cinco sentidos para a prática da virtude, esquecendo a própria personalidade humana; ensinavam que amparar os outros fortalecia o caráter: hoje a concepção é diferente; o auxílio aos demais constitui uma obrigação social; o que importa e tem validade é a valorização do próprio ser; isso não é egocentrismo ou egoísmo, mas sim a autovalorização, o verdadeiro sentido do amor ao próximo, pois mais próximo que o próprio ser, não há.

---

39. No Grau 18.

O estudo dos cinco sentidos, na sua concepção dualística, significa "perseverar na virtude".

Quem usa os seus sentidos na potência total, reflete a verdadeira luz sobre os demais.

"Perseverar" é uma atitude maçônica essencial no 2º Grau; em qualquer situação, a perseverança é uma disposição da mente que demanda muito esforço e tenacidade tanto para o atleta, que subjuga sua força muscular, como para aquele que se dispõe a dietas para emagrecer, ou quem aspira vencer economicamente, o estudante, enfim, em todos os campos de luta, sempre está presente a perseverança como ponto central da vitória.

Afirmar isso é fácil; todos nós sabemos da exatidão das máximas, porém, executar a perseverança constitui uma luta incessante, que demanda esforço gigantesco; vencer as dificuldades que se colocam no caminho, sozinho, constitui uma tarefa ingente e quase impossível; a sabedoria maçônica, porém, vem em nosso auxílio quando reúne em Loja um grupo de pessoas abnegadas que nos auxiliam a vencer as nossas fraquezas; a falta de perseverança para tudo constitui uma franqueza. Só poderemos vencer, realmente, se nos entregarmos nas mãos de nossos irmãos que, espontaneamente, em nome do amor fraterno e do ideal maçônico vêm em nosso auxílio.

Antes de chegarmos à situação referida no ritual de "refletirmos a verdadeira luz sobre nossos Irmãos", devemos nos sentir "refletidos"; luz que é irradiada do Venerável Mestre, que enfeixa a soma das luminosidades colhidas dentro da Loja.

A reflexão sempre é uma resultante de nossa própria disposição de alma; não podemos receber a luz se luz não refletirmos; é a troca necessária que, mesmo dando pouco, temos a possibilidade de receber muito.

Essa lição recebida do Venerável Mestre tem como conclusão as seguintes palavras:

"Irmão Mestre de Cerimônias, conduzi o Irmão Aprendiz ao Irmão Segundo Vigilante, para que lhe ensine a dar os passos de Companheiro maçom e, depois, fazei-o ajoelhar, conforme nossos usos, ante o altar dos Juramentos".

Ainda nessa fase da cerimônia, o iniciando ou elevando é tratado como Aprendiz. Ele é conduzido pelo Mestre de Cerimônias porque a missão do Experto finda com a última Viagem.

O Candidato à elevação não tem mais necessidade do "intercessor"; agora ele executa, não mais provas, mas cerimônias, ora litúrgicas, ora apenas formalísticas.

É preciso destacar esta mutação: o experto, ao entregar o Candidato ao Mestre de Cerimônias, retorna ao seu lugar.

A missão do Segundo Vigilante é ensinar o Candidato a "dar os passos de Companheiro"; os primeiros passos, um vez que o Candidato desconhece outro caminhar que não o da linha reta.

Os primeiros passos de uma criança são essenciais, pois lhe ensinam que pode usar, por si mesma, dos meios de locomoção que seu corpo dispõe.

Tendo a "régua de 24 polegadas" como diretriz, o Aprendiz maçom segue sua trajetória com relativa facilidade, pois os caminhos são retos; agora ele muda de direção, já que o seu trajeto deverá ser percorrido sobre um esquadro; o Aprendiz não sabe mudar a direção de seus passos e, por isso, torna-se necessário o auxílio do Segundo Vigilante .

O Segundo Vigilante sai do seu Trono, vai ao encontro do Candidato e lhe ensina os passos do 2º Grau.

Há um percurso a trilhar.

A sua caminhada conduz a um destino.

Esse destino é o Altar dos Juramentos, onde o Candidato irá prestar o seu "juramento", que simboliza transpor o "umbral" de uma porta desconhecida para um recinto sagrado desconhecido, onde irá mudar de roupagem, de avental, de instrumentos e de nome.

O Mestre de Cerimônias "faz o Candidato ajoelhar-se".

Não há uma espontaneidade da parte do Candidato.

Ele é compelido a ajoelhar-se, não como obrigação, mas porque sozinho não o sabe fazer naquela circunstância.

O uso maçônico forma um complexo de posturas no Altar dos Juramentos, entrelaçadas com as joias que se encontram no altar.

O juramento é feito em voz alta e é "recebido" por todos.

Os Irmãos presentes, todos revestidos no Grau de Companheiro e superior, recebem do Candidato o seu juramento.

Dentro da liturgia maçônica temos diversos juramentos, feitos ao Grande Arquiteto do Universo, ao dirigente da Loja e aos próprios Irmãos presentes.

O juramento que o Candidato presta é dirigido exclusivamente, a uma "assembleia de homens", para onde o Candidato irá ingressar.

O juramento contém as mínimas exigências para o ingresso, que constituem as garantias, a segurança de que os "segredos" do 2º Grau devem permanecer ciosamente guardados a fim de que não se vulgarizem e não encontrem interpretações "torcidas" entre os profanos.

Os juramentos são atos íntimos, litúrgicos, que não podem ser revelados e mesmo nos rituais são escritos com reticências de modo que não possam vir a público; não contêm qualquer mistério, mas trata-se de uma discrição própria da Instituição maçônica que todos os maçons respeitam.

Enquanto a cerimônia é presidida pelo Segundo Vigilante, acompanhado pelo Mestre de Cerimônias, o Venerável Mestre e todos, estão de pé. O Venerável Mestre está empunhando a "espada dos Juramentos", como símbolo de autoridade. Ele será o justiceiro que fará cumprir a sentença que o próprio Candidato escolheu ao jurar, caso se tornar perjuro.

Aqui cabe uma advertência, pois em muitas Lojas se nota que o Venerável Mestre empunha a espada somente após proferido o juramento e ao descer de seu trono.

A espada deve ser empunhada antes de ser recebido o juramento.

Conservando-se ajoelhado, o Candidato recebe o Venerável Mestre, que estende a espada por sobre a sua cabeça e recebe o Candidato, constituindo-o Companheiro maçom.

Sobre a espada, bate com o malhete cinco pancadas, relem-brando as lições dadas sobre os cinco sentidos e, depois, segura a mão do novo Companheiro e o faz levantar.

O novo Companheiro, apesar de já ter aprendido a caminhar no 2º Grau, não sabe erguer-se; auxiliado pelo Venerável Mestre, isso significa que adquire o auxílio da Sabedoria.

Ainda diante do Altar dos Juramentos, o Venerável Mestre abaixa a "abeta" do avental[40] do novo Companheiro e lhe faz a entrega simbólica dos instrumentos necessários ao seu novo trabalho.

Agora, o avental transforma-se em "bolsa", com sua "tampa"; já não porta, o novo Companheiro, o avental do Aprendiz com a finalidade de cobrir apenas as suas partes genitais; o avental adquire novas finalidades.

Ainda é feito do mesmo material, isto é, pele de cordeiro, alva, imaculada e que se conservará limpa e pura.

O novo trabalho do Companheiro será na pedra cúbica.[41]

A pedra bruta já foi trabalhada por ele ou por seus pares; recebe, agora, nova tarefa: uma pedra cúbica, que simboliza o homem já desfeito de suas arestas externas, mas que necessita polir as suas faces a fim de que possa refletir a luz.

O Companheiro deverá "burilar" a pedra cúbica de tal modo que seu "cinzel" atinja também a parte interna, significando que o homem tem muito ainda que trabalhar dentro de si mesmo.

O novo trabalho significa outrossim que um Companheiro é destinado a "reparar" as imperfeições do edifício, sendo tolerante com as faltas dos demais, corrigindo-os, aconselhando-os com seu bom exemplo.

A edificação pode ser o simples sobrepor de pedras polidas, ou o erguimento de um templo.

Entre o monumento e o templo, a diferença consiste que este encerra o Universo e aquele reflete o Universo.

As edificações que os Aprendizes fizeram e cujos relatórios de seus trabalhos trazem por ocasião das suas elevações ao 2º Grau, sempre apresentaram imperfeições.

Por sua vez, as correções que os Companheiros fazem nas edificações iniciadas no 1º Grau sofrerão, no 3º Grau, outras reparações.

---

40. Em capítulo à parte, estudaremos o avental do Companheiro.
41. Em capítulo à parte, estudaremos a pedra cúbica pontiaguda.

Sempre diante do Altar dos Juramentos, o Venerável Mestre transmite ao novo Companheiro os "mistérios do 2º Grau", constituídos pelas novas Palavras de Passe e Sagrada, toque, sinal e postura.

Esclarecido o novo Companheiro nesse sentido, recebe o abraço fraternal, em nome da direção da Oficina e de todos os presentes.

Trata-se de uma "quebra" no ambiente cerimonioso, degelando o misticismo; é a presença do convívio da Comunidade maçônica; é a família fraterna.

O Segundo Vigilante retira-se para seu trono e, depois que o Venerável regressar ao seu lugar, o Mestre de Cerimônias conduz o neófito ao trono do Segundo Vigilante, onde está colocada a pedra cúbica.

Meramente como tarefa simbólica, o neófito recebe o malhete das mãos do Segundo Vigilante e com ele dá cinco pancadas na pedra cúbica.

Isso simboliza o início do trabalho e comprova a aptidão do neófito para as suas tarefas.

Finda essa parte da cerimônia, o neófito recebe os aplausos, grava seu nome na "tábua" da Loja e vai sentar-se no topo da coluna do Sul, onde permanecerá durante o período necessário até ser exaltado ao 3º Grau.

O Orador da Loja profere a sua oração; é uma mensagem bela que contém transcrita em sua íntegra:

> "Em vossa iniciação de Aprendiz fizestes três Viagens por entre ruídos e tinir inquietante de espadas; depois, com o auxílio de vossos Irmãos recebestes a luz. Éreis a criança a aprender seu catecismo, o colegial a se embeber nos primeiros elementos da ciência sagrada.
>
> Embora, com as primeiras noções do verdadeiro, do belo e do sublime, não podíeis pôr em obra os materiais que víeis, porque suas aplicações, suas relações íntimas não vos eram conhecidas.
>
> Encontrastes em vossa Oficina materiais diversos, esparsos e separados, e, por isso, sem relações de unidade ou de analogia.

Ordenaram-vos que estudásseis a sua natureza e o emprego a que eram destinados.
Depois de alguns estudos, vossa aptidão ao trabalho desenvolveu-se e fostes julgado digno de prosseguir o curso da hierarquia maçônica. Foi nessa disposição que viestes passar a Companheiro.
A primeira viagem de Companheiro é um tecido de meditações.
Confiaram-vos a pedra bruta para que desbastásseis as suas imperfeições e para que lhe désseis a forma e as dimensões de vossa arte, cujos fins devem ser penetrá-la por vosso pensamento; se souberdes apreender-lhe as sublimes sutilezas e vencer-lhe as dificuldades, as asperezas da pedra bruta cairão aos golpes de vosso "maço", como os frutos sazonados das árvores que os produziram.
O "maço", que vos colocaram nas mãos, simboliza a força que age sob a direção do espírito, da sabedoria e da ciência; o "cinzel" tem, na simbologia do Segundo Grau, um carácter eminentemente moral; é o agente imediato do gênio que aformoseia e aperfeiçoa o que é informe e grosseiro.
Armado de uma "régua e de um compasso", encetastes a vossa Segunda Viagem. Isto simboliza que vossa consciência é a "régua mística" que deve medir, alinhar vossas ações sobre o grande princípio do bem moral.
Vossa razão é o "compasso" da justiça que assegura o direito e determina a sua origem e a sua legitimidade.
Fazendo-vos polir e repolir a pedra bruta, a Maçonaria não vos faz trabalhar cegamente, nem mesmo quer exercer sobre vós o encanto de sua influência ou o império de sua autoridade; seu grande desejo é que o vosso trabalho seja o fruto da meditação e do estudo que vós mesmo fareis; ela quer que aprendais, apoiado em vossa própria razão. Deveis repelir tudo aquilo que ela não aceitar.

Dando-vos a "alavanca", emblema do poder que sustenta o fraco e faz tremer o mal, a Maçonaria quis vos simbolizar a expressão da força divina, da força moral, da que resiste a tudo que é impuro e corrupto, a tudo que é arbitrário ou tirânico, à ignorância, à superstição, aos vis impostores, que se aproveitam da ignorância dos povos para torná-los impotentes escravos de seus caprichos.

Assim, em pleno oceano da vida, em meio das vagas tempestuosas das paixões, lembrai-vos que, ao serdes consagrado maçom, tivestes em vossas mãos a "alavanca", talismã contra as tentações da inércia.

Revendo, então, vosso passado, tereis, ante vossos olhos, os juramentos sagrados que ligaram, aos nossos, o vosso destino e que farão com que os germes das virtudes, que a Maçonaria vos inspirou, revivam em vosso coração para que, retomando a "régua" simbólica de vossa consciência, traceis o mais curto, o mais digno e o mais belo caminho da vida útil e proveitosa, e vos torneis o filho digno de vossas obras.

Perseverante, como é a Maçonaria em sua obra de regeneração e de salvação social, sua sábia previsão nada esqueceu para assinalar os perigos da vida e, à beira de todos eles, ela coloca a flâmula de aviso para livrar seus adeptos.

A Maçonaria emblematizou o pensamento simbólico da Quarta Viagem na "régua" e no "esquadro", dois instrumentos que, respectivamente, servem para verificar as dimensões das pedras e medir suas superfícies e seus ângulos retos.

O simbolismo da Quinta Viagem vos mostra a nobre aspiração que alenta vosso espírito. Subi com passos firmes a Escada misteriosa de Jacó, no topo da qual divisareis a Estrela Flamígera, fogo da verdadeira luz. Elevai-vos, meu Irmão, à altura do pensamento sublime que preside nossa Instituição; servi à humanidade, afastando-vos dos turbilhões das paixões que agitam o mundo profano; ficai estranho às lutas das ambições, aos tumultos e às querelas dos partidos; fugi ao espírito acanhado da seita; deixai que a obra do mal se esboroe e se extinga por sua própria nulidade; pautai vossas ações pela virtude que todo maçom deve possuir; fazei-vos amar pelo trabalho em prol da paz e da felicidade dos povos e lembrai-vos de que os verdadeiros heróis não foram os que, à custa do sangue fraterno, conquistaram palmos de terra, mas os que se dedicaram, de alma e coração, ao bem-estar da humanidade".[42]

*
* *

O encerramento dos trabalhos de elevação é igual ao das Sessões comuns já comentadas.

Finda, assim, o comentário em torno do Ritual do 2º Grau.

*
* *

---

42. Esse texto sofre variações de acordo com a Potência maçônica em questão; sua essência, porém, permanece inalterada.

O Simbolismo das Cinco Viagens

A Primeira Viagem

OS CINCO SENTIDOS

O corpo humano, por meio do cérebro, estabelece um rela-cionamento perfeito com o mundo exterior.

É o mundo da percepção pelos cinco sentidos "convencionais".

A percepção com o Universo exterior, no seu aspecto "espiritual", é estabelecida também pelos mesmos cinco sentidos, mas com funções esotéricas.

"A alma vivente difere, em muito, do espírito vivificante".

Contudo, nessa fase, preocupamo-nos mais em conhecer como se estabelece a comunicação entre o homem e o mundo exterior.

A comunicação é a razão do viver; o homem isolado, encarcerado, tendo perdido os seus sentidos, aproxima-se muito do ser inanimado; é a definição da morte; seria uma vida vegetativa.

Os agentes executivos do cérebro são os nervos motores; os nervos sensitivos são as sentinelas que transmitem os "avisos" sobre tudo o que ocorre de interesse ao organismo humano, para que o cérebro decida o que lhe convém executar.

Para que os nervos sensitivos possam perceber as impressões, necessitam de aparelhos orgânicos, que constituem os cinco sentidos, aos quais, vulgarmente denominamos "As janelas da alma".

"Sentido" é o vocábulo derivado do latim *sentire* e se aplica a qualquer uma das aptidões da alma.

Não cabe discutirmos aqui a respeito dos animais ou demais seres que também possuem sentidos como as espécies vegetais conhecidas vulgarmente como "plantas carnívoras", ou as delicadas "sensitivas" que se retraem ao mais leve toque.

As "sensações" podem ser externas e internas: as internas surgem de dentro do organismo humano, como sentir fome, sentir dores, cansaço, etc.; as externas consistem em ver, ouvir, degustar, cheirar, sentir.

Cada um dos cinco sentidos possui um órgão isolado para a sua função, ou então há uma estreita ligação entre todos.

Suscintamente, as funções dos sentidos são as seguintes:

A VISÃO

É o sentido por meio qual apreciamos ou percebemos a forma, volume e cor das coisas; seus órgãos são os olhos.

O globo ocular tem a forma quase esférica, e encontra-se alojado na órbita do crânio, sendo composto de membranas, elementos transparentes e partes acessórias.[43]

As principais membranas do olho são: a esclerótica ou córnea opaca, a coroide e a retina.

A esclerótica apresenta-se dura e opaca, com exceção em sua parte anterior denominada de córnea transparente, por onde penetram no olho os raios de luz.

A coroide é de coloração negra e envolve a parte interna da esclerótica.

A retina reveste internamente a coroide na sua parte posterior; é uma membrana esbranquiçada, nervosa, formada pela expansão do nervo ótico.

Na parte de trás da córnea transparente, encontra-se a íris, um prolongamento da coroide, de aspecto circular e de várias cores; parte do azul-claro, com suas nuanças, até o marrom escuro.

---

43. É usada linguagem vulgar e não científica.

A íris possui um orifício central, a pupila, que aumenta ou diminui de tamanho conforme a intensidade da luz.

Os elementos transparentes são: o humor aquoso, o cristalino e o humor vítreo.

O humor aquoso é um líquido semelhante à água e aloja-se entre a córnea transparente e o cristalino.

O cristalino é uma espécie de lente biconvexa transparente.

O humor vítreo é um líquido incolor, de consistência gelatinosa e transparente, envolto em uma fina membrana chamada hialoide e que preenche o resto do globo ocular.

As partes acessórias do olho são: sobrancelhas, pálpebras, pestanas ou cílios, glândulas lacrimais e músculos.

O olho funciona de forma idêntica a uma câmara fotográfica: a pupila desempenha a função do diafragma, que permite a entrada dos raios luminosos.

A coroide desempenha o papel da câmara escura; o cristalino, o da lente que produz as imagens; a retina, a placa sensível que as recolhe.

O nervo ótico é o condutor por meio do qual transmite ao cérebro as impressões luminosas recolhidas pela retina.

As impressões perduram gravadas na retina um décimo de Segundo, e por causa disso não se notam as interrupções da sucessão de imagens colhidas; funciona como o aparelho projetor de filmes; o filme é uma sucessão de quadros; para cada quadro há movimentos diversos, mas uma vez projetados na tela, o espectador não nota a sucessão dos quadros, mas sim uma imagem que se movimenta e continua.

A visão normal distingue os objetos a qualquer distância, uma vez adequadamente iluminados; porém, se esses objetos são diminutos, faz-se necessário uma aproximação.

Para uma leitura normal, as letras devem estar a uma distância de 25 a 30 centímetros; caso assim não ocorra, a pessoa terá um "defeito" de visão que pode classificar-se genericamente em:

Miopia, ou vista curta: quando o cristalino se apresenta demasiadamente convexo ou o globo do olho alargado pela parte poste-rior. O míope necessita aproximar o objeto para distinguir suas características; a idade diminui os efeitos da miopia; normaliza-se o defeito com o uso de óculos com lentes bicôncavas.

Presbiopsia, ou vista cansada: os objetos são visualizados com mais clareza, ao longe; o cristalino, em decorrência da idade, resiste à ação dos músculos.

Hipermetropia, ou vista larga: em tudo igual ao defeito ante-rior, porém, ao contrário da miopia, o cristalino não se apresenta suficientemente convexo e o globo ocular encontra-se deprimido pela parte posterior, motivo por que há necessidade de afastarem-se os objetos para observar as suas particularidades. A correção é feita com lentes biconvexas.

Estrabismo: causado pelo mau funcionamento dos músculos, que não controlam a posição normal do olho. A correção é feita por meio de cirurgia.

O órgão da visão é o mais delicado e complexo e o que exige os maiores cuidados e profilaxia.

A AUDIÇÃO

Ouvido é um conjunto de órgãos capazes da fazer perceber as vibrações que produzem os sons. É composto de duas partes: a externa, constituída pelo pavilhão da orelha e canal auditivo externo. O pavilhão da orelha, em forma de concha, apresenta sinuosidades e saliências que diferem entre os indivíduos. O canal auditivo externo finda na parte externa do tímpano.

A parte interna contém as extremidades do nervo auditivo: um conjunto de pequenos ossos (ossículos).

Entre a parte externa e a interna há uma cavidade cheia de ar, denominada de ouvido médio. É composta da caixa do tímpano, espécie de tambor com as duas bases um tanto deprimidas; comunica-se pela trompa de Eustáquio com a faringe.

Na parte interna dessa caixa, encontra-se a cadeia dos ossículos: martelo, bigorna e estribo.

O ouvido interno é a parte essencial do aparelho auditivo, situando-se no rochedo e é constituído por uma série de cavidades ósseas, nas quais se encontram as cavidades membranosas.

É o labirinto onde termina o nervo auditivo em uma infinidade de ramificações.

As vibrações sonoras recolhidas pelo pavilhão do ouvido, que as reforça, chegam ao tímpano, pondo-o em vibração. A cadeia dos ossículos transmite essas vibrações ao labirinto e às ramificações do nervo auditivo. Obviamente, o cérebro registra os sons e os retém.

O cérebro retém na memória qualquer uma das sensações recolhidas pelos cinco sentidos.

O OLFATO

É o sentido por meio do qual o cérebro registra os odores. O seu órgão é o nariz, que é constituído de duas cavidades, as fossas nasais, revestidas por uma membrana mucosa, a pituitária, onde se localiza a sensação do olfato.

Existe outro conduto que comunica com o lago lacrimal do olho, e um Segundo canal, que conduz à faringe.

O nervo olfático ramifica-se em toda membrana pituitária.

As emanações penetram, por meio das fossas nasais, onde a pituitária as retém, para transmitir as sensações pelo conduto ao nervo olfatório, que se encarrega de conduzi-las ao cérebro.

A membrana mucosa recebe o líquido dos lacrimais, segrega-o e serve para reter as impurezas contidas nas emanações recebidas, evitando que penetrem pelo conduto até a faringe e dali aos pulmões.

O órgão do olfato, que é o nariz, evidentemente possui outra função, a da respiração; ambas as funções são distintas, mas, sem aspirar o ar, a pituitária não receberia as emanações odoríficas.

O olfato é uma das funções mais simples, eis que são raras as enfermidades ou os defeitos; apenas o catarro, proveniente de estados gripais, é que ocasiona temporariamente a perda do olfato.

O olfato tem estreita ligação com o paladar, uma vez que pode despertar o apetite, assim como o faz a visão.

Um odor apetitoso desperta a segregação glandular da digestão, principiando pela salivação.
Um odor acre ou fétido repele o alimento.
O cérebro registra ao mesmo tempo todas as percepções sensoriais, não necessitando de descanso ou interrupção para registrar esta ou aquela sensação; apenas a dor poderá, momentaneamente, apresentar-se como fator preponderante, mas isso constitui mais uma reação do que dificuldade de registro.
O líquido lacrimal tem grande influência sobre o olfato; se fluir com excesso, haverá diminuição de olfato; por outro lado, o líquido lacrimal "desinfeta" as fossas nasais, atuando como agente de limpeza.

O PALADAR

O paladar é o sentido por meio do qual percebemos e distinguimos os sabores dos corpos.
O seu órgão é formado pela língua, pelos lábios e papilas.
A língua é de constituição muscular, coberta por uma membrana mucosa; sua grande mobilidade deve-se à infinidade de fibras que se entrelaçam na sua espessura.
A face superior desse órgão encontra-se coberta por pequenas proeminências, que se denominam papilas, nas quais terminam os nervos gustativos, cujo objetivo é conduzir até o cérebro a sensação dos sabores.
As papilas têm dupla função: as táteis e as gustativas; estas últimas são as que distinguem os sabores das coisas e são as que transmitem ao cérebro as sensações do paladar.
As glândulas salivares são despertadas, e os líquidos que desprendem acentuam os sabores, dando às papilas gustativas mais facilidade em seu trabalho.
As papilas táteis sentem imediatamente a presença dos corpos estranhos dentro da boca.
Os lábios, o palato, as partes internas da boca, em seu conjunto, formam o órgão do paladar.
Como dissemos anteriormente, o olfato tem estreito relacionamento com o paladar, assim como a visão.

O TATO

Assim como a visão, o tato é um dos principais sentidos do corpo humano.

Perde-se o tato por meio da paralisia total dos membros, ou por efeito de anestesia.

O tato possui dois meios sensitivos: a sensibilidade tátil e as sensações da dor.

Com a anestesia, a dor desaparece, porém, se for, apenas local, a sensação do tato permanece; uma intervenção cirúrgica, como, por exemplo, a extração de um dente, é feita sem dor, porém, o organismo humano acompanha, por meio do tato, todos os toques que lhe são feitos.

A sensação do peso dos objetos que nossos músculos erguem é percebida pelo tato.

É por intermédio do tato que percebemos a consistência dos objetos, sua aspereza, textura, temperatura, forma, dimensão, etc.

A pele é o órgão geral do tato, porém a parte mais sensível é sentida pelas mãos que, em virtude de sua forma anatômica, pode amoldar-se aos objetos, mesmo que possuam dimensões mínimas.

A pele de todo o corpo humano é constituída de duas partes: a epiderme, ou parte externa e a derme, ou parte interna.

A epiderme, epiderma, ou "capa córnea" é formada por células "mortas" que se desprendem paulatinamente do corpo, sendo imediatamente substituídas por outras novas.

A epiderme ou epiderma contém uma granulação de matéria corante, ou pigmento; é a que dá a coloração à pele, a qual varia de acordo com as raças, a maior ou menor distribuição de pigmentos.

A derme apresenta, em sua parte superior, muitas asperezas ou relevos, denominados "papilas", sob as quais existem numerosos vasos sanguíneos que contêm as terminais nervosas denominadas "corpúsculos do tato".

As glândulas sudoríferas e sebáceas são órgãos que também se encontram na derme. As sebáceas são mais abundantes em pessoas obesas.

Em certas partes do corpo humano crescem unhas e pelos, constituídos por uma substância córnea.

As funções da pele são várias: serve de cobertura ao corpo, para protegê-lo; é um órgão de secreção por meio das glândulas sudoríferas; regulariza a temperatura do corpo e, por fim, constitui o órgão do tato.

O sentido do tato é muito complexo, pois nos transmite várias sensações, como as "pressões" e os "contatos", por meio das quais sentimos, como já aludimos anteriormente, a forma, o tamanho, a temperatura, a consistência, a aspereza, a textura, porosidade, enfim, a dezena de formas apresentadas pela natureza.

Todas essas sensações são transmitidas ao cérebro por meio das papilas que as colhe dos corpúsculos do tato.

As sensações que o tato conduz ao cérebro têm relação íntima com o sexo, a ponto de alguns cientistas denominarem o tato de "sentido auxiliar do sexo".

*

* *

A Segunda Viagem

A Segunda Viagem é dedicada à arte da Arquitetura, base simbólica da Maçonaria, pois além de considerar a arte de construir princípio operativo, considera um conjunto arquitetônico a formação da personalidade humana, incluindo o seu caráter aspecto moral, intelectual e, essencialmente, o espiritual.

A história da Maçonaria é calcada na construção dos seus templos e monumentos, e a arte, ciosamente transmitida de pai para filho através dos séculos.

Onde surgir um resquício arqueológico, pode-se afirmar com segurança que ali a Maçonaria esteve presente.

Dentro das nossas Lojas, também denominadas de Oficinas. Os símbolos instrumentais evocam a presença da arte de construir, hoje denominada de Arquitetura, mas anteriormente sem denominação específica.

O vocábulo Arquitetura deriva do latim: *Architecture*, a arte de projetar e construir obras, edifícios, monumentos, etc.

A Arquitetura abrange várias classificações, como a *Civil*, que se dedica propriamente à construção de habitações, templos, monumentos, pontes, diques, enfim, as obras consideradas comuns; a *Naval*, que se dedica à construção do que flutua ou submerge, mais propriamente, dos barcos e similares; a *Aérea*, ou aeronáutica, que constrói os aviões, dirigíveis, balões, etc.; a *Espacial*, arte moderníssima que se dedica à construção de naves espaciais, com todos os seus complexos; a *Militar*, que se dedica às fortificações.

A Maçonaria se utiliza da Arquitetura Civil, mas os conhecimentos auridos das demais classificações sempre lhe serão úteis.

No entanto, o verdadeiro interesse da Maçonaria é a "construção" e "reconstrução" arquitetônica do "templo humano", em todos os sentidos, seja material, seja espiritual; assim, até as fantasmagóricas "viagens" espirituais, as levitações, os transportes, estão na dependência de estudos arquitetônicos.

Fixemo-nos, porém, na Arquitetura Civil, na qual se encontrarão as origens, os trabalhos e as finalidades da Maçonaria, na concepcão do 2º Grau.

O pedreiro, ou maçom operativo, constrói obras materiais destinadas a fins profanos. São as obras sociais.

O maçom, obviamente, deveria executar trabalhos sociais em obras assistenciais por ele patrocinadas; temos várias dessas instituições, fundadas, mantidas, ou auxiliadas exclusivamente por Lojas Maçônicas; porém, como a seara é grande e os trabalhadores são poucos, nem sempre se torna viável, para uma Loja, manter um trabalho de assistência social; então, o maçom emprestará a sua contribuição isolada, comportando-se como membro da sociedade e não, propriamente, como maçom.

O que preocupa a Maçonaria é dar formação aos seus membros, no sentido de concientizá-los para com as suas obrigações sociais, ou seja, "despertar" no maçom o interesse para as obras assistenciais.

Dentro das Lojas, o maçom dedica o seu tempo às construções imateriais, invisíveis, porém de valor espiritual indiscutível: aprimoramento da virtude, dedicação às ciências, ao progresso, à natureza, e hoje, diríamos, ao interesse em torno da ciência denominada "ecologia", combatendo tudo o que possa poluir.

Qualquer "obra" ou "construção" maçônica deve orientar-se pelas regras arquitetônicas e, sobretudo, suas obras devem ser bem projetadas, fortes, perfeitas, belas e duradouras.

A Arquitetura antiga apresenta, no terreno das Colunas, três ordens, originais ou primitivas, que foram batizadas com os nomes dos locais gregos de origem: dóricas, jônicas e coríntias.

Posteriormente, na Itália, os pedreiros livres da Idade Média inventaram duas ordens secundárias: toscana e compósita.

A Arquitetura moderna aumentou em mais sete ordens, as terciárias: ática, ou quadrada; salomônica; gótica; rostrada; abalaustrada; embebida e solta ou isolada.

A decoração dos templos maçônicos emprega, quase que exclusivamente, as cinco primeiras ordens de Colunas.

Em cada degrau que sobe, o Companheiro encontra-se adornado com uma das cinco Colunas; nos degraus estão escritas as iniciais e denominações a saber:

D∴ dórica, *debex*, que significa união.
J∴ jônica, *jophi*, que significa beleza.
C∴ coríntia, *cheved*, que significa grandeza.
T∴ toscana, *thokath*, que significa força.
C∴ compósita, *chilliah*, que significa perfeição.

As Colunas também representam os cinco ramos ou temas de estudo a que se dedica o Companheiro: inteligência, retidão, valor, prudência e filantropia.

Inteligência, vocábulo cuja raiz é latina *intelligentia*: é uma faculdade inata do homem, misteriosa, ainda não definida nem descoberta a sua "fonte" e que o faz discernir, entender, aprender, perceber, compreender, descobrir, etc.

Retidão, também de origem latina, *rectitude*: aplica-se ao homem reto e justo, aquele que conhece os seus deveres e obrigações, que trabalha com conhecimento exato e justificando seus atos por meio dos seus mais puros raciocínios.

Valor, do latim *valorem*: é qualidade moral que eleva o homem e o impele às obras arriscadas, sem temer os perigos, usando sua nobreza, força de vontade e abnegação; agindo, porém, com prudência para não cair em sacrifício extremo.

Prudência, em latim *prudentia*: uma das quatro virtudes cardeais, que consiste na arte de saber distinguir as boas das más ações, aplicando conscientemente a temperança, a cordialidade e o critério, a sensatez, o juízo moderado e a tolerância.

Filantropia, palavra de origem grega, *philantropia:* significa acendrado amor à humanidade, o desejo de executar boas obras, sem esperar qualquer recompensa; buscar os meios para o equilíbrio das misérias humanas, socorrendo o necessitado com verdadeira caridade, sem humilhação e, sobretudo, sem vanglória.

Portanto, como vimos, a Maçonaria tem as suas bases para os seus ensinamentos simbólicos na Arquitetura material, moral, física, social, intelectual e espiritual.

Como material, usa a gama infinita dos símbolos fornecidos pela Geometria, Aritmética e Trigonometria.

Como moral, uma técnica de vida para uma formação perfeita da personalidade como indivíduo e como chefe de família.

Como física, a estrutura do corpo humano, na aparência de um indivíduo equilibrado, em temperança e educador; *mens sana, in corpore sano.*

Como intelectual, a investigação sobre tudo, mormente a natureza e o próprio Universo.

Como social, o interesse na construção da sociedade, da qual é membro.

Como espiritual, a aproximação ao seu criador, o seu Grande Arquiteto, a sua espiritualização.

A Arquitetura fornece a linguagem maçônica e a instrução simbólica, pois dentro dos seus emblemas, símbolos e alegorias, o Companheiro encontrará os "meios" para a sua evolução, ou seja, a possibilidade de transpor, em sua jornada, o caminho que o conduzirá ao Mestrado.

A Maçonaria, no seu 2º Grau, burila os traçados arquitetônicos para o Companheiro.

*
* *

A Terceira Viagem

A Terceira Viagem é dedicada às Artes Liberais, concebidas na época do surgimento do Rito Escocês Antigo e Aceito, a saber: a Gramática, a Retórica, a Lógica, a Música e a Astronomia.

Evidentemente, hoje teríamos uma gama bem diferente a considerar, pois a evolução da tecnologia ensejou o surgimento de novas profissões, jamais imaginadas na época em que surgiu o Rito.

Seguindo, porém, a tradição e para enfatizar o instrumento que o Candidato recebe ao encetar a sua terceira viagem, a alavanca, restringiremo-nos às Artes Liberais antigas.

A alavanca, que materialmente é utilizada para erguer pesos, simboliza a força da inteligência, subjugada pela vontade do homem; o símbolo do imenso poder adquirido pela aplicação das fórmulas e princípios das ciências; o poder e a força física individual que o homem, sozinho, não poderia conseguir.

Analisemos, porém superficialmente, as cinco Artes Liberais:

GRAMÁTICA

A arte de falar e escrever corretamente, no mundo moderno, quando há necessidade para a sobrevivência de emprestar vital importância à comunicação, o homem necessita saber esgrimir com facilidade a palavra e a pena.

Saber usar a palavra certa no momento exato; saber transmitir a sua mensagem e também saber entender as lições dos sábios. A Filologia, que é a ciência que estuda a composição da palavra, constitui meio caminho andado para o curso de filosofia.

A palavra é o "motor" que impulsiona a cultura fraternal; ela deve ser cuidadosamente estudada, para a interpretação perfeita dos símbolos.

A Gramática é o melhor auxiliar da inteligência, já o dissera um sábio; resume em suas regras a disciplina necessária para a formação da frase.

A Maçonaria não busca atrair em seu seio homens intelectuais, porém a cultura eleva o nível do conhecimento e destaca a inteligência.

Se o Aprendiz passa seu período em silêncio, ouvindo a palavra dos Mestres, estes, evidentemente, devem existir em número suficiente para a formação dos Companheiros; por sua vez, o Companheiro "ensaia" os primeiros passos, nessa Terceira Viagem, para iniciar o seu "voo" em direção à comunicação; experimentará no uso e na prática as regras que lhe foram ensinadas.

Gravitam em torno da Gramática, a citeratura, as línguas básicas, como o latim e o grego, as artes aplicadas, como o saber escrever, discursar, enfim, o corolário de satélites conhecidos.

RETÓRICA

É a arte paralela à Gramática, pois é um conjunto de regras da oratória para conseguir que o discurso seja persuasivo, eloquente, elegante e comunicativo.

A eloquência é a arte do "falar bem", inata em alguns e cultivada em outros; pode ser o resultado de estudo, transformando-se em algo artístico, como também pode resultar de um dom natural.

O Orador e o poeta não são "fabricados"; nascem assim. Conhecem-se os "inspirados" quando improvisam, e o podem fazer, simplesmente em discurso, ou versejando, pela palavra ou por cânticos.

Os "menestréis", os "trovadores" da Renascença, ou os nossos "repentistas" do sertão ou dos pampas, são exemplos comuns.

Porém, a dedicação ao estudo supre a falta do dom; teremos o Orador preciso, eloquente, capaz e que pode, perfeitamente, transmitir a sua mensagem.

A Maçonaria tem peculiar interesse não no gênio, mas naquele que necessita de cuidados e auxílios para o seu desenvolvimento e evolução.

Dentro das Lojas, que são "oficinas de retórica", todos, indistintamente, sendo humildes, aprendem a falar em público e expressar-se com acerto.

Nosso trabalho seria lacunoso se não referíssemos o nome dos ilustres e antigos retóricos que tanto contribuíram para o aperfeiçoamento da inteligência humana:

EMPEDOCLES DE AGRIGENTO é o primeiro dos retóricos de quem se tem registro; seguem-lhe os mestres dos sofistas, os sicilianos GORAX e TISIAS.

PLATÃO, o grande filósofo, também foi retórico; bastariam os seus diálogos: Georgias e Fedro.

ARISTÓTELES, cognominado de "Príncipe dos Retóricos"; DIONÍSIO DE HALICARNASO, LÍSIAS, ISÓCRATES, ISEO, DEMÓSTENES, HIPÉRICLES, ESCHINES, glórias da retórica grega.

HERMÓGENES DE TARSIS, AFTONO, DIONÍSIO LONGINO de Atenas e DEMÉTRIO, também gregos.

PLÁCIO GALLO, o primeiro mestre retórico latino; CÍCERO, o excelso mestre romano.

SÊNECA, a glória espanhola; QUINTILIANO, latino, e assim, sucessivos nomes, até os grandes tribunos do século XIX.

Hoje, são tantos os bons oradores, que não se destacam apenas alguns, pois o saber falar convincentemente tornou-se uma arte mais do que necessária neste mundo onde a comunicação é fator vital.

LÓGICA

O raciocínio tem ligações íntimas com a meditação; no entanto, a solução ou o resultado deverá ter bases na Lógica, que os antigos maçons consideravam Arte, e hoje é exclusivamente Ciência.

A Lógica sustenta as leis da filosofia e ensina o Companheiro a ser reto, justo, leal, compreensivo e tolerante.

Um raciocínio lógico não é ação de qualquer pessoa; as conclusões da razão devem provir de uma mente treinada e tranquila, ponderada e reflexiva.

Trata-se da ciência da vida, ajustada pelo raciocínio, dando à palavra o verdadeiro sentido e o equilíbrio social.

Dentro da natureza, existe o que é certo; sobre o que é certo surge uma base; esta resulta boa e concreta, porque o pensador é livre e de bons costumes; é uma questão natural, simples, que flui sem esforço, porque há uma vivência limpa, sem sacrilégios e desconfianças. É a Lógica que, juntamente com a Gramática e a Retórica, dá uma formação e um sentido natural à personalidade do Companheiro.

Essa vivência ou ensaio da vida encontra algo maior que a própria Lógica, que o próprio raciocínio: o Grande Arquiteto do Universo.

A medição "lógica" é um canal que conduz à presença do Grande Geômetra.

O impulso do raciocínio, a análise do pensamento, a conclusão da meditação conduzem a um ponto infinito, inexplicável; nas profundezas do "oceano de dentro" de nosso espírito, esbarramos com uma porta fechada; por ela só se passa acompanhado; a companhia, qual Experto do 1º Grau, será um mediador; para o cristão, Jesus, o Cristo, que conduz o Companheiro na presença do criador.

A cada nascer do sol, o novo dia nos aguarda com novas lições e novos impulsos à meditação; precisamos, na trajetória quotidiana, encontrar o nosso semáforo e parar quando a luz está vermelha; parar para encontrar o sentido da vida, e isso, diariamente.

O Grande Arquiteto do Universo, que construiu a nossa vida, nos conduz pelo caminho da fraternidade; só Ele conhece o intrincado caminho, pois é obra Sua.

Na Rerceira Viagem, o Companheiro tem nas mãos a "régua de 24 polegadas" e a alavanca; já sabemos o significado desses dois instrumentos simbólicos; a "régua" é o traçado para um caminho reto e sem empecilhos, porque a "alavanca" os remove, afastando-os.

A "alavanca" é um instrumento que serve para deslocar obstáculos pesados; estes são deslocados e não destruídos; os obstáculos permanecem, mas, temporariamente, não constituem empecilho para a jornada.

A linha reta ou o ideal nobre é o caminho traçado pelo Grande Arquiteto do Universo; nós iremos percorrer um caminho já traçado, pois o homem não pode traçar o seu destino.

A nossa vida já está organizada; antes da construção de um templo, são necessários os cálculos e os desenhos, onde os mínimos detalhes são lançados e calculados.

Onde o homem tentar refazer um traçado, alterando-o a seu bel-prazer, sob o pretexto da existência de um "livre-arbítrio", corre o risco de provocar o desmoronamento da obra.

Nós podemos "construir" o nosso próprio templo, mas usando os cálculos e as plantas que o Arquiteto organizou.

ARITMÉTICA

A arte de calcular chama-se Aritmética, uma Ciência exata. É imprescindível para um Mestre Maçom o conhecimento dessa arte; seu estudo, obviamente, começa no 1º Grau; e no 2º Grau adquire conhecimentos quase totais.

A arte de calcular é de origem árabe, e os números usados hoje nos foram legados pelos sábios árabes.

Álgebra, Matemática e ciências correlatas, todas constituem a Aritmética.

A Álgebra se apresenta muito mais abreviada, e tem aplicações nos cálculos superiores.

A Aritmética simboliza um atributo do Companheiro, porque lhe ensina a multiplicar a sua benevolência e sua sabedoria dedicadas aos seus Irmãos, considerando toda recompensa como uma cifra aritmética, posto que esteja resgatando uma dívida para consigo mesmo ao realizar a boa ação.

OS NÚMEROS

Com o nascimento do comércio e a necessidade de se registrar os objetos das trocas, e com o progresso sobre o conhecimento do tempo, motivado pelo avanço da Astronomia, o homem obrigou-se a classificar as coisas no tempo e no espaço.

Encontrada, posteriormente, a noção de "quantidade", passou-se à subdivisão, e assim, chegou-se ao conhecimento da "unidade".

Nasceu, assim, a ciência dos números, ou Aritmética. Os primeiros cálculos eram feitos com os dedos de uma mão, ou sistema "pentanumeral", convertido, mais tarde, em "decimal".

Entre vários sistemas, o mais prático foi o dos romanos, enquanto os gregos, hindus e árabes contribuíram com grande parcela para o desenvolvimento dessa ciência.

A evolução foi muito lenta, eis que somente em 1200, Campano de Novara apresentou quatro postulados, demonstrando como a série dos números era infinita; como um só número podia ser divisível em determinado número de vezes; como, dado um número, podia-se sempre encontrar outro superior a ele, e como poderiam ser conseguidos números iguais ou múltiplos de outros.

Na atualidade, denominamos a numeração de sistema "árabe", posto que em árabe seja o sistema de escrita muito diferente da latina, ou germânica, ou eslava.

Face ao intenso comércio da Antiguidade entre árabes e hindus, parece que os árabes importaram o sistema numérico da Índia.

Leonardo Pisano, matemático que publicou um livro no ano 1202, esteve várias vezes visitando o Oriente, de onde trouxe os elementos básicos para a sua obra.

A matemática é uma ciência árdua e misteriosa, face o emprego dos seus "sinais" e símbolos.

Os "símbolos": "–" e "+", opinam alguns cientistas, teriam se originado da prática dos alemães em assinalar, nos armazéns, as caixas com falta ou excesso de peso; estes sinais passaram a ser aplicados na segunda metade do ano 1500, Segundo relata o matemático Stifel, em sua obra editada em 1544.

AS MEDIDAS

Medir uma "quantidade" corresponde a encontrar um número, indicando as vezes que uma determinada unidade de medida esteja contida na citada quantidade.

O problema da medida nasceu com o homem; levou muito tempo até se chegar ao conceito de largura e comprimento.

O problema surgiu no antigo Egito, quando necessitavam redistribuir as terras após cada inundação das águas do Nilo.

As extensões eram calculadas pela quantidade de terras aradas por uma junta de bois em um dia de trabalho.

Foram os egípcios que estabeleceram as medidas do "côvado", "palmo" e "dedo".

Os romanos adotaram, como medida, o "pé", devido às marchas de suas famosas legiões, derivando, mais tarde, para *gradus* e *millia passum*, surgindo depois e ainda hoje utilizada a palavra "milha" como medida de distância.

SISTEMA MÉTRICO DECIMAL

O sistema métrico decimal tem como unidade principal de longitude, o "metro" com seus múltiplos e submúltiplos.

Antigamente, cada país possuía o seu próprio sistema de medida, chegando a França possuir 490 sistemas diferentes.

A confusão levou a Assembleia Nacional Francesa a nomear uma comissão para unificar os sistemas. Tal medida já havia sido iniciada, sem êxito, por Felipe IV, Felipe V, Luiz XI, Francisco I e Luís XVI.

A primeira reunião da comissão aconteceu no dia 9 de maio de 1790.

Em 1795, Delambre e Méchain receberam a incumbência de medir o "arco do meridiano", compreendido entre Dunkerque e Barcelona.

Biot e Aragó continuaram as medidas até a ilha de Formentera.

Estabelecida a medida do quadrante do meridiano, encontraram que sua milionésima décima parte era igual a 3 pés, 11 linhas e 44 centésimos; os trabalhos foram concluídos no ano 1799.

Daquela medida resultou o "metro", que foi construído na forma de uma régua de platina, em forma de um X, que se encontra até hoje no Arquivo Nacional de Paris, em um subterrâneo, bem protegida, no "Bureau International des Poids et Mesures".

As cautelas encontram justificativa face a preciosidade do metal empregado e o valor histórico da "relíquia", pois aquela medida encontrou substituto na medição, em certas condições, da onda do gás "Cripton".

O sistema métrico decimal francês não se divulgou imediatamente; chegado Napoleão ao poder, tratou de anular a decisão da comissão, que fora influenciada por Talleyrand.

Desaparecido Napoleão, o sistema métrico decimal retornou com entusiasmo, firmando-se em 1875.

Só em 1924 os países asiáticos passaram a adotá-lo; nos últimos anos, todos os países uniformizaram as suas medidas, aplicando o sistema métrico francês ou decimal.

GEOMETRIA

A Geometria tem ligação muito estreita com a Aritmética, pois surge por intermédio das joias depositadas no altar: "compasso e esquadro", auxiliadas pela "régua".

A Geometria fornece à Matemática os números, como vimos no estudo anterior, e ela é responsável pela construção de toda obra edificada.

Não há um símbolo, seja uma coluna, ou um avental, uma estrela ou outro qualquer que dispense, para a sua criação, o traçado geométrico; e é tamanha a importância dessa ciência-arte, que o maçom denomina no 2º Grau, o Grande Arquiteto do Universo, como o Grande Geômetra, analisando, com profundidade, a letra "G".

Os ângulos, triângulos, polígonos e circunferências, ponto, retas e curvas são os elementos componentes da Geometria.

MÚSICA

A Música tem a sua definição convencional, por exemplo: "A arte de produzir e de combinar os sons de um modo tão agradável ao ouvido, que as suas modulações comovam a alma".

Sem dúvida, uma definição poética, contudo devemos partir dos sons naturais que nos chegam, sem que a mão humana interfira na sua produção, como o som que produz o vento entre as folhagens, o bater do coração, ou o eco dos trovões.

A origem do vocábulo provém de musa, porque teriam sido as musas a inventarem a arte musical; outros lhe dão origem egípcia. De qualquer forma, a Música é uma das primeiras artes que o homem cultivou; a notícia nos vem das inscrições dos antigos monumentos que afirmam ter existido entre os povos, sejam bárbaros, embrutecidos selvagens, ou ao contrário, já civilizados. O canto e a Música têm as suas origens nas manifestações religiosas e bélicas.

Os maiores sucessos históricos têm sido transmitidos por meio de poemas, o que comprova que a música vocal teve início antes da instrumental.

A origem dos sons pertence à natureza, mas a do canto, o homem a encontrou na voz dos pássaros.

Os sons que o vento produz ao passar por entre as canas despertaram o interesse do homem para os instrumentos de sopro, porém, os instrumentos de percussão os precederam, porque bastou os sons saídos do bater de duas pedras, obedecido um determinado ritmo, ou o simples bater das palmas das mãos, inspirou os primeiros passos para a dança.

Som, dança e canto cresceram juntos.

Os chineses encontraram um personagem, o rei Fou-Ti, que reinou no ano 2.435 a. C., responsável pelo invento dos instrumentos musicais.

Segundo a tradição grega, foram os "curetas", cerca de 1.930 anos a.C., os primeiros a se dedicarem à Música.

A invenção também é atribuída a Júpiter, Mercúrio, Pan, Apolo e outros deuses.

Certos autores sustentam que foi Cadmo quem levou aos gregos a arte musical, desde a Fenícia, entregando-a a *hermoine*, ou harmonia.

Chiron, Demodoco, Hermes, Orfeu, Phenico e Zeprando, ao tempo de Licurgo, encarregaram-se de estabelecer regras para a Música; foi, porém, Pitágoras quem deu regras fixas à Música, após uma longa observação a respeito dos sons emitidos pelos martelos na bigorna.

Todos os povos antigos emprestaram à Música um papel relevante em todas as situações de alegria, tristeza, vitórias, invocações a Deus e até para a cura de enfermidades.

Lemos nas Sagradas Escrituras que os sons melodiosos da harpa de Davi curaram Saul de sua nostalgia.

Porém, sem sombra de dúvida, foram os egípcios que consideraram a Música uma ciência, cultivando-a paralelamente às demais ciências; Moisés extraiu deles os pontos principais e os entregou ao seu povo, os hebreus.

Os egípcios abominavam a música suave, a que denominavam de efeminada, preferindo a Música viril, plena de energia e que, além de dar entusiasmo, impulsionava à luta.

Heredoro confirma isso quando descreve as diferentes festas dos egípcios, os quais cantavam hinos acompanhados do som das flautas.

Estrabão diz que os egípcios não usavam em seus templos o instrumento musical, limitando-se ao cântico.

No mosaico da Palestina, e em algumas pinturas, em Herculano e Pompeia, há cenas representando egípcios tocando instrumentos.

Osíris teria sido o inventor da flauta; Hermes teria inventado a harpa, cujo nome primitivo era *photin*.

Os tambores de guerra também são de invenção egípcia.

Ateneo descreve as festas dadas por Ptolomeu Philadelpho, em Alexandria, célebres pelos concertos musicais e os corais compostos por mais de 500 pessoas, 300 citaristas e o povo possuía orientação adequada, tanto que ao menor sintoma de desafinação, surgiam duras críticas.

Os hebreus foram os primeiros a dar realce à Música em seus cultos religiosos, que formavam com grande pompa.

Moisés, ao cruzar o Mar Vermelho, entoou junto com o povo o cântico da vitória, do qual participaram homens, mulheres e crianças.

Os fenícios cultivavam a Música, chegando a inventar alguns instrumentos, como o antigo psaltério, usado para animar as festas dedicadas a Baco; nas festas fúnebres, tocavam o gingria, espécie de flauta larga.

Os sírios e os babilônios, por sua vez, introduziram alguns instrumentos originais, como o triângulo, usado até nossos dias, a pandorra e o pentacorde; as flautas eram os instrumentos comuns a todos os povos antigos.

Os gregos referiam-se à Música como um dom dos deuses; atribuíam a Júpiter a invenção da arte musical; a flauta de muitos furos era invenção atribuída a Minerva; a lira, a Mercúrio; Apolo era cognominado o deus da Música; Baco era mestre da arte e as suas festas eram animadas por estrepitosa música; as musas além de inventoras eram as professoras da arte, fornecendo aos ventos os cânticos e acordes mais harmoniosos, deliciando os deuses e os mortais.

Pan, os sátiros e as sereias faziam uso da Música, sendo estas últimas as que atraiam com os seus cânticos os incautos navegadores que se perdiam entre os rochedos.

Os romanos simplificaram a escrita musical, reduzindo as complicadas notas gregas.

O aperfeiçoamento da arte é recente, pois foi o papa Gregório Magno, no ano 590 e o beneditino Guido Aretino, em 1024 que, ao primeiro introduziu a repetição das oitavas ascendentes e descendentes; e ao último a introdução do pentagrama, sobre o qual, em suas cinco linhas, eram escritas as notas, em pontos negros.

O som[44] é um elemento que conduz, por caminho natural e sua-ve, à meditação.

Quando mencionamos o som, chega-nos, imediatamente à compreensão, a Música; um fundo musical propício é um som musical, eis que nem todo som é musical.

Hoje, Música apresenta conceito um tanto difícil para ser expressado, mormente, se atentarmos ao que se vê, em funções litúrgicas religiosas, dentro de ambiente, o mais convencional possível, sons de guitarras elétricas e o frenesi da Música denominada "jovem", simbolizando com isso uma Música da atualidade, ou melhor ainda, do "momento", com os seus "sons" diferentes, nem sempre harmoniosos ou, pelo menos, agradáveis aos ouvidos.

Vemos nas missas solenes dentro de igrejas católicas romanas, tanto aqui como em filmes, em outros países, jovens usando as suas vestes características e multicoloridas, emitindo sons e cantando estranhos ritos; ao som da Música jovem, o sacerdote impassível, cumprindo seu cerimonial.

Nesse misto que denominamos de som "jovem", há também muito de folclore.

Registramos isso porque em nossos templos maçônicos "ainda" não ocorreram fatos idênticos; fazemos alusão às igrejas, porque a liturgia é semelhante à que nós usamos e o ambiente sacro, a tradição e o receio de novações são fatores comuns.

Ariel Ramirez, natural da Argentina, compôs a sua *Missa Criolla* apresentando um estudo sério, não só dentro de sua pátria como no Instituto de Cultura Hispânica de Madrid e no próprio Vaticano.

---

44. Do livro *A Cadeia de União e Seus Elos*, do mesmo autor.

Sua original ideia de realizar uma missa cantada, com temas exclusivamente folclóricos, encontrou estímulo e assessoramento de parte de alguns sacerdotes da Basílica do Socorro.

Compôs uma obra para solistas, coro e orquestra, elementos necessários para abranger a riqueza de sua composição.

Os instrumentos, também, não poderiam ser exclusivamente convencionais.

A percussão, formada por bombos, bateria, tumbadora, gongos, cocos, cincerros, instrumentos típicos de cada região da América Latina, deram muito colorido e expressão à obra.

Embora já decorridos alguns anos da notável experiência, Ramirez nos deixa uma obra moderna, jovem, mas com características exclusivamente folclóricas; nada na obra, para chocar, ensurdecer ou desviar o ponto central, que é a missa.

A *Missa Criolla* inicia-se com o "Kyrie", concebido sobre dois ritmos: "vidala" e "baguala", aptos para expressar a profunda súplica da litania.

O "glória", demarcado com o ritmo de uma das danças mais populares argentinas: *O Carnavalito*, uma forma popular eleita para traduzir o júbilo da glória do Senhor.

Um dos momentos mais difíceis é, sem dúvida, o do "credo", pela extensão do seu tema e pelo ritmo escolhido, a "chacarera trunca", melodia muito popular em Santiago del Estero.

O ritmo é obsessionante, quase exasperado, de uma formosura "nervosa".

O "sanctus" foi composto sobre um dos ritmos bolivianos, o carnaval de Cochabamba, de compasso batido, apropriado à aclamação que enche os céus e a terra.

O "Agnus Dei" é dito em um estilo "pampeano íntimo", terno e solene.

Diz o comentarista introdutor da obra, que a *Missa Criolla* é uma síntese e um convite.

Abre os braços ao homem para dizer-lhe: vem à Igreja com tudo o que há em sua carne e em seu sangue; com sua cultura e seus ritmos, com sua forma de expressão e suas paisagens. A Igreja não quer que no templo se fale uma língua estranha.

Sua linguagem é a do Pentecostes, língua materna que o homem aprendeu no contato áspero e vital com seu próprio solo.

Venha à dança e ao compasso; venha à terra mesmo.

A Igreja está enamorada da terra porque é criatura de Deus.

A terra assumirá seu próprio espírito, integrará seu próprio tino e o transformará em veículo de expressão para Deus.

E o homem sentir-se-á na casa do Pai, como se estivesse em seu próprio lar.

Se compararmos a *Missa Criolla*, com a música da Páscoa em canto gregoriano, com seu responsório "Christus resurgens", a "Pascha Nostrum", o "Salve Festa Dies", com as suas antífonas, evidentemente não saberíamos o que dizer.

E se, também, comparássemos a música "jovem", ao som das guitarras elétricas, ritmadas pelas características dos "Beatles", ou dos nossos Caetano Veloso, Dorival Caymmi ou Tom Jobim, muito menos saberíamos o que dizer.

Mas poderíamos escrever da propriedade ou da impropriedade dos ritmos "jovens", dentro da liturgia maçônica!

É evidente que se deve distinguir entre música "jovem" apropriada e ritmo inapropriado.

Já tivemos oportunidade, em vários Estados do Brasil, dentro de vetustos templos, de apresentarmos em palestras a ideia, um tanto incipiente e ousada, de introduzir dentro dos templos maçônicos a música atual, fugindo daquele som clássico de música de câmara.

Tocamos discos de todas as espécies, desde os cânticos grego-rianos, comparando-os com a música dos Beatles, demonstrando a semelhança harmônica, como as velhas melodias hindus, o hino a Brahma, os clássicos e a música "jovem", a "louca música"; tocamos o folclore internacional e nos detivemos em nossos sambas clássicos, para demonstrar que certos ritmos atuais podem conduzir perfeitamente à meditação, que é o escopo, a finalidade a atingir, quando o Mestre da Harmonia organiza o seu programa.

Velhos templos foram sacudidos ao ritmo do "rock" americano ou "rock sinfônico inglês" e ao som das "batucadas" brasileiras; não houve escândalo, mas surgiram entusiastas que aderiram ao que, até aqui, representa apenas uma ideia.

Julgamos que o som deva conduzir à meditação; por isso, qualquer "som" será apropriado, mesmo que não seja melódico; uma simples nota,[45] algo uníssono, sempre igual, porém que conduza a mente aos "páramos" celestes.

Um som vibrante, seja em ritmo popular, clássico, tudo é indiferente. O valor do som não está na melodia nem no ritmo.

O valor do som é o reflexo que ele produz.

Nas Lojas maçônicas atuais, a Música é apresentada por meio de CD ou fita, sendo selecionada com total preferência para as peças tradicionais clássicas. Não há uma prévia programação; não faz parte da "plataforma" de um Venerável Mestre, quando inicia seu mandato. Fica à mercê, quase sempre de modo improvisado, de dois fatores: os CDs ou fitas existentes, e o gosto do Mestre da Harmonia.

Raríssimas Lojas conservam o órgão e se algumas ainda o possuem, falta-lhes o organista.

O som dentro de uma Loja, entregue sob a responsabilidade do Mestre da Harmonia, não significa parcela muito importante, mas o "som", enquanto se forma a "Cadeia de união", adquire importância relevante, total e indispensável.

O Venerável Mestre deve conscientizar os membros do quadro sobre o efeito do "som" na meditação.

A música eletrônica, os "sintetizadores", são expressões modernas; trata-se de uma notação musical inteiramente diferente da tradicional, estranha, posto que não se note, imediatamente, tratar-se de algo artificial.

Novos métodos, novas técnicas, novos instrumentos e novos sons conduzem-nos a novos conceitos, novas aplicações e, mormente, a novos estudos.

Surgiu, nos últimos tempos, a expressão considerada máxima do chamado "rock sinfônico", uma fase aperfeiçoada da música "pop", já por muitos considerada enfadonha e superada.

O "rock sinfônico" utiliza instrumentos elétricos, os mais sofisticados, como guitarras, baixos, teclados e baterias amplificadas, e

---

45. O *Samba de Uma Nota Só*, de Vinícius de Morais e Tom Jobim.

elementos de música erudita, orquestras sinfônicas e corais e também, não raramente, bailados.

O ponto de partida é o "rock", que iniciou com um ritmo áspero dos negros norte-americanos; o limite é a música erudita, porém arranjados de tal forma, que nada é "rock" e nada é "erudito", mas apenas um espetáculo fantástico, no qual o "som" majestoso é o amplificador e os sintetizadores emprestam o ambiente irreal.

O jogo das luzes coloridas, os impactos das explosões das luminárias, o ensurdecedor bramido dos baixos e repentinamente... momentos de bonanças, o teclado puríssimo de um piano, de um clavicórdio, de um órgão, tocando o tema central da peça.

É a Música de Rick Wakeman,[46] um jovem inglês, filho do conhecido pianista inglês Cyril Wakeman, que tomou em suas mãos temas como Viagem ao Centro da Terra, O Rei Artur e os Cavaleiros da Távola Redonda, As Esposas de Henrique VIII e muitos outros, e lhes deu um movimento musical de tal monta, que revolucionou tudo e encantou a todos.

Há muito de maçônico na obra de Rick Wakeman, não por ele, jovem demais, mas quiçá, por seu pai.

É essa a arte que se espera que refloreça para o deleite da humanidade e que se espera que a Maçonaria, mormente os Companheiros, lhe deem mais atenção.

ASTRONOMIA

As Lojas possuem entre os seus símbolos muitos astros: o sol, várias estrelas, enfim, a própria abóbada celeste, sem, contudo, deter-se no estudo dessa ciência.

O Rito Escocês Antigo e Aceito não se preocupa com dois aspectos: os mares e oceanos e o espaço.

Entre os antigos sábios e astrônomos, encontramos excelsos maçons; as suas descobertas foram fruto de observação, usando instrumentos primários.

---

46. Richard Wakeman.

Hoje, evidentemente, na era espacial, a Astronomia assume foros de ciência especializada.

Não confundamos Astronomia com Astrologia; a primeira, uma Ciência; a segunda, quiçá, apenas, uma Arte.

Estudar os astros para observar o destino de uma pessoa, organizando um "horóscopo", tem sido prática antiquíssima, na qual não se consegue vislumbrar a fronteira entre a realidade e a mistificação.

Essa "arte" astrológica tem penetrado nos templos maçônicos causando certas confusões; daí a advertência para que não haja confusão alguma entre Astrologia e Astronomia.

A evolução tecnológica da era espacial, porém, não conseguiu penetrar nas Lojas Maçônicas; estas "estacionaram" nos conceitos da Astronomia dos séculos passados, usando-os simplesmente como referências para explicar o significado de certos símbolos.

Há, portanto, muito ainda para estudar, analisar e pôr em prática; o trabalho do Companheiro apresenta-se árduo, sempre mais, a cada ano que passa; se isso assim permanecer, o Companheiro do Terceiro Milênio ainda "balbuciará" definições primárias.

*
* *

A Quarta Viagem

É essencialmente filosófica e em homenagem a todos os filósofos. Destaca a figura de quatro filósofos antigos: Solon, Sócrates, Licurgo e Pitágoras.

Por fim, encerra o pensamento com momentos de meditação em torno da sigla I.N.R.I.

SÓLON

Um dos primeiros legisladores de Atenas, considerado um dos sete sábios da Grécia.

Nasceu em Salamina no ano 640-558 a.C. Elevou o espírito nacional dos atenienses; diminuiu os impostos dos cidadãos pobres e restabeleceu a harmonia na cidade, dando-lhe uma constituição mais democrática.

Dividiu os cidadãos em classes, fundadas não no nascimento, mas na fortuna e concedeu a todos uma parte no governo da cidade.

Poeta emérito, cuja obra se perdeu, conservando-se apenas fragmentos de sua poesia, de uma grande beleza.

O seu nome passou a ser sinônimo de sábio e legislador.

SÓCRATES

Nasceu Sócrates em 470 a.C. em Atenas, filho de Sofrônico, um escultor, e de Fenáreta.

Nos primeiros anos, Sócrates aprendeu a arte do pai e, enquanto esculpia, meditava e estudava; por meio da reflexão pessoal, buscava na elite de Atenas o conhecimento filosófico da época.

Seu casamento com Xantipa em nada alterou o seu modo de vida.

Ingressou na política, tornando-se funcionário público e magistrado, mantendo-se, porém, rígido em seu modo de pensar; foi soldado valoroso e a política não conseguiu deturpar a sua formação, o seu temperamento crítico; servia à pátria, vivendo justamente e formando cidadãos sábios, honestos e temperados, divergindo nisso dos sofistas, que agiam para o próprio proveito.

O seu modo rígido de vida criou-lhe inimizades e descontentamento geral, hostilidade popular.

Com aparência de chefe de uma aristocracia intelectual, teve contra si acusações sérias partidas de Mileto, Anito e Licon, de corromper a mocidade e negar os deuses da pátria introduzindo outros.

Sua defesa foi frágil, preferindo o juízo eterno da razão.

Foi condenado à pena capital; deram-lhe de beber cicuta, uma infusão de ervas venenosas.

A característica de sua filosofia é a introspecção e exprime-se no célebre lema: "conhece-te a ti mesmo", isto é, "torna-te consciente de tua ignorância", como sendo o ápice da sabedoria, que é o desejo da ciência mediante a virtude.

Sócrates não deixou nada escrito; foram os seus discípulos Xenofonte e Platão os responsáveis pelo registro dos ensinamentos e da biografia do grande mestre.

Toda filosofia de Sócrates volta-se para o mundo humano, espiritual, com finalidades práticas e morais.

Mostra-se cético a respeito da Cosmologia e da metafísica, um ceticismo de fato e não de direito; dedica-se a uma ciência da prática dirigida para os valores universais.

O fim da filosofia é a moral; no entanto, para realizar o próprio fim, torna-se preciso conhecê-lo; para construir uma ética é necessária uma teoria, a "gnosiologia" deve preceder logicamente a moral. Se o fim da filosofia é prático, o prático depende, por sua vez, inteiramente, do "teorético", no sentido de que o homem tanto opera quanto conhece; virtuoso é o sábio, malvado o ignorante.

O moralismo socrático é equilibrado pelo mais radical intelectualismo, racionalismo, que se coloca contra todo voluntarismo, sentimentalismo, pragmatismo, ativismo, etc.

A filosofia socrática resume-se na gnosiologia e na ética, sem metafísica: a gnosiologia de Sócrates, que se concretiza no seu ensinamento dialógico, de onde deve ser extraída, e se esquematiza nos seguintes pontos fundamentais: ironia, maiêutica, introspecção, ignorância, indução e definição.

Antes de tudo, cumpre desembaraçar o espírito dos conhecimentos errados, dos preconceitos, das opiniões; é esse o momento da ironia, ou seja, da crítica.

Sócrates, como os sofistas, porém com finalidade diversa, reivindica a independência da autoridade e da tradição, a favor da reflexão livre e da convicção racional.

Logo, será possível realizar o conhecimento verdadeiro, a ciência, mediante a razão.

Isso significa que a instrução não deve consistir na imposição extrínseca de uma doutrina ao discípulo, mas o Mestre deve tirá-la da mente do discípulo, deve eduzi-la pela razão imanente e constitutiva do espírito humano, o qual é um valor universal.

É a famosa "maiêutica" de Sócrates, que declara auxiliar os "partos" do espírito. Há aqui uma certa influência da genitora de Sócrates, que era parteira.

Essa interioridade do saber, essa intimidade da ciência, fixa-se no famoso dito socrático muito usado na linguagem maçônica:

"conhece-te a ti mesmo", que no pensamento do filósofo significa, precisamente, consciência racional de si mesmo, para organizar racionalmente a própria vida.

Entretanto, consciência de si mesmo quer dizer, antes de tudo, consciência da "própria ignorância" inicial e, portanto, necessidade de superá-la pela aquisição da ciência.

Essa ignorância não é ceticismo sistemático, mas apenas metódico, um poderoso impulso para o saber, embora o pensamento socrático fique no agnosticismo filosófico por falta de uma metafísica, pois Sócrates achou apenas a forma conceitual da ciência, não o seu conteúdo.

Por ciência, naturalmente, Sócrates não limitou o conhecimento da época, mas quis se referir à necessidade da investigação, do estudo.

O procedimento lógico para realizar o conhecimento verdadeiro, científico, a indução, ou melhor, remontar do particular ao universal, da opinião à ciência, da experiência ao conceito.

Como Sócrates é o fundador da ciência em geral, mediante a doutrina do conceito, assim é o fundador, em particular, da ciência moral, mediante a doutrina de que eticidade significa racionalidade, ação racional.

Virtude é inteligência, razão, ciência, não sentimento, rotina, costume, tradição, lei positiva, opinião comum.

Tudo isso tem de ser criticado, superado, subindo até a razão, não descendo até a animalidade.

Sócrates levava a importância da razão para a ação moral, até aquele intelectualismo que, identificando conhecimento e virtude, bem como ignorância e vício, tornava impossível o "livre-arbítrio".

Sócrates não exauriu a problemática levantada, mas deixou para Platão e Aristóteles o início do estudo da metafísica e o complemento de sua obra.

Nas lições maçônicas, os conceitos socráticos são repetidos, ainda hoje, pois o itinerário traçado por Sócrates é diuturnamente percorrido pelos maçons, que não esgotaram a ciência da moral.

A filosofia socrática constitui uma das pedras angulares do grande edifício da filosofia maçônica.

LICURGO

Filho de Eunomo, rei de Esparta, nasceu no ano de 868 a.C. e foi legislador de Lacedemônia. Morto seu irmão Polidecto, no ano 898 a.C. foi proclamado rei por faltar descendência a Polidecto, eis que se ignorava se a rainha viúva estaria ou não grávida.

A primeira proclamação de Licurgo foi que se a rainha desse à luz um sucessor da coroa de seu irmão, ele seria o primeiro a reconhecê-lo, jurando que então reinaria apenas como tutor do futuro príncipe.

A rainha, contudo, propôs a Licurgo que se casaria com ele e evitaria o nascimento do filho, proposta que Licurgo repeliu, e quando nasceu o herdeiro, tomou-o nos braços e o apresentou ao povo e aos magistrados, dizendo: "Este é o rei que nos nasceu".

A alegria que esse homem extraordinário demonstrou por um acontecimento que lhe iria privar do trono, sua conduta, suas virtudes e sua sabedoria com que soube administrar Esparta, granjearam-lhe o amor e o respeito dos seus concidadãos.

Porém, a rainha não perdoara ter sido repelida por Licurgo, passando a fomentar intrigas entre os grandes do Estado e entre seus parentes, a ponto de conseguirem desgostar o rei, que abandonou sua pátria, refugiando-se em Creta.

Em Creta, travou íntima amizade com Tales, aprofundando os seus conhecimentos.

Ultimou seu projeto de uma legislação aperfeiçoada, tendo em vista as diversidades de governos e costumes, percorrendo, para tanto, toda a Costa da Ásia.

Só encontrou leis e almas sem vigor.

Os cretenses, com um regime simples e severo, eram felizes; os iônios, que presumiam possuir a mesma felicidade, na realidade eram infelizes, escravos dos prazeres e da licenciosidade.

Enquanto Licurgo percorria as mais longínquas regiões, estudando as obras dos legisladores ao recolher as suas sementes preciosas, os lacedemônios, cansados de sofrer os desacertos dos seus governantes e desejosos de pôr fim às funestas divisões que tanto os enfraqueciam, enviaram vários mensageiros para rogar a Licurgo que retornasse e assumisse o poder.

Licurgo resistiu o quanto pôde aos rogos do seu povo, mas vencido e convencido, retornou à pátria.

Apenas chegado, desde logo compreendeu que o caso não era somente o de ajustar o emaranhado de leis estabelecidas, mas que era necessário destruir toda a legislação e formar outra com bases sólidas.

Os obstáculos que tinha pela frente eram gigantescos, mas não desanimou, pois tinha ao seu lado o prestígio e a veneração que lhe tributavam à sua sabedoria e à sua virtude, os seus concidadãos.

Nada melhor que Licurgo para dominar as vontades e reconciliar os espíritos, posto os mais exaltados; prevenira-se o grande legislador em obter os favores dos deuses, consultando o Oráculo de Delfos.

O Oráculo respondeu: "É do maior agrado dos deuses sua homenagem, e sob os seus auspícios tu formarás a mais perfeita das constituições políticas".

A Pitonisa, em perfeita harmonia com Licurgo, foi imprimindo a cada nova lei o selo da "divina autoridade".

Depois de muita luta, revoltas e motins, conseguiu Licurgo vencer e ver sua constituição unanimemente aprovada.

A Constituição era tão bem formulada, tão harmônica, que pela sua perfeição o povo deveria ser feliz.

Contudo, Licurgo não estava satisfeito e, congregando, o povo lhe disse: "Falta o artigo mais importante de nossa legislação, quero acrescentá-lo; porém, não o farei senão após ter consultado o Oráculo em Delfos. Prometei-me, pois, que durante minha ausência não tocareis nas leis estabelecidas".

O povo prometeu, mas Licurgo exigiu um juramento mais formal e irrevogável. Os reis, os senadores e todos os cidadãos juraram solenemente tomando os deuses por testemunha.

Imediatamente, Licurgo partiu para Delfos, onde perguntou ao Oráculo se as novas leis seriam suficientes para assegurar a felicidade dos lacedemônios.

A Pitonisa respondeu: "Esparta será a mais florescente de todas as cidades, uma vez que se observem as suas leis".

Licurgo enviou a resposta a Lacedemônia e para garantir que o povo cumprisse o juramento, condenou a si mesmo ao ostracismo e à emigração.

Poucos anos depois, morreu longe de sua pátria, por cuja felicidade tão generosamente se tinha sacrificado; e a fama de Esparta correu o mundo.

Esparta dedicou um templo a Licurgo, tributando-lhe honrarias ímpares e perpétuas homenagens.

Licurgo, não só foi o excelso legislador, como também filósofo profundo e ilustrado reformador, pois sua legislação era um sistema perfeito de moral e política.

Esse sábio legislador foi o primeiro que conheceu a força e a fraqueza do homem, e soube conciliar a lei com os deveres e necessidades do cidadão.

Esparta, um dos menores estados da Grécia, chegou a ser o mais poderoso.

Licurgo é evocado nessa Quarta Viagem justamente como grande legislador, em uma demonstração de que a Maçonaria encontra um dos seus motivos de existir no aperfeiçoamento das leis, sejam as de sua própria Instituição, sejam de todos os países, onde exerça a sua benéfica influência.

Licurgo preconizou e pôs em prática a sua moral filosófica de que os interesses dos cidadãos se encontram sempre confundidos com o interesse do Estado, pois este não é apenas uma administração, mas sim a chefia da grande família.

O Companheiro desde cedo deve preocupar-se com o aperfeiçoamento das leis e respeitá-las.

Licurgo conseguiu o respeito à sua legislação por meio de juramentos solenes; os iniciandos dentro da Maçonaria juram solenemente respeitar as leis do país onde vivem.

PITÁGORAS

Pitágoras, o fundador da Escola Pitagórica, nasceu em Samos pelos anos 571-70 a.C.

Em 532-31 foi para a Itália, na magna Grécia, e fundou em Crotona, colônia grega, uma associação científico-ético-política, que foi o centro de irradiação da Escola e encontrou partidários entre os gregos da Itália Meridional e da Sicília.

Pitágoras aspirava fazer com que a educação ética da Escola se ampliasse e se tornasse reforma política.

Não conseguindo o seu intento, levantou oposições e foi obrigado a deixar Crotona, mudando-se para Metaponto, onde morreu, em cerca de 497-96 a.C.

Os discípulos de Pitágoras dividiam-se em duas classes: os iniciados e os públicos.

Os iniciados formavam uma espécie de comunidade religiosa, levando vida em comum, sujeitando-se a muitas provas; somente depois é que eram conduzidos à presença do Mestre, para receber a doutrina "misteriosa".

Tal era a veneração para com o Mestre que os discípulos o consideravam quase uma divindade, a ponto de, quando diziam: "O Mestre disse", não comportava o assunto qualquer discussão.

Os discípulos públicos recebiam ensinamentos considerados comuns, sem receber a "doutrina misteriosa".

Os ensinamentos de Pitágoras abrangiam a filosofia das escolas por onde passara: a elevação, o espírito místico e simbólico dos orientais, o caráter, ao mesmo tempo belo e positivo, que distinguia os gregos. A matemática, a física, a astronomia, a música, o canto, a poesia, ao lado da harmonia das "esferas celestes" e da transmigração das almas.

Pitágoras admitia a existência de uma grande Unidade, da qual emana o próprio mundo e este, por sua vez, era um conjunto de outras unidades subalternas.

Ele dava ao número muita importância, chegando a afirmar que a nossa alma é um número.

Essa concepção, evidentemente simbólica, servia para ocultar a doutrina misteriosa; tal comportamento era necessário para evitar as perseguições que fatalmente surgiriam, ao contrariar as crenças populares.

Pitágoras explicava a formação do mundo da seguinte forma simbólica: a grande mônada, ou unidade tinha produzido o número binário, depois, formou-se o ternário, e assim, sucessivamente, continuando por uma série de unidades e números, até chegar ao conjunto de unidades que constituíram o Universo.

A primeira Unidade era representada pelo ponto. O número binário, por uma linha. O número ternário, por uma superfície. O quaternário, por um sólido.

A "metempsicose", ou transmigração das almas de um corpo para outro, é encontrada também na filosofia oriental, de onde é provável que Pitágoras a tenha absorvido.

A sua escola reconhecia na alma duas partes: inferior e supe-rior, ou seja, paixão e razão. As paixões devem ser dirigidas e governadas pela razão, harmonizando-as; essa harmonia se chama virtude.

O Universo foi considerado um grande todo harmônico, o Cosmos; e a música das esferas é a harmonia admirável que reina nos movimentos dos corpos celestes.

Apesar da escassez dos meios de observação, os pitagóricos fizeram notáveis descobrimentos no terreno da Astronomia; para exemplificar, bastaria citar a descoberta que Pitágoras fez a respeito do duplo movimento da Terra, doutrina a que deu publicidade e entregou ao seu discípulo Filolau.

A Escola Pitagórica exerceu grande influência na Itália, onde Cícero esclareceu que o rei Numa, a quem se atribui responsabilidade no crescimento da Maçonaria Operativa, não era pitagórico, eis que reinara dois séculos antes do nascimento de Pitágoras.

Os discípulos de Pitágoras não se dedicavam somente à Astronomia e à Matemática; aplicavam-se ao estudo da organização social e política.

A atitude de Pitágoras em manter em sigilo a sua doutrina, formando uma "seita" religiosa — o que convinha na época, dada a intolerância existente — leva a crer que sua intenção era criar uma transformação social.

As suas tentativas de uma nova organização social são notadas pelas condições que impunha aos discípulos: viver em comunidade, dedicação ao jejum, à oração, ao trabalho, à contemplação, e à instrução em geral, visando ao aperfeiçoamento da sociedade.

Embora não tenha ficado comprovado, parece que Pitágoras foi assassinado justamente pelo seu movimento social e político.

Deve-se a Pitágoras a origem do vocábulo "filosofia".

Os gregos chamavam à sabedoria de "Sofia" e aos seus sábios de "Sofos". Pitágoras achou muito elevado denominar-se de "Sofos", e preferiu ser chamado de "amante da sabedoria"; preferiu, em vez de atribuir-se a realidade da sabedoria, a denominação de quem expressava o desejo e o amor com que buscava fazer-se sábio.

Cícero faz a seguinte referência à origem do termo "filosofia": "Heráclides de ponto, varão muito dotado e discípulo de Platão, escreve que, tendo ido Pitágoras visitar o rei Leão, teve com ele longa entrevista; este, admirado do tamanho saber e da eloquência de Pitágoras, perguntou-lhe qual era a arte que professava.

"Nenhuma arte conheço, respondeu Pitágoras; sou filósofo".

Estranhando o rei a respeito do nome que jamais ouvira, perguntou o seu significado e em que consistia a diferença para com os demais homens.

Pitágoras respondeu: "A vida humana me parece uma das assembleias que se reúnem nos jogos públicos da Grécia. Ali acodem para ganhar o prêmio com sua robustez e destreza, os atletas; outros para negociar, comprando e vendendo; outros, que são certamente os mais notáveis, não buscam nem louros nem lucros, e só assistem para ver e observar o que se faz e de que maneira; assim, nós os filósofos, contemplamos os homens como vindos de outra vida e natureza, reunirem-se em assembleias deste mundo; uns andam em busca de glória, outros de dinheiro, e são poucos os que só se dedicam ao estudo da natureza das coisas.

A esses poucos os chamamos de filósofos; e assim, como na assembleia dos jogos públicos, representa um papel mais nobre aquele que nada adquire e só observa, cremos, também, que se sobrepõe muito às demais ocupações, a contemplação e o conhecimento das coisas".

Pitágoras foi Mestre Maçom por excelência, a base filosófica do Rito Escocês Antigo e Aceito, o fundamento inalterável de todo conhecimento atual, por maior que tenha sido, neste campo, a evolução.

Na Matemática e na Geometria, nas Ciências e nas Artes existentes em todos os símbolos maçônicos, a presença de Pitágoras é a constante daqueles que se dedicam à meditação e que colocam a razão na posição elevada, dentro do complexo que se chama mente do homem.

I. N. R. I.

São as iniciais misteriosas que encerram o "segredo" da Palavra Sagrada dos Cavaleiros Rosa-Cruz, palavra que não se pronuncia; serve para inquirir, por meio de um questionário, o verdadeiro Rosa-Cruz, que assim sabe encontrar por duas vezes a Palavra Sagrada que solicita.

Essas quatro letras, em língua hebraica, são as iniciais do nome dos quatro elementos primitivos, conhecidos na antiga física.

Há confusões em torno da inscrição I.N.R.I., atribuída, exclusivamente, à frase resumida colocada no cimo da cruz onde Jesus foi sacrificado.

Essas quatro letras eram conhecidas pelos antigos filósofos, que tinham arrancado da natureza os seus segredos, dizendo que a natureza se renova em seu próprio seio.

Essa doutrina de renovação tem sido sempre a doutrina maçônica.

Os antigos Rosa-Cruzes formavam os seguintes aforismas:

Igne natura regenerando integrat
Igne natura renovatur integra
Igne nitrum rorsis invenitur.

Outros as interpretam, considerando-as iniciais da palavra hebraica dos quatro elementos da antiga física:

Lammin (Água) – Nour (Fogo)
Roauhh (Ar) – Labeschech (Terra).

Os modernos Rosa-Cruzes[47] as dão como iniciais das palavras: Índia, Natureza, Regeneração, Ignorância.

E também: *Indefeso nusu repellamus ignorantiam.*

---
47. Não confundir com o Grau 18, Príncipe Rosa-Cruz, da Maçonaria.

A definição mais vulgarizada a respeito das iniciais I.N.R.I. é a de que são as iniciais da sentença escrita em latim, colocada sobre a cruz onde morreu Jesus: *Jesus Nazarenus Rex Judeorum*.[48] A seita ou escola dos "Rosicrucians" fazia uso das iniciais para expressar um dos segredos da alquimia: "O fogo renova completamente a natureza". Também adotaram as iniciais para expressar seus três elementos principais, que eram o "sal, o enxofre e o mercúrio".

A Quinta Viagem

De tudo o que foi dito sobre a quinta e última Viagem, pinça-se um aspecto relevante que diz respeito à liberdade.

A liberdade tanto pode ser um elemento da própria natureza, como condição intrínseca do homem, ou um estado emocional.

Ele tem tido os seus momentos de evolução e os seus conceitos ampliam-se, alteram-se ou modificam-se. O conceito de liberdade de mil anos atrás, evidentemente, não era o mesmo de hoje.

Todos os pensadores, os grandes homens, os filósofos, os sábios, os grandes condutores de homens, têm definido liberdade de múltiplas formas, contudo, todos mantiveram um denominador comum: a liberdade, para o homem, está na dependência de sua própria vontade.

Liberdade, conceituada quanto a livre locomoção, pertence ao campo político e social.

As Constituições dos países destacam a importância dessa liberdade.

A Maçonaria tem lutado para manter a liberdade no mundo, e isso vem comprovado na fase histórica da Maçonaria.

A luta pela liberdade é um sentimento inato no homem e não dependerá da Maçonaria mantê-la, inspirá-la ou cultivá-la.

Outras Instituições, que não a maçônica, têm em seus programas, também esse propósito, de modo que, para a Maçonaria não é uma questão filosófica.

---

48. Jesus nazareno, rei dos judeus.

Além da liberdade de locomoção, "ir e vir", na linguagem jurídica, há outra liberdade a considerar: a liberdade de todas as raças possuírem os mesmos direitos.

Até pouco, a Maçonaria dos Estados Unidos não admitia em suas Lojas membros de cor preta, ou que possuíssem sangue, de qualquer percentagem, da raça negra. Isso, no país considerado o mais civilizado e líder dos povos; felizmente, tal discriminação terminou.

Felizmente, no Brasil, a Maçonaria nunca teve esses problemas.

Liberdade para todas as raças é um ideal maçônico vivo nos países onde surge a necessidade de luta, para banir a errada concepção de que um homem difere dos demais por ter outra cor em sua pele.

Hoje, não temos mais no mundo restrições quanto a liberdade cultural e religiosa; cada homem tem o pleno direito de dedicar-se ao estudo, escolher uma profissão e professar o seu culto.

Alguns países, ainda em fase experimental nesse terreno, posto passados já longos anos, constituem exceção. A Maçonaria não pode lutar em benefício desses homens, porque também ela é banida; os governos excepcionais têm duração limitada, enquanto a Maçonaria possui tradição secular; sempre chegará, como sempre chegou, o dia da emancipação desses povos.

Essa liberdade de fazer, estudar, adorar a Deus, ir e vir, votar ou ser votado, embora constitua relevante condição social e política do homem, não tem muito importância.

Liberdade, como estado emocional, é a que apresenta mais interesse de estudo e que na Quinta Viagem, sobressai.

A partir de Sócrates, com a sua máxima: "Conhece-te a ti mesmo", liberdade necessitou de novo conceito.

Conhecer-se a si mesmo não é somente estar a par dos mínimos detalhes quanto ao organismo humano, em sua parte física ou psíquica; isso será de grande importância, mas não é tudo.

Sócrates diz que o homem deve conhecer, ou melhor, reconhecer a própria ignorância. Esse é o sentido do pensamento socrático.

Porém, isso também não é tudo, pois o homem sensato de hoje tem consciência de sua ignorância, mormente face a evolução tecnológica e do pensamento humano.

Um grande escritor moderno disse que "A liberdade é a faculdade humana para conduzir o pensamento e a ação para um determinado sentido, com o menor número de obstáculos".[49]

Liberdade, na Quinta Viagem, tem o significado de Libertação.

Dissemos inicialmente que para o homem, a sua liberdade está na dependência de sua própria vontade.

Mas, na realidade, essa concepção "humana" choca-se com a liberdade, elemento da natureza.

Há leis estabelecidas nos três Universos: no Universo Cosmológico; no Universo de dentro do homem; no Universo espiritual de Deus.

Essas leis foram estabelecidas pelo construtor dos Universos, o Grande Arquiteto, Deus para a Maçonaria.

O que o Grande Arquiteto estabeleceu foi definitivo, permanente e perfeito, pois Ele é justiça e perfeição, o dualismo, sempre repetido e aceito, em todas as reuniões maçônicas.

A liberdade filosófica deve ser conduzida nesse sentido, isto é, libertar o homem de sua ignorância, a respeito da real concepção do termo liberdade.

Este voo de liberdade em direção à liberdade no "seio" de Deus, é a verdade maçônica.

O Mestre Nazareno já dizia: "Conhecereis a Verdade e a Verdade vos libertará".

O "Conhece-te a ti mesmo", de Sócrates, nada mais é do que a descoberta, dentro da mente do homem, de que ainda é escravo de suas paixões, emoções e ignorância e que precisa ser libertado e que essa libertação não depende de mais ninguém, a não ser de si mesmo.

Porém, como o estudante necessita de um Mestre, de uma escola e de outros meios para aprender, o homem em busca de libertação necessita, também, dessas condições.

Como isso constitui um trabalho, somente em uma Oficina ele encontrará as condições de que precisa. Essa oficina será uma oficina maçônica.

---

49. Alfredo M. Saavedra.

O trabalho dentro de uma Oficina é de investigação; inicialmente, o pensamento é conduzido pela mão de um Mestre; parecerá que cada um absorve a concepção filosófica do Mestre; isso apenas no início, pois o alimento recebido fará o organismo crescer até o momento propício à autocrítica e autoanálise.

Entra sempre, obviamente, a presença de Deus, que inspira, dá abertura, alimenta a tolerância e penetra na razão do Companheiro que, aparentemente por si mesmo, evolui, mas que, na realidade, cresce mercê o auxílio amoroso de seu "Pai", o Grande Arquiteto do Universo.

No 2º Grau, o Companheiro pertence ao grupo "iniciático" do Rito.

No 1º Grau, o Aprendiz tem diante de si um panorama geral sobre a Maçonaria e se detém no estudo exterior dos símbolos.

Será como Companheiro que o maçom buscará na filosofia afirmar-se no propósito de atingir o mestrado.

Muitos maçons inexperientes criticam o porquê de a Maçonaria, ainda e sempre, estudar os conceitos dos sábios antigos e dar pouco significado aos filósofos modernos e atuais.

A explicação é primária: as linhas mestras da filosofia maçônica são imutáveis, porque são esteiadas nas leis da natureza; e foram os sábios antigos que nos revelaram o significado dessas leis e sobretudo sobre os conceitos filosóficos de justiça, liberdade e fraternidade.

Nada há a acrescentar aos conceitos antigos, pois o pensamento atual nada mais é que uma adaptação ao mundo de hoje, dos conceitos de ontem.

Em verdade, temos certas facetas curiosas, como o que nos traz a Parapsicologia.

Mas isso constitui uma especialização sobre o conceito da mente humana; é uma ampliação ousada, ainda no campo experimental, uma espécie da "parapsicologia operativa", em termos maçônicos.

Isso não impede que nas Lojas maçônicas também haja excursão, no campo da Filosofia, da Psicologia, da Lógica, da Parapsicologia e demais ciências correlatas.

Porém, devemos nos render a uma realidade, para sermos honestos e justos: a tendência ao estudo de parte do maçom latino-americano é modesta.

No Brasil, a luta para que cada Loja possua a sua biblioteca para propiciar aos seus membros facilidades de estudo tem sido inglória; os próprios autores de literatura maçônica são escassos; estamos na dependência dos autores estrangeiros e sem possibilidades de termos obras traduzidas.

O objetivo primordial do Companheiro é o estudo da Ciência; ciência diz respeito ao estudo de todos os ramos do conhecimento humano, sem segredos, com abertura e disposição humilde de aprender.

Seria ridículo pretendermos que a Maçonaria atual distribuísse conhecimentos científicos aos seus membros, face a existência de escolas e Universidades em número suficiente para que todos encontrem o que aspiram ou necessitam.

Também as livrarias estão superlotadas com livros de todos os gostos e matizes, técnicos e práticos.

Por isso, a Maçonaria dedica-se ao estudo de apenas "alguns aspectos" científicos, sobre assuntos que interessam à formação social, moral e espiritual do homem.

O coroamento desse estudo, portanto, é a libertação da mente humana em busca de seu "eterno refúgio", o Grande Arquiteto do Universo.

*

* *

A Palavra Sagrada

A referência mais antiga que temos sobre a Palavra Sagrada é encontrada no 1º Livro dos Reis, capítulo 7, versículo 21 da História sagrada.

"...Depois levantou as Colunas no pórtico do templo: e levantando a coluna direita, chamou o seu nome JAQUIM...".

A sua tradução no vernáculo lhe dá o significado de ESTABILIDADE.

Alguns autores lhe dão origem grega: uma palavra composta de: "Jah", que significa Deus, e "Iachin", com o significado de: estabelecerá, ou seja: "Deus estabelecerá".

A Bíblia não esclarece os motivos que Salomão tivera para colocar a palavra Jaquim na coluna do "Sul", posto que, analisadas as escrituras, encontremos muitos nomes iguais ou dele derivados:

No Livro de Gênesis, surge como o quinto filho de Simeão, filho de Jacó e pai dos jaquinitas.

Os jaquinitas formavam uma associação conhecida como a dos homens justos.

No Livro das Crônicas encontramos um chefe de uma família de sacerdotes a serviço do templo de Jeová.

A coluna, denominada Jaquim, e que se poderá resumir como a coluna "J", recebe outros significados, como sendo a da: estabilidade, firmeza, durabilidade, eternidade, imortalidade, constância, engenho, talento, perseverança, beleza, etc.

O consagrado princípio maçônico "A minha perseverança está no bem" constituiu a base sólida para que Hiram gravasse a inicial

"J" na coluna do Sul, no templo de Salomão, coluna que, junto com a do Norte e inicial "B", sustém o mundo simbólico maçônico.

Se a coluna "B" sustém o mundo material, a coluna "J" sustém o mundo espiritual.

Se a Palavra Sagrada do 1º Grau representa a matéria com todas as suas forças materiais, a Palavra Sagrada do 2º Grau simboliza as forças espirituais. São, somadas, a definição áurea da Maçonaria, de forma "real e verdadeira".

Real, no sentido material; verdadeira, no sentido espiritual.

Trata-se de assimilar o significado da palavra Jaquim, dentro do filosofismo profundo emanado de um dos principais símbolos do 2º Grau, a sua coluna mestra.

Como o Aprendiz foi chamado para a prática de atos de elevada moral, magnitude e poder, o Companheiro, já de posse daquelas virtudes, dirige seu interesse no sentido de desenvolver de forma consciente as obras sociais, científicas e morais que beneficiam a humanidade, preparando as gerações vindouras.

A tarefa maçônica constitui o saber ser útil à sociedade, à pátria e à humanidade, mesmo que isto lhe traga sacrifícios e em resumo, conscientizar-se o maçom de seus deveres para com o Ser Supremo, para com seu semelhante e para consigo mesmo.

Essas práticas decorrentes do significado da Palavra Sagrada não são executadas dentro das Lojas, pois não é trabalho imediato e coletivo, mas sim fora da Loja, na condição de membro da sociedade, cidadão e chefe de família, bem como dirigindo o seu cuidado para consigo mesmo, em todos os sentidos. Será o reflexo da dedicação e do estudo que sai de dentro da Loja e se espalha pelo mundo.

*

* *

A Palavra de Passe

De conformidade com a primeira instrução de nosso Ritual,[50] a Palavra de Passe tem origem nas Sagradas Escrituras,[51] na época em que o exército dos efraimitas atravessou o rio Jordão para combater Jefté, famoso general gileadita. A desavença originou-se do fato de não serem os efraimitas convidados a participar da honra da guerra amonita, o que quer dizer da não participação dos ricos despojos dos vencidos. Os efraimitas eram turbulentos e se empenharam na destruição dos gileaditas. Jefté tentou, por todos os meios, contornar a crise em busca da paz e, na impossibilidade, aceitou o desafio, lutou, venceu e derrotou os efraimitas, pondo-os em fuga.

Para assegurar definitiva a sua vitória, Jefté enviou destacamentos para guardar as passagens do rio Jordão, por onde tenta-riam os insurretos retornar ao seu país.

Deu ordens drásticas para que todo fugitivo que tentasse retornar fosse executado.

Como os efraimitas eram astuciosos, usaram de todos os subterfúgios para enganar os soldados.

Por defeito vocal, os efraimitas não podiam pronunciar a palavra *schibolet*; diziam *sibolet*.

Esse defeito foi usado por Jefté, e todos que tentavam ultrapassar o rio Jordão pronunciando *sibolet* eram mortos.

As Escrituras Sagradas informam que morreram, no campo de batalha e na tentativa de regresso, 42 mil efraimitas.

Como a palavra *schibolet* resultou uma senha segura, o rei Salomão a usou, posteriormente, como Palavra de Passe para os Companheiros.

---

50. Ritual da Grande Loja do Rio Grande do Sul.
51. Juízes 12: 1 - 7.

Essa palavra foi adotada pela Maçonaria, tanto pela sua origem histórica, como pelo seu significado.

Apesar de sua origem hebraica, a forma de grafia difere um pouco entre os maçons de várias nacionalidades.

Nas Escrituras Sagradas, a versão brasileira vem escrita como "chibolete"; originariamente, deveria ser escrita: *schibboleth*; há outras formas: *shibbolet, chibolett, shibolet, cibolet*, etc.

O valor da palavra é a sua pronúncia e não a forma de escrevê-la, pois em certas línguas, como o italiano, o "CH" é pronunciado como "Q", a palavra seria "quibolet", o que desnaturaria a sua função.

A Palavra da Passe é pronunciada com um "chiado", enquanto a que pronunciavam os efraimitas era sibilada.

Para a Maçonaria, agora, apenas importa a pronúncia hebraica, ou seja, "chiada", pois a sua forma incorreta não tem mais razão de ser.

Para a Maçonaria, o valor da Palavra de Passe é o seu significado simbólico.

Em hebraico significa "espiga de trigo" e também, "corrente de água".

"Numerosos como a espiga de trigo", no sentido de "união", como simboliza a romã.

A Palavra de Passe representa o Reino Vegetal.

O trigo sempre foi considerado um grão sagrado, indispensável à vida humana; o pão quotidiano, tomado por Jesus Cristo como símbolo da sua própria carne.

No que diz respeito a "corrente de água", seu Simbolismo foi tomado por ser a água um dos principais elementos da natureza, indispensável à vida.

O trigo vale pela sua madureza; estará pronto para servir de alimento quando os seus grãos estiverem secos e puderem fornecer a farinha.

O trigo tem relação íntima com os Mistérios de Elêusis; em grego *stachys*, tem como raiz o elemento "sta", que se pode traduzir por "estar"; a espiga de trigo vem colocada como "a que está", ou "estacionada", que equivale dizer sazonada, amadurecida, atingindo a posição que alcançou após passar o ciclo evolutivo natural.

Em hebraico, a etimologia da palavra "trigo" tem a raiz semítica SBL, que significa "derramar", "espargir", "proceder"; a palavra *shabil* traduz-se como "sendeiro ou caminho". Em resumo pode-se entender que o trigo é um ramo produzido por uma corrente de água, através de um caminho percorrido, produzindo "pedras preciosas" ou "grãos preciosos".

"Cibelis", introduzida dentro do hebraico, ou seja, a "terra fecunda e produtiva", o que é muito considerado nos mistérios.

Em grego, *sibo lithon*, ou *sebo lithon*, que significa: "cultivo" ou "honro a pedra".

Em latim, *spica*, que significa "agudez" ou "penetração", relacionando-se com o verbo *spésere*, "olhar".

Em sânscrito *spac*, seguindo o mesmo sentido latino.

Portanto, a palavra *schibole* reúne os significados de "estabilidade produtora", "caminho fecundo", "maturidade elevada", "produção preciosa" e "penetração clarividente".

A espiga de trigo encontra-se representada também no firmamento, como a estrela mais luminosa da constelação de Virgo; trata-se de um símbolo comum a todos os Mistérios da Antiguidade.

Encontramos as espigas de trigo ornamentando os cabelos das deusas egípcias; na liturgia católica romana, a espiga simboliza a eucaristia.

Nos Mistérios de Elêusis, comparava-se o iniciado com uma espiga de trigo, como produto fecundo do esforço vertical e da atividade do grão oculto no seio da terra, germinando favorecido pela umidade, abrindo caminho, contornando as dificuldades e vencendo a força da gravidade, em busca dos benéficos raios solares, até que o esforço seja gratificado com o amadurecimento do fruto que passa a ser útil para a vida.

O mistério da fecundidade encontra na espiga de trigo o seu máximo Simbolismo.

Germinando o grão, crescendo a planta, no sentido oposto à força da gravidade de seus instintos e paixões, o Aprendiz vence e se transforma em Companheiro, quando se encontra e estabelece no plano elevado, para amadurecer e, por sua vez, frutificar.

O grão de trigo amadurecido tem duas funções: a de servir como alimento e a de ser uma semente para multiplicar-se.

O Aprendiz é o grão de trigo com vida latente, que conserva o mistério da reprodução. Conservado em lugar e ambiente apropriados, não germina, mas subsiste.

Temos exemplos por demais conhecidos de grãos de trigo encontrados nos túmulos dos faraós egípcios, que após cinco, seis ou mais milênios plantados e umedecidos, germinaram e produziram fruto.

O trigo tem a faculdade de manter-se indefinidamente íntegro. O Aprendiz, por sua vez, dado os conhecimentos que armazenou, também pode manter-se íntegro, com força latente, esperando a oportunidade de encontrar terra fértil.

Sendo o Aprendiz o próprio grão de trigo, pode permanecer indefinidamente no estado de grão, porque tem consciência de que o Grande Arquiteto do Universo há de prover o seu destino.

Destino aqui deve ser entendido como destinação, ou seja, a missão que deverá cumprir dentro da multiplicidade maçônica refletida em seus diversos Graus.

O Companheiro é o grão germinado; caso o Companheiro demonstre pressa e deseje afoitamente germinar para encetar o caminho da multiplicação, corre o risco de ser lançado em lugar inapropriado e secar ou ser devorado por aves daninhas.

É bela a parábola do semeador:[52]

> "Eis que o semeador saiu a semear. E quando semeava, uma parte da semente caiu ao pé do caminho, e vieram as aves, e comeram-na.
> E outra parte caiu em pedregais, onde não havia terra bastante, e logo nasceu, porque não tinha terra funda. Mas, vindo o sol, queimou-se, e secou-se, porque não tinha raiz.
> E outra caiu entre espinhos, e os espinhos cresceram, e sufocaram-na.

---

52. Mateus 13: 3-8.

E outra caiu em boa terra, e deu fruto: um a cem, outro a sessenta e outro a trinta".

A sabedoria do Nazareno demonstrou que apenas uma quarta parte da semente germina e produz fruto.

Atirar em lugar fácil, cômodo e precipitadamente os ensinamentos maçônicos equivale a semear ao longo do caminho, onde facilmente a semente é colhida pelos oportunistas. A palavra torna-se vã e não produz resultado algum.

Atirar os ensinamentos maçônicos em local inapropriado, posto com resultados aparentes, mas superficiais, equivale aos que trazem afoitamente para dentro das Lojas os entusiasmados e levianos profanos. Aparentemente se integram no ideal, mas não sintonizam espiritualmente; o entusiasmo fenece sufocado pelas paixões e interesses egoísticos.

O sol, que é luz, nem sempre dá benefícios por meio de seus raios; pode queimar e prejudicar. Muitos se queimam e jamais retornam às lides maçônicas.

Os tímidos e os despreparados aceitam o convite, mas logo se veem sufocados pelos circunstantes e desanimam, retirando-se porque o meio ambiente não lhes é propício.

Finalmente, quando a semente é lançada em terra adubada, úmida e dada toda assistência, o Aprendiz aproveita a oportunidade e cresce, lutando para seguir um caminho vertical, criando raízes profundas para que os ventos não o perturbem, subindo em direção à luz e ao calor.

Com o devido tempo, dentro do plano divino, o Aprendiz encontra, como Companheiro, o caminho de seu ideal em busca de novos horizontes. Percorre dentro da verticalidade, também paralelamente, o caminho horizontal da fraternidade, do bom exemplo e do aproveitamento das lições que recebe.

A Palavra de Passe tem este significado: a trajetória encetada pelo Aprendiz em busca do mestrado.

O Sinal do Grau

O "de pé e a ordem" difere de Grau a Grau, como diferem as Palavras Sagradas e de Passe.

O "sinal" é feito de pé; os pés em esquadro como no 1º Grau; corpo ereto; a mão esquerda espalmada, mantido o polegar afastado, formando um ângulo de 90º; braço erguido, formando com o antebraço outro esquadro; a mão não poderá ultrapassar a cabeça, com o significado de que a mente deve permanecer sempre em posição mais elevada.

A mão esquerda é o embrião de um estandarte que, em Graus mais avançados, passa a ser usado; o homem sempre criou para si uma imagem de vitória, uma bandeira, um estandarte, algo que pudesse transportar mostrando poder e conquista; sua mão esquerda revela, por outro lado, pelos seus sinais, suas linhas e elevações, como "carteira de identidade", comprovando a todos ser um indivíduo "aberto", que não teme revelar o seu "passado" ou o que lhe preserva o futuro.

A quiromancia, do grego: *kheir* = mão; *manteia* = adivinhação", constitui uma ciência-arte de adivinhar o caráter e o futuro de uma pessoa, pelo exame das linhas, dos sulcos e elevações das mãos; a quiromancia era praticada por todos os povos da Antiguidade: egípcios, caldeus, assírios e hebreus; foi estudada pelos filósofos gregos e latinos; na Idade Média foi muito cultivada.

No início do século XVII, o capitão francês d'Arpentigny e seu amigo Desbarolles publicaram as primeiras obras sobre o assunto.

O exame do quiromante é procedido, preferencialmente, na mão esquerda, que é a menos deformada pelo trabalho e tida como a mão do "coração".

As primeiras quatro linhas a serem estudadas que formam um "M" – (Maçonaria) constituem a "linha da vida", a "linha da cabeça", a "linha do coração" e a "linha da fortuna ou da sorte"; esta última linha é chamada também de "linha de Saturno".

As saliências que se encontram na base dos dedos representam o "Grau das qualidades":

"O monte de Júpiter" indica a religião, a ambição, a alegria e a felicidade; o "monte de Saturno", a sabedoria e a sorte.

O "monte de Apolo" ou do "Sol", a glória, a inteligência e o gosto do belo; o "monte de Mercúrio", o amor ao trabalho, o comércio e a ciência; o "monte de Marte", a coragem; o "monte da Lua", o sonho, a melancolia e a castidade; o "monte de Vênus", a caridade, a elegância e o amor.

Também são estudadas as linhas secundárias, as "cruzes", as "estrelas" e os "ângulos".

Hoje, a quiromancia é uma prática em desuso, porém o estudo das mãos assume novos campos da psicologia.

Se o sinal do Aprendiz é feito com a mão espalmada para baixo, no do Companheiro, a mão é erguida, também para efeitos mais esotéricos.

As mãos assumem importância vital por serem a expressão mais forte do sentido do tato.

Um contato entre mãos consola, alivia, traduz sentimentos.

Foi sempre o gesto das mãos[53] que trouxe cura para os enfermos. Nenhum Ritual se desenvolve sem os movimentos adequados das mãos.

Jesus usou muito o toque para os seus "milagres".

Na "Cadeia de União", o estreitar das mãos deve ser forte e deve ser possível sentir por meio desse aperto, a passagem de energia.

Nos cultos, as mãos têm função mística, seja no gesto de uma extrema-unção, ou no símbolo de uma bênção.

O Aprendiz maçom usa as mãos para desbastar a pedra bruta; o Companheiro, para burilá-la, ambos, com gestos precisos.

---

53. Vide *A Cadeia de União e Seus Elos*, do mesmo autor.

Paulatinamente, educando-as, o homem aprende a usar as mãos e dar a cada uma, uma tarefa diferente, usando-as ao mesmo tempo. Com o buril em uma delas e o maço na outra, a obra surge entre vigor e beleza.

A energia é transmitida em grande parcela pelas mãos, saída das forças advindas de um poder central; aquele que se empenha em doar, receberá em proporção maior. Não se trata apenas de uma "troca", nem singela comunicação, mas um real contato dinâmico, distribuindo equilíbrio.

Porém, a "dádiva" não vem somente por meio do contato. No caso do Companheiro, ao erguer a mão esquerda, esta "dádiva" vem distribuída pelo simples fato de que antes é "captada", e depois, "refletida". A mão transforma-se em "receptor-transmissor" de ondas elétricas magnéticas, enfim, distribuidora de benesses.

A mão esquerda erguida e espalmada torna-se um elemento de acumulação; o acumulador não pode tão-somente acumular energias, sob pena de explodir. As forças contidas no ser humano não podem ser apenas armazenadas; torna-se preciso distribuí-las para que possa haver mais produção e criatividade; é o preceito evangélico do "dá e receberás".

A "mão" traduz poder. Lemos no livro do Êxodo, capítulo 7, versículo 4: "Colocarei a minha mão sobre o Egito", disse Jeová.

E mais adiante: "Quando Moisés erguia sua mão, os israelitas venciam".

E no livro de Deuteronômio, capítulo 32, versículo 40: "Eu ergo a mão ao céu, e digo...".

O sinal é completado com a mão direita em forma de garra sobre o coração.

Esse gesto diz respeito ao juramento do Grau, de que prefere que lhe seja arrancado o coração e dado como pasto aos abutres, a revelar os segredos recebidos.

Esse castigo provém da mitologia grega, na qual descreve o suplício de Prometeu.

Prometeu, deus ou gênio do fogo, filho do titã Japeto e irmão de Atlas, é dado como iniciador da primeira civilização humana; depois de formar o homem com o limo da terra, furtou, para o animar, o fogo do céu.

Júpiter o castigou e mandou Efaisto acorrentá-lo no cimo do Cáucaso, onde um abutre lhe devorava o fígado que continuamente renascia.

Hércules, posteriormente, liberta-o matando o abutre.

O abutre representaria o pensamento negativo que atormentava o coração de Prometeu, tornando-o impotente através das cadeias que o atavam.

O coração sempre simbolizou o princípio vital que anima o organismo.

O limo da terra, formado de pó e água, significa o produto da evolução natural dos elementos, de cima a baixo; do mais denso ao mais sutil. É o centro do homem, a sua consciência, o seu Eu.

O fogo sagrado que Prometeu buscou no céu é a chispa divina, a razão que no homem é dirigida por Júpiter, ou seja, o criador.

O castigo obviamente não é decorrência da revelação dos discutidos "segredos" maçônicos, mas sim o retorno às paixões da carne, com o abandono das elevadas conquistas espirituais.

Júpiter não representa castigo ou vingança, mas o cumprimento da Lei universal; cada ser se autocastiga pela desobediência.

Vulcano, o mitológico deus encarregado do castigo a Prometeu, representa os "metais" ou qualidades materiais do homem que o escravizam e acorrentam ao Cáucaso da matéria, até que não se adapte à verdade.

O abutre é o símbolo do arrependimento interior, o sentimento de culpa que se aninha em seu coração, cônscio de sua condição de escravo e do desejo de sua libertação, que finalmente se realiza graças aos seus esforços, personificado por Hércules.

As forças internas e espirituais libertam o homem da escravidão. Ele prefere arrancar o símbolo da vida que é o seu coração, a deixar de lutar pela sua total libertação, no esforço da autorrealização.

O Companheiro, já iniciado, fiel ao seu ideal, deve zelar para não recair à vida anterior, quando se entregava às paixões, tornando-as alimento para os seus desejos inferiores.

O sentimento de culpa e a longa caminhada para vencer os obstáculos tornam o castigo.

O sinal deve ser feito no seu todo; pés em esquadria, corpo ereto, rosto erguido, olhar à frente, lábios cerrados, mão esquerda erguida, mão espalmada, polegar esquerdo em esquadro, mão direita em garra sobre o coração.

O conjunto do sinal é que constitui a posição mística do Companheiro. Nessa posição de "pé e a ordem", ele jamais poderá ter recaída e retornar ao passado de escravidão; é um sinal de vitória, erguendo o estandarte, irradiando forças, sustendo seu centro vital de energia e colocando-se em posição vertical, fugindo da hori-zontalidade material.

Se o sinal recorda o juramento, também demonstra que está observando os preceitos do Grau e mantendo viva a promessa feita no altar.

O sinal é "armado" obedecendo a uma ordem preestabelecida: ao erguer-se, ou estando de pé, assume o corpo posição de "sentido" militar. A Maçonaria tem posturas e hierarquia militares.

Com todos os músculos sob controle, em primeiro lugar vêm os pés em esquadro, significando que sobre a terra, entre os seus semelhantes, na família, coloca-se o Companheiro dentro de duas linhas retas que se encontram em 90º, formando um ângulo de ajuste, de equilíbrio e de normalidade.

As suas pernas, quais Colunas de um templo humano, eretas, mantêm os músculos energicamente distendidos, prontos para enfrentar possível luta.

Seu abdômem, pescoço e cabeça, rígidos na expectativa de enfrentar um impacto, são as forças negativas que passam a atingir o homem, na tentativa de vencê-lo e escravizá-lo. Prevenido, o Companheiro não será, jamais, surpreendido.

Ao mesmo tempo, em gestos sincronizados, ao erguer-se o braço esquerdo, o direito o acompanha e, simultaneamente, espalma-se a mão esquerda e contrai-se a direita; são os movimentos opostos do equilíbrio; é a máxima Evangélica de que a mão direita não sabe o que a esquerda faz; são atitudes uníssonas, porém independentes.

Assim, em postura perfeita, o Companheiro agiganta-se; o conjunto de gigantes dentro de uma Loja de Companheiros forma a força irresistível de que a Maçonaria tanto se orgulha.

As Colunas[54]

Ao nos referirmos às Colunas maçônicas, seja-nos permitido dizer que o desenvolvimento da Arquitetura afastou dos templos maçônicos o estilo primitivo, pois as que se adotam na atualidade são de três ordens: dórica, jônica e coríntia.

Até as duas Colunas do átrio distanciaram-se tanto das idealizadas por Salomão, que apenas conservam os símbolos representados pelas romãs.[55]

A história das Colunas é atraente, embora pouco se saiba a respeito dos seus criadores.

Iniciaremos o estudo descrevendo o que é uma coluna no aspecto material.

Trata-se de um pilar cilíndrico destinado a sustentar uma abóbada ou usado para ornamentação.

As primeiras Colunas foram erguidas para expressar sentimentos religiosos, isoladas, como um bloco monolítico, encontradas, simultâneamente, em todos os povos e em todas as épocas.

As Colunas não são necessariamente construídas de pedra ou alvenaria. As Colunas de um jornal; coluna de vértebras; de objetos superpostos; de fogo; de água; de fumaça; de soldados, coluna moral, etc.

No antigo Egito, as Colunas eram monolíticas.

Temos, na ordem arquitetônica clássica, oito espécies: salomônica, egípcia, assíria, dórica, jônica, coríntia, compósita, toscana.

Cada coluna obedece a medidas exatas e se divide em nove partes.

---

54. Vide *Introdução à Maçonaria*, do mesmo autor.
55. Referimo-nos aos templos brasileiros.

Consoante o estilo em cada uma dessas partes, surgem os ornamentos peculiares, como bem demonstram as ilustrações.

Em toda parte, desde a Antiguidade até os nossos dias, erguem-se Colunas comemorativas. As mais célebres são: as de Trajano, em memória da vitória de Trajano imperador sobre os Dácios, com altura de 29 metros; a Antonina, erigida no campo de Marte a Antonino o Pio, 23 metros da altura; a coluna de D. Pedro IV, em Lisboa; a coluna de Nelson, em Londres; a coluna do Grande Exército, em Bolonha.

Com a arquitetura moderna, tudo o que se ergue ao alto também é uma coluna, embora assumam formas e posições inusitadas.

Há uma coluna de ferro em Nova Delhi que não oxida devido ao clima seco, como há outras curiosidades em toda parte, desde a Ilha de Páscoa até as grandes metrópoles.

As Colunas denominadas "maçônicas" diferem em pequenos detalhes uma das outras.

A coluna dórica, que é a mais simples e vigorosa, também é a mais antiga. Caracteriza-se pela ausência de base, assentando sobre o embasamento geral; é de forma cônica com um ligeiro engrossamento do terço superior; o fuste é canelado com arestas vivas; o capitel tem vários filetes, um toro ou espinha dilatadas, que suporta uma goteira quadrada.

O entablamento compõe-se de uma arquitrava elevada e lisa, de um friso decorado com métopes e tríglifos e de uma cornija guarnecida de mútulos inclinados.

A coluna jônica caracteriza-se por possuir um capitel ornado com duas volutas laterais.

A coluna coríntia é a mais formosa pela harmonia de suas proporções e pela decoração de folhas de acanto dos seus capitéis. A princípio essa ordem foi usada, isoladamente, como ornamento, como no monumento Corégico de Lisicrato e Torre dos Ventos, em Atenas e, posteriormente, como as demais Colunas nas partes secundárias dos grandes edifícios.

Os exemplares mais perfeitos encontram-se na Itália: no templo de Vesta, em Tívoli; de Minerva, em Assis; no Panteon e no templo de Antonino, em Roma.

A coluna coríntia possui um fuste liso ou canelado com 20 a 32 caneluras. A base é ática ou jônica. A altura do entablamento é a quinta parte da altura da coluna.

O friso é muito ornamentado ou liso e a cornija também varia nas suas proporções e decoração.

As Colunas árabes, que se veem em Portugal e Espanha, fogem aos estilos clássicos romano e grego.

A coluna Compósita é a fusão de vários estilos.

Miguel Ângelo, Bellini e outros adornaram o Vaticano com Colunas de vários estilos, inclusive com a coluna salomônica em espiral.

Além dos estilos clássicos referidos, encontramos outros mais: ático, gótico, rostado, abalaustrado, embebido, isolado, etc.

As Colunas do templo maçônico moderno são em número de 12, correspondendo cada uma delas a um signo do zodíaco, porém, cada qual em estilo diferente; todavia, genericamente essas Colunas obedecem o estilo jônico.

Os construtores de templos modernos não se puseram, ainda, de acordo para unificar um "estilo maçônico"; em cada templo, vemos uma confusão de estilos e colocação desordenada.

A colocação das duas Colunas "B" e "J", por exemplo, não obedecem aos moldes do templo de Salomão; em vez de serem colocadas em um átrio, precedendo a entrada do templo, são colocadas dentro do templo.

Temos, assim, dentro dos templos, não 12 Colunas, mas sim, 14.

As Colunas são colocadas, seis ao Norte e seis ao Sul; representam, também, os 12 meses do ano; os 12 discípulos do Senhor, etc.

O seu sentido simbólico tem muito mais amplitude, porque as Colunas são a base "mental" da Loja.

As principais Colunas, porém, são dúplices porque estão representadas: A dórica, pelo Primeiro Vigilante; a jônica, pelo Venerável Mestre; e a coríntia, pelo Segundo Vigilante.

Há uma coluna totalmente invisível, a que não pertence a nenhuma ordem ou estilo. É a coluna que se ergue a partir do Ara até o Grande Arquiteto do Universo.

Essa coluna é a soma das outras três, como o espírito Uno é a soma: Pai, Filho e Espírito Santo, ou de qualquer outra Trindade: Shiva, Vishnu e Brahma.

A sabedoria, a força e a beleza são os três atributos do Grande Arquiteto do Universo.

No Cristianismo maçônico, o Venerável Mestre representa a vontade crística; o Primeiro Vigilante, o amor crístico e o Segundo Vigilante, o pensamento crístico.

Cada Dignidade e Oficial da Loja representa uma coluna, bem como cada Mestre, Companheiro e Aprendiz.

Podemos dizer, para que haja exata compreensão, que uma Loja é um conjunto de Colunas visíveis e invisíveis e que cada coluna tem de sustentar um "encargo".

Essas Colunas não são da mesma dimensão e altura, pois as medidas variam conforme o conhecimento que cada um possui, condição para evolução mental.

Mas todas se dirigem aos astros, como demonstraremos a seguir: a do Venerável Mestre, ao Sol (ciência e virtude); a do Primeiro Vigilante, a Netuno (purificação e estabilidade); a do Segundo Vigilante, a Urano (eternidade e imortalidade); a do experto, a Saturno (consciência, firmeza e experiência); a do Orador, a Mercúrio (força e firmeza); a do Secretário, a Vênus (beleza e candura); a do Tesoureiro, a Marte (honra e valor); a do Mestre de Cerimônias, à luz (pureza e temperança).

As duas Colunas colocadas no Pórtico (átrio), que se denominam de Colunas de Salomão, são as Colunas espirituais da Loja.

Por sua vez, elas também sofreram alterações desde as épocas imemoráveis, pois representavam as Estrelas do Norte e do Sul (Polares), Horus e Set, para modificarem-se com os nomes de Tat e Tatu, que significa "em fortaleza" e "estabilidade" e, finalmente, com as palavras "Boaz" (em fortaleza) e "Jachin"[56] (estabelecer), com o significado final de que a "Casa do Senhor será estabelecida em fortaleza".

Dentro do templo de Salomão as duas Colunas representam a lembrança da fuga do povo de Israel do Egito, quando Jeová o dirigia de dia, por meio de uma coluna de fumaça, e à noite, uma de fogo.

---

56. Na grafia atual "Jaquim".

Segundo a descrição feita no 1º Livro dos Reis, capítulo 7, versículos 15 a 22, assim eram as referidas Colunas:

"Pois formou as duas Colunas de bronze, tendo cada uma delas a altura de 18 cúbitos (ou côvados, igual a 66 centímetros) e uma circunferência que correspondia a uma linha de 12 cúbitos.

Fez, também, dois capitéis de bronze fundido para os pôr sobre o alto das Colunas; um capitel tinha cinco cúbitos de altura, o outro capitel, também cinco cúbitos de altura.

Havia redes de malha e grinaldas de cadeias para os capitéis que estavam sobre o alto das Colunas: sete para um capitel e sete para o outro.

Fez as Colunas, e havia duas ordens de romãs ao redor por cima de uma rede para cobrir os capitéis que estavam no alto das Colunas; assim também, fez para o outro capitel.

Os capitéis que estavam no alto das Colunas no Pórtico, na parte que figuravam lírios, tinham quatro cúbitos cada um.

Perto da parte globular, próximo à rede, os capitéis que estavam em cima sobre as duas Colunas tinham 200 romãs dispostas em ordem ao redor sobre um e outro capitel.

Levantou as Colunas no Pórtico do templo: tendo levantado a coluna direita, pôs-lhe o nome de "Jachim"; e tendo levantado a coluna esquerda, pôs-lhe o nome de "Boaz".

O trabalho figurando lírios estava em cima das Colunas; assim, acabou a obra das Colunas".

Os detalhes de construção das Colunas obedeceram, evidentemente, à riqueza do artesanato da época, ciosamente, guardado em segredo.

As Colunas eram ocas e serviam para a guarda dos arquivos, os "Livros da Lei" e outros documentos.

O formato do capitel, lembrando uma urna, sugeriu a alguns autores que simbolizaria o Globo terrestre, com os polos achatados.

A primeira notícia a respeito de que a Terra seria redonda, a temos dos gregos e tudo nos faz acreditar qua Hiram conhecia perfeitamente a teoria e a concretizara nas Colunas.

Somente com a descoberta da América é que ficou comprovado que a Terra teria o formato de um globo.

Os ornamentos compostos de lírios, folhas e romãs, certamente deviam ter significado esotérico, uma vez que o lírio era uma flor mística, assim como o era o lótus para os povos orientais.

A grinalda, composta de três fileiras de lírios, que encobre a linha que une o fuste com o capitel, mostra as flores abertas e desabrochadas intercaladas com folhas. A grinalda colocada acima é composta de botões de lírios, pendentes e de pé.

Não podemos esquecer o significado das Colunas, de que "como é acima, também o é abaixo", ou seja, que a terra reflete os céus.

Se acima do fuste foram colocadas flores, frutos e uma rede, forçosamente, simbolizariam algo de espiritual.

O lírio também simboliza a "candura" do homem em êxtase.

Os lírios são os "iniciados" e são dispostos em três etapas; os botões da fila superior simbolizam os iniciados nos mistérios de Ísis; os da fila central e desabrochados simbolizam os iniciados de Serapis, com o seu esplendor: a terceira fila, de Osíris, que desceu ao mundo para auxiliar e iluminar a humanidade.

Maçonicamente, lembram os três Graus: Aprendiz, Companheiro e Mestre.

As romãs são os frutos que surgem do labor executado pelos iniciados. Cada romã contém em si um sem-número de sementes, perfeitamente unidas e dispostas com equilíbrio de uma cor vermelho luminosa. Simboliza a união e a fecundidade.

As cadeias com os seus elos diferentes simbolizam as raças, mormente porque diversos povos foram empregados na construção do templo.

A rede que envolve o capitel simboliza a evolução, formada de figuras geométricas todas iguais, à semelhança de um favo de abelha. Não há referência de que material teria sido construída a rede, mas, sem dúvida, o foi de fios de ouro.

O aspecto colorido das Colunas de bronze, encimadas com flores brancas, frutos sazonados, rede dourada, devia apresentar um efeito artístico muito belo.

O segmento superior e esferoide apresentava-se completamente liso e despido de ornamentos, o que significava que ainda havia alguma coisa inexpressível e incognoscível.

A colocação das Colunas obedecia a uma razão iniciática, porque por elas teriam de passar os que provinham do mundo profano em busca de iniciação, perdendo as suas paixões e vontades.

Entre Colunas, o profano neutralizava-se e despia-se de tudo o que julgava possuir valor. Somente depois de o homem "estar estabelecido em fortaleza" teria forças para viver em sabedoria.

Jamais podemos esquecer, contudo, que muitas das interpretações que os autores cabalísticos e teosóficos pretendem dar às Colunas, não podem ser aceitas sem antes verificarmos se não vão de encontro à tarefa que Salomão se propusera a executar: construir um templo ao Senhor!

As únicas figuras que Salomão se permitira colocar dentro do templo foram os querubins e os touros, no "mar de bronze"; não há nenhuma imagem, nem de Ísis ou Osíris.

Não poderia Salomão enganar ao seu Senhor, construindo as Colunas em substituição às imagens, para que simbolizassem outros poderes e que viessem, mais tarde, dar margem à idolatria de seu povo.

Não há, também, explicação de por que terem sido colocados querubins e não apenas anjos.

Porém, analisando com profundidade os textos bíblicos podemos deduzir deles grande parte do significado simbólico, não só das Colunas, mas de tudo o que fora construído. Esse será um trabalho de erudição e que foge ao programado para a presente obra.

As Colunas modernas são uma pálida imagem das Colunas do templo de Salomão e de uma forma geral encontramos nos templos as da ordem dórica, jônica ou coríntia, prevalecendo esta última encimada por um globo terrestre e celeste, sobre os quais se colocam romãs.

São construídas de gesso, mantendo-se brancas e, raramente, pintadas em dourado.

Constituem uma "fantasia" na qual a improvisação e a falta de imaginação e gosto são coisas para se lamentar.

A rigor, seriam a coluna "B", bronzeada e a coluna "J", dourada, sendo uma opaca e a outra, brilhante.

A coluna "B" recorda a coluna de fumaça que obscurecia a visão dos egípcios perseguindo os israelitas em sua fuga.

Simboliza a força e representa a terra, eis porque é encimada por um globo terrestre. Essa coluna deveria, pelo menos, conter alguns lírios, tudo coberto por uma rede.

O tamanho das Colunas usadas nos templos modernos não obedecem a regra alguma, nem segue qualquer proporção, fixando-se, geralmente, em 2,5 a 3 metros de altura.

As originais deveriam ter 15 metros e 18 centímetros, ou seja, 23 cúbitos ou côvados.

As Colunas atuais servem exclusivamente como ornamento, pois não são ocas e não contêm os três compartimentos onde deviam ser colocados as ferramentas, os tesouros e os Livros da Lei.

A coluna "B" pertence ao Primeiro Vigilante, e aos seus pés é colocada uma pedra bruta, tendo ao lado, um maço.

A coluna "J" deveria ser construída de uma ordem diversa da coluna "B", sendo o certo a ordem jônica. É de cor mais clara e brilhante, embora esse detalhe não seja observado; representa a coluna de fogo que dirigia os fugitivos pelo deserto.

A coluna é encimada por uma esfera celeste representando o próprio Universo; possui as mesmas romãs, lírios e rede.

Aos seus pés se coloca a pedra polida e pertence ao Segundo Vigilante .

São três as Colunas do templo e representam: o saber, o belo e a força.

Há muito convencionalismo dentro de uma Loja maçônica e isso nos torna fleugmáticos. A rotina mata o entusiasmo maçônico.

As três Colunas do templo, certa ocasião foram colocadas no monte denominado "calvário".

A do centro estava ocupada pelo Cristo; o Supremo Saber; ao seu lado direito, Dimas, o belo; sua beleza proveio do arrependimento e do pedido humilde que fez ao Mestre: "Lembra-ta de mim, quando estiveres em teu reino".

A força é representada por "Gestas", o malfeitor à sua esquerda: um homem, também filho de Deus, mas que só conhece um atributo; por mais absurdo que pareça e por mais contraditório que possa ser, o quadro se completa com as três cruzes, que se fundem em uma só.

Dentro do templo temos a fraqueza humana, equilibrada pela humildade e beleza de quem se arrepende. Tudo isso é sabedoria.

Jesus morrera crucificado, conduzindo consigo, em sua sorte, que no momento parecia pesadelo, os outros dois, que diante das leis humanas eram considerados malfeitores.

Cumprira-se uma profecia, mais que isso, uma trilogia desconcertante, mas gloriosa.

Aquilo que possa escandalizar o homem, para o Grande Arquiteto do Universo é traçado perfeito.

A compreensão de um símbolo deve ser às vezes afastada do convencionalismo.

A simetria, as regras, as habitualidades, as rotinas devem desmoronar.

O próprio véu do templo de Salomão não se rasgara com a morte dos três crucificados?

As três Colunas do templo são vivas; perfeitas sempre, porque é obra de Deus. Incompreensíveis para os homens, porque o templo é de Deus. Desconcertantes, porque o que deve imperar é a vontade de Deus e não a dos homens!

"Ninguém pode julgar ninguém".

A Maçonaria está acima da concepção humana, do que possa estar certo ou errado. Ainda hoje, há Lojas nos Estados Unidos que vedam a entrada de maçons negros.

Nós recebemos o maçom negro, mas lhe exigimos certas qualidades que não possui, o que, em última análise, também é uma restrição.

Muito do que alegamos ser certo, está errado e não podemos ter certeza nas afirmações; os erros e os acertos também podem ser simbolicamente interpretados, dependendo do estado da alma de cada um.

São três as Colunas do templo: o meu "EU" superior e interno; o meu "ego" que está na superfície de meu ser; e a minha "personalidade" que amoldo conforme as conveniências.

São três as Colunas do templo: "eu"; meu próximo maçom; meu "próximo" profano.

Posso unir os três? Posso colocá-los no topo de um "calvário"?

Poderá meu "eu" crístico (ou excelso arquitetônico universal) redimir "esses" dois "próximos"?

As Colunas do templo são três: a sabedoria de minha compreensão e entendimento; a beleza de minha alma, refletindo o conhecimento; e a fortaleza de meu espírito enriquecido pela trindade simbólica maçônica.

Fugindo ao convencionalismo, entremos em nós mesmos, dentro do verdadeiro templo, e coloquemo-nos ajoelhados diante de cada coluna, quando sentiremos a sua benéfica inspiração.

*
* *

A Estrela de Cinco Pontas

A estrela, por ser um astro, ou seja, um corpo celeste com luz própria, sempre foi a "quintessência" do mistério; hoje, já temos uma visão mais palpável sobre a vida das estrelas, fotografias muito próximas e conhecimento aprofundado sobre as suas origens e a suas funções, posto constitua em Astronomia uma alta especialização, à qual o profano, seja pela escassez de literatura, ou pelo elevado custo dos livros, não tem muito alcance.

Pelo seu mistério, a estrela constituiu-se em um dos principais símbolos maçônicos, ornamentando a "Abóbada Celeste" dos templos e fixando o símbolo do Companheiro, representada como um polígono estrelado com cinco pontas.

As estrelas, como os planetas, obviamente, são corpos celestes arredondados; o que denominamos de estrela, com as características do desenho e formato, é apenas a reprodução do ponto brilhante, que sugere o espargimento de raios luminosos "universais" e a própria "natureza".

O *pentalpha* é uma figura geométrica construída pelos pitagóricos, que tomaram por base um triângulo, assim unindo cinco dessas figuras sobre um pentágono, e formaram a estrela de cinco pontas.

O símbolo, porém, não permaneceu na simplicidade dos cinco triângulos; os Pitagóricos, tomando o centro do pentágono, traçaram linhas até os seus vértices, resultando outros cinco triângulos no interior do *pentalpha*, os quais, somados aos anteriores, resultaram em número de dez; cada triângulo foi subdividido em outros quatro, formando um conjunto de 40 triângulos menores; assim, o centro da estrela de cinco pontas apresentou outro *pentalpha*.

Foi assim que os pitagóricos consideraram a figura geométrica alcançada como o "emblema da perfeição e o supremo saber".

Como símbolo maçônico, representa a "unidade humana", o "homem", a "fraternidade maçônica", a "paz mundial", o "amor fraternal".

A estrela de cinco pontas, como emblema maçônico, tem origem no *pentalpha* de Pitágoras", palavra derivada do grego: *penta* = "cinco" e *alpha* = "A", ou seja, a primeira letra do alfabeto grego, que se escreve, desenhando um pequeno triângulo para todos os lados.

Aparentemente, os pitagóricos, ao construírem a estrela de cinco pontas, tomaram como base o "tríplice triângulo" entrelaçado usado pelos druidas e pelos essênios; estes dedicavam o emblema à divindade, tendo como base a estrutura geométrica e o significado esotérico, representando a inteligência, a força, a vida, a geração e a natureza, cinco elementos constitutivos do ser humano.

Como se nota, a base ou origem geométrica do *pentalpha* é o triângulo, portanto a ciência básica será a Trigonometria.

Essa base triangular, a Maçonaria a usa em todas as suas decorações, seja no formato dos tronos, dos papéis, dos estandartes, do Ara, enfim, joias, ornamentos e utensílios.

Tem também o nome de "estrela quinária", que significa a "paz" e o "amor fraternal".

Não se deverá, porém, confundir a estrela de cinco pontas com a Estrela Flamígera, e muito menos com o o "Selo de Salomão"!

A Estrela Flamígera expele chamas e faíscas.

O "Selo de Salomão" é formado por dois triângulos, entrelaçados, formando seis pontas.

A estrela de cinco pontas, repetimos, apresenta-se com diversos nomes: *pentalpha*, "Pentagrama" ou "estrela quinária".

Ela representa o ser humano, porque nela estão marcadas as cinco extremidades do homem: a cabeça, os dois braços e as duas pernas; seus cinco sentidos: a visão, a audição, o olfato, o paladar e o tato; e os cinco elementos naturais dos seres animados: a matéria, o espírito, a alma, a força e a vida.

Interpretada fisicamente, simboliza que no corpo humano concentram-se as cinco forças ou elementos que a natureza impõe para perpetuar a espécie e atuação no mundo: a Terra, a Água, o Ar, o Fogo e o Tempo; cada triângulo do Pentagrama representa um dos fatores referidos, atuando como fenômenos químicos sobre os "seres" e as "coisas", indispensáveis para a "eternidade da vida".

A estrela de cinco pontas representa, no campo genealógico, o fenômeno do retorno às origens; com a reprodução quase infinita de figuras triangulares, dentro de cada pentagrama, cada vez menores, chegaríamos ao ponto, ou seja, à partida inicial; daí outra solução: não teríamos que reiniciar a construção do simples triângulo e assim os ciclos se repetiriam eternamente.

É a reprodução dos seres; nascem, vêm à vida, crescem, a natureza os alimenta; reproduzem-se, continuando a obra da "criação", e morrem, retornando às origens, para depois repetir o mesmo ciclo indefinidamente de nascimento, vida e morte, representado por cada triângulo, com relação aos mistérios da geração e da germinação desenvolvidas pela própria natureza.

Como se verifica, o simbolismo da estrela de cinco pontas, ou "estrela do Companheiro maçom", apresenta muitas aplicações, nem todas reveladas, pois a "descoberta" depende do crescimento do Companheiro, de seu próprio esforço e do desenvolvimento espiritual.

A base é o triângulo dessa figura geométrica; a gama de concepções e aplicações é infinita; assim atua a natureza, que em si é representada pelo triângulo.

A estrela de cinco pontas é uma insígnia que representa o novo ser que nasce.

Foi a estrela que anunciou o nascimento de Jesus em Belém.

É a insígnia que se dá aos Lowtons quando ingressam na Ordem, representando o Candidato já pré-educado pelos pais maçons, para a Arte Real.

*

* *

A Estrela Flamígera

A estrela de cinco pontas é comum à Loja de Companheiro e à Loja de Aprendiz; seu estudo, porém, torna-se mais minucioso no 2º Grau, face ser a estrela de cinco pontas, o pentagrama considerado o número cinco, como estudo específico do 2º Grau.

O tetragrama, ou estrela quinária, é representado pelo polígono de cinco lados, tendo inserido em seu centro a letra "G".

A Estrela Flamígera é o mesmo pentagrama, porém, sem a inserção da letra "G", mas que irradia ou expele chamas.

Não confundam as chamas com os raios luminosos.

As chamas nos vem dos egípcios que consideravam o símbolo estrelado como a união da filha de Ísis com o filho do Sol. Da Estrela Flamígera, considerada ponto de partida, semente universal de todos os seres.

Para o maçom, constitui o emblema do gênio, que eleva a alma para a realização das supremas tarefas.

Pitágoras recomendava aos seus discípulos que não deixassem de se referir às "chamas" quando falassem em assuntos divinos.

A Estrela Flamígera simboliza a "estrada luminosa" da Maçonaria; as chamas purificadoras; a luz que ilumina os discípulos, o símbolo dos livres pensadores; a eterna vigilância e a proteção objetiva do Grande Geômetra.

Quando Jeová determinou ao anjo que expulsasse dos céus os anjos rebeldes, Gabriel o fez, empunhando uma espada flamejante.

A espada em si representa a força e o poder; a espada cercada de chamas simboliza a força e o poder divinos.

Assim, as chamas que saem de trás da estrela de cinco pontas representam a divindade do símbolo.

O pentagrama é um símbolo celeste, porém se situa no plano objetivo.

A Estrela Flamígera é o símbolo no plano subjetivo, é o fogo interno, o ardor que cada Companheiro coloca dentro de si, para queimar todas as "oposições" e aspectos negativos do ser humano.

Dentro do pentagrama, o homem é colocado com braços e pernas abertos; dentro do pentagrama envolto em chamas, o "homem" material é consumido e já não é visível; a sua posição passa a ser exclusivamente no plano espiritual, pois seu corpo foi "consumido" pelas "chamas" purificadoras.

Assim, não seria racional colocar um mesmo símbolo para representar dois aspectos.

Embora cada símbolo suporte múltiplas interpretações e lhe sejam atribuídas mais de uma função, no caso das "estrelas", as distinções entre a Estrela Flamígera e o pentagrama vêm confirmar a existência de dois símbolos diferentes, colocados em dois locais distintos: ao Ocidente e ao Sul.

A Estrela Flamígera é colocada, dentro da Loja, sobre o trono do Segundo Vigilante .

*
* *

A Letra "G"

A letra "G", dentro do triângulo, constituiu um símbolo da sublime interpretação do "gênio do homem" subjugado pela força da vontade.

Simboliza, atualmente, o nome do Grande Geômetra, ou seja, do Grande Arquiteto do Universo.

São-lhe dadas significações às vezes "arranjadas", e assim resumidas:

O uso e a figura que representam a letra "G" provêm da *gamma* grega, do *ghimel* fenício, do *gomal* sírio ou do *gun* árabe; constitui a 7ª letra do alfabeto, com dois sons: um duro, diante das vogais "A", "O" e "U", e outro mais suave, diante das vogais "E" e "I".

Nos idiomas hebraico e grego, representa o número 3.

Nas inscrições latinas da Idade Média, a Arqueologia revelou, ao decifrar os hieróglifos que aparecem nos templos e monumentos da época, que a letra "G", possui os seguintes significados: *gades*, *gaius*, *gallia*, *gallius*, *gagneus*, nome das ciências que se praticavam.

No terreno eclesiástico, é a sétima das letras denominadas "dominicais", e marca o domingo no calendário nos anos em que esse dia da semana cai no dia 7 de janeiro.

No formulário químico, a letra "G" é o símbolo do "glucínio", metal descoberto e obtido por Wochler em 1827, semelhante ao alumínio.

Como emblema maçônico, é dada à letra "G", como originária da língua inglesa, expressando *GOD*, ou seja, Deus, letra sagrada, misteriosa, que resplandece sempre sobre a estrela de cinco pontas.

Na maioria dos idiomas, o nome de Deus inicia com a letra "G", como: "Grande Arquiteto do Universo"; em sírio é *Gad*, no idioma judaico *Gannes*, em alemão *Got*, em sueco *Gud*, etc.

Por ocasião da grande convenção realizada na Inglaterra em 1721, pelos altos corpos da França, Suíça e Alemanha, concordaram, pela primeira vez, em colocar a letra "G" dentro do compasso e do esquadro, para estabelecer o emblema universal da Maçonaria e que hoje denominamos escudo maçônico.

No infinito campo das interpretações filosóficas e simbólicas, a letra "G" constitui um ponto de partida para o campo científico da Ordem, e por isso ela é encontrada com muita frequência nas ciências: Genealogia, Generação, Geometria, Geografia, Gramática, Geologia, Gnose, etc.

Na atualidade, a letra "G" é colocada, dentro da Loja maçônica, no centro de um triângulo ao alto da porta de entrada, antes das duas Colunas.[57]

Para o 2º Grau, a presença da letra "G" é de relevante importância, pois dela "emanam" os raios refulgentes de seus ensinamentos.

Não há certeza a respeito da data em que o símbolo descrito foi introduzido nos templos; é um símbolo que foi usado pelos pedreiros construtores da Idade Média.

Alguns autores afirmam que o símbolo se originou da alteração de um símbolo cabalístico de origem hebraica e que constitui o "IOD", que representa o nome sagrado de Deus; também é o que forma a palavra "misteriosa" composta das quatro letras que aparecem no Tetragrama.

"IOD" é a inicial da palavra Jeová. É encontrada constantemente nos livros hebraicos, como abreviatura ou símbolo do nome sagrado de Deus, que na realidade jamais foi escrito, mas que tão-somente tem sido marcado por meio de símbolos, alegorias ou emblemas; provavelmente, esta foi a razão por que o Grande Congresso Maçônico de 1721 a tenha introduzido e adotado como um símbolo da Ordem, universalmente aceito.

Os pitagóricos aplicavam a letra "G" na forma da *gamma* grega, para expressar simbolicamente a gravidade, a geometria e a gravitação universal.

---

57. Também é hábito colocá-la no interior da Estrela Flamígera.

A Letra "G"

Para o Companheiro, a letra "G" constitui, simbolicamente, o princípio de seus estudos, que devem iniciar sob os auspícios do Grande Arquiteto do Universo.

*
* *

A Idade do Companheiro

A idade do Companheiro foi fixada em cinco anos, dois a mais que o Aprendiz. Isso significa o tempo que o Companheiro deve permanecer no seu Grau antes de encetar a última jornada pelo caminho do Simbolismo e alcançar, pela exaltação, o Grau de Mestre.

Como vemos, o questionário não diz respeito, propriamente, à "idade" maçônica do Companheiro, mas ao tempo de estágio.

Há uma prática em desuso, que é a de proceder-se a um exame para apreciar-se o adiamento do "Candidato" ao mestrado.

Esse exame deve conter os pontos principais do 2º Grau, e será formulado pela administração da Loja.

Atualmente, o exame é substituído por "trabalhos" periódicos, escritos ou orais, sobre temas da livre escolha do Candidato, o que resulta em uma prática perigosa, eis que o despreparo mostra-se alarmante para os Companheiros que ainda não alcançaram a maturidade necessária ao mestrado.

As constituições, regulamentos e regimentos internos que disciplinam os trabalhos preveem idades diversas para o ingresso na ordem maçônica: 21 anos para os casos gerais e 18 anos para o Candidato "Lowton".

Portanto, o Companheiro só poderia atingir o seu Grau aos 24 e 21 anos e, consequentemente, o mestrado aos 29 e 26 anos.

Isso não é observado porque a idade é simbólica, mormente no mundo moderno, quando o homem evolui rapidamente e amadurece mais ligeiro ainda.

O homem possui a "idade de sua espinha", diz um dito japonês. Isso significa que a idade física é aquela revelada pela disposição do organismo; vemos, com frequência, pessoas "velhas" em idade possuírem um organismo sadio; e ao contrário, jovens enfraquecidos, que não podem executar sequer os trabalhos corriqueiros de suas profissões.

A idade "mental" é a lucidez de sua mente, a agilidade de suas conclusões e a correspondência de seus reflexos.

A idade "espiritual", é atribuída ao homem que compreendeu realmente a presença do Grande Arquiteto do Universo em sua vida.

Temos, portanto, a vida vegetativa dos cinco sentidos, já analisada.

Temos a vida mental, também exercida pelos mesmos cinco sentidos, na compreensão do que simbolizam.

Temos a vida espiritual, sempre, dos cinco sentidos, quando usados no plano espiritual, como uma visão espiritual, uma audição espiritual, o transporte espiritual, enfim, a vivência espiritual dirigida pela força superior.

O exame a que deve ser submetido o Companheiro, e que sempre é exigido, é o que realiza no templo da luz, a "autoanálise", a "autocrítica", em busca da "autoperfeição".

É o exame silencioso da consciência; é o repasse do que aprendeu durante o período de escuta e de realização de obras físicas.

Enfim, o Companheiro deve "descobrir" por meio da virtude que praticou, a "sua" Verdade.

Para cada ser humano existe uma Verdade, que é a concepção do momento, em torno de um assunto, problema ou equação.

A "verdade verdadeira", como insinuou o Mestre de Nazaré, difere da verdade comum, revelada a qualquer um.

O homem passa por três fases: a infância, a maturidade e a velhice.

Qual é a fase realmente importante na vida do Companheiro?

É evidente que a vida é a soma das três fases e todas têm a mesma importância; na infância, o homem está na fase experimental; na maturidade, executa o que aprendeu, e na velhice, medita sobre o que realizou.

Cinco perguntas devem preocupar o Companheiro, a saber: O que é o pensamento? O que é a consciência? O que é a inteligência? O que é a vontade? E o que é a liberdade?

A cada pergunta corresponde um ano de estudo, por isso, será de suma importância para o Companheiro, buscar respostas a essas perguntas.

Sem preocupação maior, e sem uma incursão mais aprofundada, mas apenas com o escopo de orientar, apresentaremos as seguintes respostas:

O que é o pensamento?

Um filósofo popular gaúcho, o saudoso Lupiscínio Rodrigues, em uma de suas composições musicais, apresenta esta resposta:

"O pensamento parece uma coisa à toa, mas como é que a gente voa, quando começa a pensar?"

Basta pensar, para que todas as coisas, mesmo no campo do absurdo, se realizem.

Feche os olhos, contemple o Infinito, busque no horizonte do mar o impulso para o surgimento da "fantasia" e eis que toma formas e passa a ser uma "realidade".

É o fenômeno da meditação, quando se busca e se encontra a resposta para tudo.

É o lado divino do ser humano, sem limites, onde não existe tempo nem espaço.

Se o homem não pensasse, não poderia subsistir.

Obviamente, se orientarmos nossos pensamentos, eles irão em busca de coisas construtivas e poderão nos conduzir, pelo "caminho de dentro", até o nosso Criador.

O pensamento é atributo divino colocado misteriosamente dentro do homem, ocupando todos os sentidos, pois estes são por ele comandados.

O que é a consciência?

O homem é periferia e centro; a periferia se denomina Ego; o centro, EU.

Quando Jesus disse: "Eu e o Pai somos Um", Ele se referiu ao seu Eu cêntrico.

Portanto, o EU é divino; o Ego, humano. De Ego deriva o vocábulo "egoísta", o que define, perfeitamente, a diferença.

Quando o pensamento da vida periférica consegue penetrar no "mundo de dentro", estará penetrando na Consciência do homem.

O meio mais cômodo para atingirmos o nosso EU é a meditação dirigida.

Uma vez disciplinados os nossos pensamentos, o caminho até a Consciência passa a ser possível.

Há muita diferença entre o pensamento do Ego e o pensamento do Eu; neste, interfere a vontade do Grande Arquiteto do Universo.

O que é a inteligência?

Há bem pouco tempo, a inteligência era atributo exclusivo do homem; hoje, sabemos que todo ser criado possui inteligência.

A inteligência não é cultivada, forma-se nos primeiros instantes de vida do ser; há seres, incluindo os humanos, com potencial maior e outros com potencial menor de inteligência, mas sempre suficiente para desempenhar a sua "missão".

A inteligência faz parte do todo do organismo, tanto que pode nascer afetada, ou alterar-se no decurso do tempo.

Muitos confundem memória com inteligência; os estudantes que possuem boa memória podem memorizar o que leem e aprendem obtendo resultados invejáveis.

O inteligente, sem memória, poderá parecer um fracassado; o inteligente com memória passará a ser uma pessoa excepcional, surgindo o virtuoso, o gênio e o líder.

Portanto, a inteligência é a faculdade que o homem possui de discernir e penetrar no âmago dos mistérios.

A inteligência é uma diretriz segura, que orienta a vida, aproxima a Deus e torna o homem realizado.

O que é a vontade?

Vontade é um impulso vital; para exercitar os cinco sentidos, o homem deve acionar a sua vontade.

Contudo, a vontade tem limites, pois ninguém pode sempre fazer exatamente o que deseja, eis que poderá encontrar oposição e freios.

A vontade tem limite no direito e nas leis humanas, Divinas e da natureza.

A manifestação da vontade é normalizada pela moral.
A vontade, no esquema da vida, seria a execução de um projeto preestabelecido.

Vontade e liberdade estão na dependência uma da outra; a vontade deve ser dirigida e o Companheiro, justamente trabalha para dominar o que vicia a vontade, que são as paixões e os vícios.

O que é liberdade?

A faculdade de exercer a vontade encontra barreiras nas leis da natureza, dos homens e nas Divinas.

O homem não pode exercer sua vontade contrariando as leis da natureza, porque sofrerá as consequências de sua "desobediência"; as enfermidades surgem, de modo geral, pela inobservância dessas leis.

As leis sociais, de proteção aos direitos dos indivíduos, devem ser observadas, porque o meu direito não poderá ferir o direito alheio.

Assim como existem leis da natureza e leis sociais, o Grande Arquiteto do Universo estabeleceu leis de conduta espiritual, que não poderão ser transgredidas.

A liberdade, portanto, encontra limites e se manifesta conforme o crescimento espiritual do homem; atingindo esse o conhecimento da verdade, a sua vontade confundir-se-á com a vontade do ser supremo e encontrará então um caminho perfeitamente livre, realizando o desejo supremo de conhecer a Verdade.

"Conhecereis a Verdade e a Verdade vos libertará", dissera o divino Mestre.

Considerar o livre-arbítrio um aspecto filosófico, com correntes favoráveis e desfavoráveis, que suscita polêmicas, não será conhecer a resposta à inquirição feita, mas sim, colocar-se ao lado de uma corrente e gastar tempo em provas hipotéticas.

A liberdade, por ser um direito natural e social, deve ser conscientizada, para que não se transforme em "libertinagem", "despotismo" e "escravidão".

O Avental no 2º Grau

Este símbolo acompanhará o maçom até o último Grau do filosofismo, porque ele jamais deixará de ser considerado um "pedreiro livre".

Como já afirmamos, os interesses científicos maçônicos fixam-se na Terra; não temos notícia alguma de que os maçons da Antiguidade tenham construído navios ou espaçonaves, ou tenham tentado, como Ícaro, imitar o voo dos pássaros.

Como nas catedrais a parte central, o que denominaríamos de "câmara do meio", se chama "nave"; posto que tenhamos a história de Noé, construindo a sua arca; o rei de Tiro tenha usado barcos para transportar materiais para a edificação do templo de Salomão, o Rito Escocês Antigo e Aceito silencia a respeito dos "mares" e dos "ares". Nada temos como símbolos, joias, utensílios, instrumentos, que identifiquem uma atividade naval, embora, para a construção de navios, sejam usados os mesmos instrumentos. A Maçonaria é, por excelência, construtora de edifícios.

O avental, assim, é usado com vários significados, a saber:

Quem o usa deverá apresentá-lo sempre imaculado, demonstrando um comportamento digno e sem manchas.

Trata-se de certo paradoxo, pois todo trabalhador usa o avental para poupar a sua roupa ou para proteger-se, tanto que, conforme a atividade, o avental é feito de material diferente; para exemplificar, temos o avental de chumbo que os radiologistas vestem para se proteger contra os raios maléficos dos aparelhos radioativos; os aventais de couro espesso usados pelos ferreiros, para evitar queimaduras ao forjarem ferro em brasa; os de plástico ou borracha, para os operários que lidam com elementos molhados, como nos frigoríficos, nas lavanderias etc., também, para se preservar; podemos afirmar que toda profissão usa um meio de proteção, aliás regulamentado e fiscalizado pelo Ministério do trabalho.

Sendo assim, como usar um objeto protetor sem maculá-lo?

Porém, o paradoxo é aparente, porque o uso do avental maçônico é símbolo e todo símbolo sempre possui o dom de representar vários aspectos e conter várias interpretações.

O Aprendiz usa o avental para cobrir a sua "nudez" espiritual e simbólica; para proteger-se e conscientizar-se de que é um "operário".

O avental é formado de dois triângulos, que unidos nos apresentam o quadrado; foi tomada como base na construção do avental, a figura geométrica, buscando a mais perfeita delas; tomou-se, primeiramente, um ponto de partida, para traçar uma linha.

A linha não é uma figura geométrica perfeita.

Com uma segunda linha, formou-se um ângulo, figura geométrica que se assemelha à perfeição.

Somente com a terceira linha, usando o número simbólico, é que uniu as extremidades do ângulo, formando o triângulo, a figura geométrica perfeita.

A unidade de superfície, provinda do triângulo, passou a ser a base de toda medida.

Como a soma dos dois triângulos forma um quadrado, sua superfície passou a ser a segunda superfície.

O triângulo representa o espírito e todas as forças espirituais suscetíveis de educação e de progresso; educação, aqui, tomada no verdadeiro sentido do termo, ou seja, *educere*, eduzir, tirar de dentro, ou revelar; progresso, no sentido de evolução.

O quadrado representa a matéria e todas as forças materiais suscetíveis de modelagem e transformação, tomado o corpo humano como massa argilosa.

O avental, além de seu formato quadrado, apresenta uma "abeta", em forma de triângulo, na parte superior.

Essa "abeta", o Aprendiz a usa erguida, isto é, levantada, e a ponta atinge o "plexo solar".

Essa posição simboliza a nudez do Aprendiz, no sentido de sua passividade e idade, ainda não atingida a puberdade.

Apesar de o avental cobrir o órgão sexual do Aprendiz, a "abeta" erguida simboliza a sua inocência.

O cordão que fixa o avental simboliza a "circuncisão".
O Companheiro, ao passar para a coluna da beleza, já atingiu a puberdade e "cai" nos braços de Vênus. Ele já pode produzir, criar e procriar.

Aqui, deve-se gizar com ênfase da impropriedade da mulher fazer parte da Maçonaria.

Embora a mulher lute para obter igualdade de direitos com o homem, a sua natureza a define como criatura diferente do homem.

Poderá ter direitos iguais, nos sentidos social e político, mas nos sentidos fisiológico, psicológico, ético e intelectual, o seu organismo, o seu todo, é diferente.

Não será uma campanha, uma luta de ideais, um espírito de classe, que irá alterar aquilo que o criador estabeleceu.

O Companheiro usará o avental, com a "abeta" abaixada, simbolizando que o seu órgão reprodutor tem uma missão sagrada: a de perpetuar a espécie humana.

O Companheiro demonstrará com isso, que conseguiu com que seu espírito penetrasse na matéria, ou seja, que conseguiu dominar as suas paixões, seus erros e seus vícios.

O Companheiro corrigiu seu defeito, não apresenta qualquer aresta para ser desbastada.

Compreendeu os ensinamentos que a obra do Criador lhe transmitiu, ou melhor, alcançou o conhecer, as bases da geração da criação e da morte.

O triângulo luminoso de sua inteligência o depositou sobre o quadrado material da vida.

O quadrado de seu avental simboliza os quatro elementos da natureza: a Terra, a Água, o Ar e o Fogo; são os elementos materiais da natureza, que o Companheiro sabe utilizar com temperança.

Os quatro lados do quadrado representam os pontos cardeais, indicadores do rumo que deverá tomar na sua peregrinação longa, no campo do conhecimento, embora com trabalho e sacrifício.

Dizia Jeová a Adão que ganharia o pão com o suor de seu rosto; sem trabalho e sacrifício, não há salário.

O Companheiro usa o avental forrado de negro e ergue a ponta esquerda do quadrado, dobrando-a e formando um pequeno triângulo negro.

Essa prática é pouco usada entre nós.

Esse triângulo negro simboliza o mistério, o conhecimento esotérico do "mais além", que existe e nos preocupa, causa-nos temor e curiosidade e mesmo tentação em defini-lo.

Os estudos atuais, no campo da ciência, têm observado, pesquisando entre centenas de pessoas que "morreram" clinicamente, por paradas cardíacas e que foram, também, clínica e cirurgicamente "ressuscitadas", que há algo palpável depois da morte; todas essas pessoas sentiram prazer no momento de seu "desligamento" o desejo de uma repetição de seu estado.

Penetraram em uma fase desconhecida, porém, alegam, feliz.

A ciência está, tentando comprovar fisiologicamente a existência de "algo" após a morte física.

O triângulo negro representa, outrossim, a ciência da Astronomia e o próprio Firmamento, em uma noite sem lua, quando os astros iluminam a Abóbada Celeste.

O pequeno triângulo negro simboliza a posição do espírito, da inteligência e da consciência, elementos de ligação com o Grande Arquiteto do Universo; e o triângulo da divindade.

O esquadro, sob o ponto de vista do 2º Grau, representa a equidade, a razão e a humildade, divisas do Companheiro, quando em contato com os seus Irmãos e semelhantes.

O esquadro é o símbolo da honra, do labor e da perseverança, pois representa o trabalho.

O avental do Aprendiz deve ser confeccionado em pele de cordeiro, simbolizando a imaculação, e na Maçonaria Cristã, o cordeiro, filho de Deus.

Hoje, não se observa mais isso; os aventais são confeccionados em "curvin", material sintético que imita, perfeitamente, a pele de cordeiro; sempre, porém, uma "imitação", o que é perigoso.

O avental do Aprendiz é alvo, sem nenhum símbolo gravado.

Os aventais dos demais Graus, porém, contêm outros símbolos.

O cordão que fixa o avental, além de representar a "circuncisão", constitui a figura geométrica do Círculo.

Círculo é a superfície formada por uma só linha cujo percurso não tem fim, interpretando, assim, a missão do Companheiro que deve percorrer, não só o mundo, como o interesse dos homens, para instruir, dirigir e retirar o fanatismo. Note que a missão do Companheiro não é limitada à Loja.

A circunferência formada pelo cordão do avental simboliza que o Companheiro tem limites nos seus direitos, limite que lhe são vedados ultrapassar; simboliza a origem, o meio e o fim de todas as coisas existentes na natureza, sendo que apenas conhece o meio, eis que ignora a origem e o fim.

São as três etapas da vida que contêm os dois mistérios na pergunta: de onde viemos, para onde vamos?

Logo, a interpretação do avental no 2º Grau deve abranger o tríplice aspecto: físico, simbólico e espiritual.

Por fim, quanto à cor do avental, continua branca, indicando não só a pureza, como também a polarização das demais cores.

É a simbologia do branco e preto, que geralmente são tomados como cores, quando não o são; o branco é a representação da luz, e o negro, a sua negação dentro do dualismo preconizado em todos os Graus do Rito.

Dentro dos Graus simbólicos, em uma reunião de Aprendizes, sempre estarão presentes Companheiros e Mestres, cada qual com os seus respectivos Aventais.

O que se exige, dentro de uma "Obediência", é a uniformidade dos símbolos; assim, cada Grau tendo o seu avental, este será confeccionado de forma idêntica.

Os aventais não comportam variações, porque quando executada alguma postura em conjunto, como a formação da Cadeia de União, a distribuição dos obreiros presentes no círculo deverá ser feita de modo que haja equilíbrio e ordem, assim, os Aprendizes ficarão colocados ao lado de sua coluna; os Companheiros da sua, e equitativamente distribuídos os cargos administrativos.

Os Aprendizes devem ter o cuidado de zelar para que a abeta de seus aventais permaneça erguida; os Companheiros, para que a abeta esteja devidamente abaixada.

A ordem hierárquica deve ser sempre observada, cabendo ao Mestre de Cerimônias zelar para que não haja esquecimento de parte dos obreiros e evitar que os Vigilantes possam fazer qualquer observação pública.

A ordem hierárquica e o equilíbrio constituem observâncias necessárias, eis que isso constitui o exercício indispensável praticado constantemente, como meio de obter um comportamento que resulte, ao fim, uma técnica de viver adequada para o maçom.

Com o "surgimento" do "ritual" do "Mestre Instalado", são dados aos Veneráveis, Aventais especiais, que fogem ao estabelecido no Rito Escocês Antigo e Aceito. Os "Past-Masters", ou seja, os ex-veneráveis, continuam usando os Aventais especiais.[58]

*
* *

---

58. Este assunto está focado com mais detalhes no livro do mesmo autor: *Simbolismo do Terceiro Grau*.

A Marcha do 2º Grau

O Aprendiz, ao ingressar em Loja, da porta às Colunas, dá três passos indecisos, arrastados, em linha reta.

As nossas atuais Lojas não obedecem ao rigorismo arquitetônico do templo de Salomão; as alterações surgem conforme as necessidades, porque uma coisa temos que confessar: a Maçonaria brasileira é muito pobre, raros são os templos construídos especificamente para os trabalhos; de um modo geral, ou são adaptações em edifícios já construídos, ou adaptações para comportar a parte administrativa, dentro de uma área limitada.

São raríssimos os templos cujas salas de trabalho se encontram isoladas por corredores, nas quatro partes.

Exteriormente, temos poucos templos cuja característica seja, realmente, obra arquitetônica que revele uma obra maçônica; apenas alguns "sinais muito profanatizados", como Colunas, triângulos, e o emblema constituído do esquadro entrelaçado com o compasso.

Não há um estilo, dentro da arquitetura, que se possa afirmar ser "estilo maçônico".

Dentro das Lojas, a confusão é desanimadora, pois as "adaptações", os "arranjos" e, sobretudo, as "improvisações", são dolorosas.

De uma forma geral, deveria existir, precedendo a entrada, uma antecâmara denominada "átrio", onde o obreiro, antes de entrar, deve "preparar-se" adequadamente, mental e espiritualmente.

Não confunda o "átrio" com a antecâmara comum, onde todos os obreiros se reúnem antes de ingressar em conjunto na Loja, precedidos pelo Mestre de Cerimônias.

As duas Colunas deveriam ser colocadas no "átrio"; portanto, ao se abrir a porta do "átrio", o obreiro encetará a sua "marcha"; logo, o início da marcha tem partida das Colunas para a frente.

O que temos atualmente?

A porta de entrada que se abre, o obreiro entra (quando vem só) e para; assume a sua postura e enceta a marcha, parando ao nível das Colunas.

Enquanto a Maçonaria brasileira permanecer pobre, os templos continuarão deficientes; lamentável é que as novas construções acompanham as deficiências apontadas; não há interesse em uma tomada de posição dos Poderes Centrais (confederações, mesas redondas, assembleias, etc.) para iniciarem a corajosa reforma.

É evidente que, dentro da Loja, múltiplas disposições estão deficientes e, às vezes, omissas.

Porém, essas divagações são ainda prematuras e não consti-tuem a essência do presente capítulo.

Embora a Loja devesse estar "decorada" para o 2º Grau, ela se apresenta como se fosse realizada uma Sessão de Aprendiz.

Apenas para exemplificar: se a Loja no 1º Grau apresenta uma abertura (janela), no 2º Grau deve apresentar três aberturas; nelas entram, respectivamente: a luz do Oriente, a luz do Ocidente e a luz do Meio-Dia.

A luz do Oriente é o Universo, que sustém todas as leis dos Universos; a luz do Ocidente é a que ampara as leis da matéria, propriamente de nosso globo terrestre; a luz do Meio-Dia, pertence ao mundo interior do ser criado e do homem, no seu aspecto tríplice da inteligência, da vontade e do espírito.

Representam os três universos: o divino, o físico e o mental.

Ingressado o Companheiro na Loja, dá os três passos de Aprendiz, na postura do 1º Grau.

Aqui, cabe um reparo sobre a postura; inúmeras são as "posturas" que em todos os Graus do Rito o obreiro tem oportunidade de fazer; porém, entre tantas, destacamos duas: a denominada "de pé e à ordem" e "marcha".

A postura "de pé e à ordem" é feita conservando-se o obreiro erguido, em pé, com os pés em "esquadra", e os braços nos lugares apropriados para cada Grau.

Essa "postura" é denominada "estática" porque o obreiro mantém-se parado; poderá falar, porém, sem gesticular; presenciamos, com muita frequência, o obreiro ao falar, deslocar sua mão esquerda e, com ela, complementar a palavra.

A postura assim desfeita deixa de ser a "postura do Grau", e a sua "função", o seu "efeito", ficam neutralizados.

O costume ou prática, ou mesmo, com certa benevolência, a "praxe" do Venerável Mestre "liberar" o obreiro que está falando, de sua "postura", apesar de altamente condenável, ainda é menos grave que uma "postura" defeituosa.

A segunda "postura" que se comenta é a "marcha", quando não será necessário, ao caminhar, manter os braços na "postura" do Grau, eis que, desfazendo a "esquadra" formada com os pés, toda "postura" do Grau desmorona. Ou se faz a "postura" perfeita e completa, ou não se a faz.

Logo, a "marcha" é feita como se o obreiro estivesse caminhando com toda naturalidade.[59]

O Mestre de Cerimônias, o Cobridor Interno, o Hospitaleiro, quando executando as suas tarefas, devem manter-se com naturalidade e sem a "postura" do "de pé e à ordem".

Assim, o obreiro, ao ingressar na Loja, ao dar os três primeiros passos, o faz com naturalidade, posto que, pela sua condição, deverá arrastar os pés e "marchar" em "esquadria".

Somente após dados os três passos, o Aprendiz para "entre Colunas", toma a "postura" do Grau e faz as saudações.

O Companheiro, antes de se "postar", deverá completar a marcha do Grau e deslocará os passos, primeiro para sua direita, em direção ao Segundo Vigilante, e após, retornará ao caminho reto; só depois fará a saudação tríplice.

Feita a saudação, o obreiro desfaz a "postura" do Grau e "marchará" normalmente para o seu lugar, ou para onde o Venerável Mestre determinar.

Isso, porém, não está sendo observado nas Lojas; a "marcha" é feita com a "postura" do Grau, de forma truncada; não será, então, nem "postura" nem "marcha", mas uma confusão.

Os dois passos que o Companheiro dá, passos complementares, têm vários significados; ele os dá para completar o número cinco, porque em seu Grau deverá obedecer sempre o quinário.

---

59. Atualmente, tanto nas Grandes Lojas quanto no Grande Oriente, a marcha é feita concomitantemente com o sinal de ordem.

Os dois passos complementares são diferentes, porque o caminho do Companheiro passa a ser outro; não é o mesmo que já trilhou quando Aprendiz.

A soma dos passos recordará ao Companheiro as cinco viagens de sua "iniciação"; os cinco golpes; as cinco pancadas da bateria e o sinal de reconhecimento, com os seus cinco pontos de toque.

Os três primeiros passos simbolizam as três primeiras viagens, esforços para a evolução.

O quarto passo, que se dirige à região Sul, demonstra a direção para onde o Companheiro se dirigirá e as lições contidas na Quarta Viagem.

O quinto passo é o retorno à linha reta, em direção à sabedoria, em busca das coisas espirituais.

O Companheiro tem uma "jornada" e, por consequência, uma "caminhada" muito mais longa que o Aprendiz; já possui as bases, mas deverá propalá-las, primeiramente, entre os seus companheiros de Grau, mantendo-os atentos, conscientes, e recordando as promessas trocadas.

O desvio para a direita, com o passo lateral, significa que a sua ação deve deslocar-se no sentido da "beleza", da "geração", da "criatividade", pois agora, atingida a puberdade, está apto a exercer a sua missão no mundo, dirigindo-se, em companhia de Vênus, que representa a mulher, para o mundo profano, onde irá "contribuir" para o aperfeiçoamento, em todos os sentidos, de seu próximo.

A mulher não participa dos mistérios maçônicos, mas não fica à margem dos trabalhos que o homem executa.

Isso não significa participação secundária, mas condizente com a sua formação fisiológica, mental e espiritual.

As entidades "paramaçônicas" não dispensam a colaboração e a participação da mulher.

O aperfeiçoamento do maçom, dentro dos ensinamentos do 2º Grau, no mundo social, fora dos templos, não dispensa, em momento algum, a presença da mulher, seja como mãe, esposa, filha, irmã, e assim em qualquer graduação de parentesco de sangue ou civil.

*

* *

As Pedras do 2º Grau

No 1º Grau temos a pedra bruta, um pedaço de pedra sem forma definida, retirado diretamente de uma pedreira, ou com formas irregulares, porém, arredondadas, retirada do seio da própria terra, ou de algum rio, com um volume aproximadamente entre 5 e 10 quilos.

A pedra bruta, consoante a região onde funciona a Loja, pode ser de granito, arenito, basalto, mármore, enfim, qualquer substância inorgânica compacta.

A pedra bruta simboliza o Aprendiz, homem que ainda traz consigo aspectos informes, arestas que necessitam ser removidas, pois ocultam a sua verdadeira personalidade, o caráter, as virtudes.

No 2º Grau, temos duas pedras: a primeira, que fica ao pé do trono do Segundo Vigilante, já com as arestas removidas, já com determinada forma, no geral, um cubo ou uma pirâmide, simbolizando que o Companheiro ao ingressar no 2º Grau já revela a sua personalidade, seu caráter, e que já pode ser usado para a construção do edifício.

É a pedra burilada, mas que ainda não se encontra polida.

O polimento ocorre durante o período de aprendizado que conduz ao mestrado.

Pedra burilada não reflete a luz, como o faz a pedra polida que, em si, constitui um espelho.

O Companheiro, antes de sua exaltação a Mestre, contempla o seu rosto refletido na pedra polida e tem consciência de seu preparo.

A pedra cúbica, como denominaremos de modo simplificado, apresenta todas as figuras geométricas conhecidas.

Possui nove faces que encerram uma filosofia peculiar, devido à variedade das gravações, signos e figuras que ela contém.

A face que se observa do Ocidente divide-se em cem casas, ou seja, o dez elevado ao quadrado. Vinte e seis dessas casas contêm os hieróglifos maçônicos; outras 26 contêm as letras denominadas itálicas, correspondendo à tradução das 26 primeiras.

A seguir, quatro casas ostentam os hieróglifos compostos; seguem-se outras quatro casas com letras itálicas explicativas das quatro primeiras.

A pontuação geográfica ocupa 12 casas; outras 12, com os caracteres vulgares equivalentes.

As últimas 32 casas são ocupadas por cifras, desde o número 1 até o 70.

Dentro do triângulo que forma a parte frontal da face, aparece a "chave" dos hieróglifos maçônicos; aos seus lados, surgem: ao esquerdo, um prumo; ao direito, um nível. Isso para demonstrar que a instrução iguala os homens, porém, que o talento dos humildes os eleva ao nível dos grandes homens.

A face que está voltada para o Sul é a "obra-mestra", porque se compõe de 81 casas, ou seja, nove elevado ao quadrado; nessas 81 casas encontram-se todas as Palavras Sagradas, desde o Grau de Aprendiz até o 33º do Rito Escocês Antigo e Aceito, evidentemente na dependência de decifração.

As 16 casas triangulares da parte frontal correspondente formam um grande triângulo ou delta, emblema da divindade, representado em Loja pelo Delta Luminoso[60] colocado no Oriente, sob o dossel que cobre o trono do Venerável Mestre.

Dentro dessas 16 casas estão colocadas as letras que formam a palavra "tetragramaton", ou seja, o nome do grande Jeová, que se encontra esculpido dentro do Delta Sagrado.

A face que está voltada para o Norte apresenta quatro círculos concêntricos, e representa as quatro regiões que, Segundo os antigos, existiam em torno da Terra, denominadas quatro pontos cardeais: Oriente, Ocidente, Sul e Norte, bem como as quatro estações do ano: primavera, verão, outono e inverno.

---

60. Vide obra do mesmo autor: *O Delta luminoso*.

Os antigos iniciados nos Mistérios maçônicos nos legaram a ciência e a combinação dos números por meio dos cálculos, orientando-nos para o estudo da Geometria e da Aritmética.

A Geometria começa com o conhecimento dos números, cuja forma é geométrica por estar contida dentro de uma "chave".

Foi um legado dos sábios egípcios.

O triângulo que encima essa face encerra a "chave" numérica egípcia.

O quadrado perfeito divide-se em quatro partes iguais por meio de duas linhas, uma perpendicular e a outra horizontal.

Outras duas linhas, porém, em sentido diagonal, subdividem, de ângulo a ângulo, o quadrado, resultando oito triângulos.

Daí, resultam os dez Signos Geométricos de 1 a 10; essas cifras são denominadas "cifras angulares".

Burilados os caracteres daí resultantes, dando-lhes "elegância", surgiram os atuais números, denominados, impropriamente, de "árabes".

As investigações dos sábios antigos orientaram-se, depois, para a imensidão da abóbada celeste, que continha o que realmente era considerado "misterioso".

Assim, surgiu a ciência da Astronomia.

Essa ciência propiciou o descobrimento das leis e dos fenômenos da natureza, mediante a minuciosa observação do astro rei, da lua e das estrelas, conjugados com as quatro estações do ano.

A face que está voltada para o Ocidente apresenta um Grande Círculo dividido em 360º, percorrido pelo sol em 24 horas, dando origem ao dia e à noite.

Dentro do círculo surgem três triângulos superpostos que formam 26 casas triangulares, dentro das quais se encontram os nomes das ciências místicas.

Ao centro da figura, há outro triângulo menor que contém o "IOD" hebraico.

Para compreender os ensinamentos sugeridos por essa face, deve-se principiar pelo pequeno triângulo, que tem o nome de "gênio", pois representa todas as forças geradoras, germinadoras, como também o gérmem contido na natureza.

Desde esse triângulo central, que também representa a inteligência humana, admiram-se todas as maravilhas criadas pelo Ser Supremo.

O homem é colocado no centro do infinito, como contemplador da construção maravilhosa; admira os fenômenos meteorológicos, cósmicos e astronômicos.

Descobre, após "despolarizar" a luz, as cores primárias: vermelho, amarelo e azul.

Inspirado por tantas descobertas, passa a investigar e descobre a imortalidade.

O homem quis medir seus conhecimentos e, partindo do ponto, traçou uma linha; a seguir, o ângulo, e depois, o triângulo, encontrando a primeira superfície; com o triângulo, formou o quadrado, e encontrou a segunda superfície; logo, lembrou-se de procurar o volume e, com o triângulo, formou a pirâmide; com esta, formou o cubo, que é a segunda medida do volume, e desta forma, com o concurso desses dois corpos geométricos, construiu a pedra cúbica pontiaguda, emblema da perfeição e da Geometria.

Insatisfeito, o homem, entendeu medir o tempo, e o conseguiu tomando como ponto de partida o sol, e assim, sucessivamente, surgiram novos horizontes, novas ciências e novas aplicações.

Finalmente, conseguiu praticar todas as ciências contidas nos 27 triângulos do Universo.

O triângulo que corresponde a essa face contém os sete corpos celestes conhecidos na Antiguidade, venerados a ponto de dar surgimento à Mitologia.

O sol representa Apolo, deus da luz, das ciências e das artes; ilumina a inteligência.

A lua representa a deusa Diana, irmã de Apolo, a luz noturna ou seja, a luz da segunda Ordem, tenebrosa penumbra do talento despreparado.

Marte é o emblema de deus na guerra, que preside as batalhas.

Mercúrio é o intérprete da luz divina, condutor da verdade e da eloquência.

Júpiter, o senhor dos deuses, é o símbolo da inteligência e do poder divino.

Vênus, a deusa da beleza, mãe do amor, conduz à fecundidade.
Saturno é o deus do tempo, que nasce diariamente e se destrói, devorando os seus próprios filhos: os dias.
Diziam os antigos que a natureza se renova constantemente, pois também é filha do tempo.
A base da pedra cúbica contém os círculos concêntricos, onde, nos espaços intermediários, aparecem nove estrelas pequenas, e no centro de toda figura, surge a estrela de cinco pontas, com a letra "G" inserida em sua parte central.
A estrela de cinco pontas representa o homem, dono do Universo e proclamado rei da criação; as nove estrelas representam os fatores que utiliza para dominar o mundo, que são: a matéria, a água, o ar, o fogo, o gérmem, a física, a química, a força e a inteligência.
Moralmente, a pedra cúbica apresenta outras explicações; a Pirâmide representa a verdade, porque está formada pela primeira superfície e constitui a primeira unidade de volume.
O cubo simboliza a moral, porque representa a Loja, a unidade maçônica.
As faces da pedra cúbica são nove, número que representa a perfeição, porque as suas combinações não se reproduzem por meio de nenhuma outra cifra; é o emblema da geração, da reprodução e da imortalidade.
A decifração da pedra cúbica demanda muita paciência e muito estudo.
Raras são as Lojas que a possuem e mais raros ainda, os maçons que conhecem o seu significado.
É considerada um elemento cabalístico, dentro da Loja, o que não é certo.
O Companheiro deve conhecer o significado simbólico revelado pela pedra cúbica. Esse conhecimento é o que dá ao Companheiro o "polimento" necessário.

*
* *

O Alfabeto

O alfabeto teria sido inventado pelos fenícios, contudo, a história não registra a sua origem exata.

Dois mil anos antes de Cristo, na Península do Sinai, no local denominado "Serabit-el-Khaden", foram encontrados 16 textos em língua semítica, que apresentavam 27 sinais diferentes.

Aproximadamente no ano 900 a.C. os gregos adotaram o alfabeto fenício; no século IV a.C. eles lhe deram formação definitiva, denominando-o Alfabeto Jônico, composto de 24 letras e que ainda hoje é empregado.

Como se verifica por meio das inscrições nos monumentos antigos, os povos antigos não possuíam um alfabeto para expressar as suas ideias; os sistemas existentes, todos muito semelhantes entre si, apesar da distância dos povos, baseavam-se na "ideografia", ou seja, a representação da "ideia" pelo desenho ou pela pintura.

Posteriormente, foram criadas palavras que correspondiam aos desenhos; paulatinamente, o sistema foi evoluindo até surgir a escrita "cuneiforme", na Mesopotâmia, e "hieróglifa", no Egito; isso, registra a história, desde o ano 3000 a.C.

Todos os atuais alfabetos são derivados do alfabeto fenício; o alfabeto latino, adotado em quase todo o mundo, derivou-se do grego. Inicialmente, dispunha de apenas 16 letras; G, H, J, K, Q, V, X e Y foram adotados mais tarde; o H constituía uma espécie de acento destinado a marcar a "aspiração", que, inicialmente, era indicada pelo F. I e J eram uma única letra, bem como o U e o V.

Foi a partir do século VI d.C. que essas letras tiveram valores diferentes.

O X foi adotado no começo da República de Roma, como abreviação de um grupo de letras em que entrava o S final.

A letra Z foi introduzida em último lugar, como pronúncia mais suave e afetada das damas romanas.

Os hieróglifos egípcios apareciam apenas nos monumentos arquitetônicos; a escrita "hierática" é que era usuda nos documentos e obras literárias.

Existe uma teoria de que o alfabeto fenício teria sido inspirado dessa escrita "hierática".

Os romanos com as suas conquistas disseminaram o alfabeto latino por toda a Europa.

Somente no século XVI é que os caracteres itálicos entraram em uso, empregados especialmente pelos breves pontifícios e outros documentos oficiais.

Os caracteres de escrita dos chineses, japoneses e outros povos orientais não constituem propriamente um alfabeto, pois o número de caracteres está entre 3 mil e 4 mil.

Os povos antigos, incas e astecas, que habitavam as Américas, tinham o seu alfabeto em forma de "artesanato", isto é, era constituído de nós dados em cordões coloridos amarrados em torno de um bastonete; as mensagens eram assim "escritas" e raros são os exemplares guardados nos museus.

Os caracteres árabes, hebraicos, eslavos e góticos constituem alfabetos, porém formados de sinais diferentes dos hoje denominados latinos ou itálicos.

*
* *

A Parábola dos Talentos

A Maçonaria brasileira, quase em sua totalidade, é composta de membros cristãos; os poucos israelitas, maometanos, budistas aceitam a filosofia cristã, porém, quando recebidos em alguma Loja, prestam seus juramentos sobre o Livro Sagrado de sua escolha.

Não temos, propriamente, um cerimonial de substituição de Livros Sagrados, contudo o Venerável Mestre da Loja saberá como agir.

O comum e regulamentar é adotar-se a "Bíblia", que é o Livro Sagrado "Judaico-cristão", formada pelos Velho e Novo Testamentos.

O aspecto histórico da Maçonaria nos vem de épocas anterio-res ao Cristianismo; mormente para o 2º Grau, destacamos a influência dos filósofos antigos, como Sócrates, Platão, Solon, Licurgo e Pitágoras.

Não há, especificamente, um estudo sobre Jesus, o Cristo, como no Grau 18,[61] e poucas são as referências feitas aos Evangelhos.

No Velho Testamento, encontramos motivo de referências, face os comentários sobre a construção do templo de Salomão, mas que, no 3º Grau, encontra motivação de estudo mais prolongado.

Há, porém, na filosofia cristã, lições preciosas para o Companheiro, e uma delas é a Parábola dos Talentos:[62]

"Pois é assim como um homem que, partindo para outro país, chamou os seus servos e lhes entregou os seus bens: a um, deu cinco talentos; a outro, dois; e a outro, um, a cada qual Segundo a sua capacidade; e seguiu viagem.

---

61. Vide a obra: *Príncipe Rosa-Cruz e Seus Mistérios*, do mesmo autor.
62. Tradução do grego; publicação de *American Bible Society*. New York.

O que recebera cinco talentos foi, imediatamente, negociar com eles e ganhou outros cinco; do mesmo modo o que recebera dois, ganhou outros dois.

Mas o que tinha recebido um só, fez uma cova no chão e escondeu o dinheiro do seu senhor.

Depois de muito tempo, voltou o senhor daqueles servos e ajustou contas com eles.

Chegando o que recebera cinco talentos, apresentou-lhe outros cinco, dizendo: Senhor, entregaste-me cinco talentos; aqui estão outros cinco que ganhei.

Disse-lhe o seu senhor: Muito bem, servo bom e fiel, já que foste fiel no pouco, confiar-te-ei o muito; entra no gozo do teu senhor.

Chegou, também, o que recebera dois talentos, e disse: Senhor, entregaste-me dois talentos; aqui estão outros dois que ganhei.

Disse-lhe o seu senhor: Muito bem, servo bom e fiel, já que foste fiel no pouco, confiar-te-ei o muito; entra no gozo de teu senhor.

Chegou, por fim, o que havia recebido um só talento, e disse: senhor, eu soube que és um homem severo, ceifas onde não semeaste, e colhes onde não joeiraste; e, atemorizado, fui esconder o teu talento na terra; aqui tens o que é teu.

Porém, o seu senhor respondeu: Servo mau e preguiçoso, sabias que ceifo onde não semeei, e que recolho onde não joeirei? Devias, então, ter entregado o meu dinheiro aos banqueiros e, vindo eu, teria recebido o que é meu com juros.

Tirai-lhe, pois, o talento, e dai-o ao que tem os dez talentos; porque a todo o que tem, dar-se-lhe-á, e terá em abundância; mas ao que não tem, até o que tem, ser-lhe-á tirado.

Ao servo inútil, porém, lançai-o nas trevas exteriores; ali haverá o choro e o ranger de dentes".

Temos três situações dentro da parábola: a do servo que recebeu mais que os demais, devido à sua capacidade, já conhecida pelo seu senhor; a do servo que recebera menos que a metade, isto é, dois talentos, também, cuja capacidade já era presumida pelo senhor; finalmente, a do servo que recebeu um só talento.

Os dois primeiros servos foram "negociar" os seus talentos e os duplicaram.

O último não seguiu o exemplo dos seus companheiros; timidamente "enterrou" o seu talento, conservando-o intacto.

Evidentemente, os servos, no longo período que tiveram para produzir, preocuparam-se em "conservar" o que receberam.

A comercialização dos talentos pelos dois primeiros servos presume uma "troca", uma "permuta" de interesses; na "negociação", podem entrar duas ou mais partes; é a "comunicação" entre os homens.

No caso em tela, o servo toma o lugar do Companheiro, que recebe os ensinamentos conforme a sua capacidade de absorção.

O Companheiro difere do Aprendiz, pois enquanto este se limita a "ouvir", o Companheiro deve "distribuir", trocar experiências, dialogar, enfim, "negociar" os talentos recebidos para, no mínimo, duplicá-los.

Tanto duplicou seus talentos quem recebera cinco, como quem recebera apenas dois.

O importante é "somar" para obter o acréscimo que é evolução.

A parábola diz que: "depois de muito tempo", o senhor voltou.

Não há tempo fixo e preestabelecido para o trabalho com os talentos; não há pressa, pois o tempo não conta quando a permuta se processa.

É evidente que o senhor dera tempo suficiente aos seus servos, e os dois primeiros o souberam aproveitar.

Para o terceiro, tanto o senhor poderia ter retomado logo, como demorado mais; o seu talento estava em lugar seguro.

O servo que recebera apenas um talento não agiu com desonestidade; foi infiel no sentido de que o talento recebido deveria ter produzido fruto, pois constituía "um bem" para o senhor, que esperava, pelo menos, colher os juros.

Juros, aqui, é sinônimo de "afirmação"; recebido o ensinamento, se o Companheiro o compreendeu, já lhe produziu, no mínimo, juros, porque lhe proporcionou alguma coisa de positivo.

Receber um ensinamento e "enterrá-lo" quer dizer pô-lo de lado, em lugar seguro.

É o ensinamento que não foi discernido, que apenas foi lançado e apanhado, mas que não foi tomado em consideração.

Possuir um Ritual e não estudá-lo; possuir uma biblioteca e deixá-la nos armários; ter condições de trabalho e nada fazer; ter bens e guardá-los egoisticamente para si, isso é "enterrar" o talento.

Dentro das Lojas, os Mestres sempre têm uma palavra preciosa para o Companheiro, e se isso não ocorre, o Companheiro já tem em seu poder os talentos recebidos por ocasião de sua elevação.

O senhor premiou os servos bons e fiéis, dando-lhes os talentos que estavam na posse e mais, convidando-os a participar de seu bem-estar.

A lição final foi: "já que foste fiel no pouco, confiar-te-ei o muito".

Os talentos recebidos pelos servos eram considerados o "pouco" pelo senhor.

Foi, portanto, uma experiência para selecionar os servos que deveriam administrar os bens do senhor.

O prêmio para os Companheiros será o ingresso no "gozo do Senhor", que representa a exaltação ao Grau de Mestre, a última etapa da Maçonaria Simbólica.

O servo mau justificou a falta de produção de seu talento, dizendo: "Senhor, eu soube que és um homem severo, ceifas onde não semeaste e colhes onde não joeiraste; e, atemorizado, fui esconder o teu talento na terra, aqui tens o que é teu".

Há diferença entre as resposta do servo mau e a dos demais; estes apresentaram os talentos duplicados ao senhor, mas não os devolveram; aguardaram ordens.

O servo mau apressou-se em devolver o seu talento, porque aquele bem lhe queimava as mãos; desejava livrar-se o quanto antes do incômodo fardo e responsabilidade.

O servo mau, após receber o talento, foi buscar informações sobre o seu senhor, mostrando-se inteligente e esperto.

Caso tivesse, antes, conhecimento sobre a personalidade de seu senhor, não teria aceitado o talento.

Assim, teve tempo suficiente para meditar, planejar e tomar uma decisão; a sua escolha foi desastrosa.

O senhor ceifava onde não semeava; colher na seara onde não limpava era, portanto, além de severo, exigente, obrigando os seus servos a estar atentos e prover para que a seara sempre se encontrasse pronta a apresentar frutos.

Aquele senhor era igual a todos os senhores, pois se os servos estavam sob o seu comando, tinham obrigações a cumprir.

Na Maçonaria, o Candidato é escolhido e convidado a ingressar na Ordem.

Ninguém ingressa na Maçonaria porque quer, e ninguém se candidata.

Porém, quando Aprendiz, cumprindo as suas tarefas, é dele a escolha para a subida de Grau.

O Companheiro está "servindo" ao seu senhor, espontaneamente; sabe o que quer, onde está e para onde deseja ir.

Tem, portanto, obrigação de trabalhar o seu talento, apesar de saber que o senhor é severo.

Os outros dois servos da parábola também sabiam da personalidade de seu senhor.

Existem muitos senhores para o maçom, se tomarmos o vocábulo como sinônimo de deveres.

As leis, o próximo, a sociedade, são senhores severos, que colhem onde nada foi semeado.

Faz-se necessário, para o Companheiro, enfrentar os seus senhores, mesmo que tenham fé, esperança e amor para com o seu senhor dos universos.

A decisão do senhor da parábola foi drástica e justa: premiou os servos bons e expulsou o servo mau, retirando-lhe, antes, o talento que lhe havia entregado.

O Senhor entrega a cada um de nós, talentos; com habilidade e perseverança, podemos usufruir as benesses desses talentos, duplicá-los e até multiplicá-los e gozar os seus frutos.

Mas também corremos o risco de perder o talento recebido.

"Aquele que nada tem, até o que tem, ser-lhe-á tirado"; o servo mau nada tinha; nem sequer a disposição para o trabalho; o pouco que lhe havia sido dado lhe foi tirado.

Quem nada tem, o despreparado para enfrentar a vida, perde até o que tem, isto é, a oportunidade que lhe é dada.

O plano de salvação cristã é um talento; é dado com a condição de que frutifique, isto é, que faça com que o seu Cristo interno cresça; se o talento nada produz, perderá a oportunidade.

A Parábola dos Talentos é uma lição apropriada para os Companheiros, que deve ser profundamente meditada.

*
* *

Os Oráculos

Oráculo era a resposta dada por um deus, quando consultado.

Os povos antigos conservavam os seus oráculos em templos luxuosos, onde sacerdotes e profetas, de ambos os sexos, interpretavam a vontade divina.

Reis e nobres, políticos e comerciantes, acreditavam piamente nas predições e não empreendiam tarefa alguma sem antes obterem orientação de determinado deus.

As "consultas" eram pagas com alto preço, para o sustento do templo.

Entre os mais célebres oráculos da Antiguidade, destacou-se o de Apolo, em Delfos, cidade antiga da Grécia, que hoje se chama Castri.

Era um templo suntuoso, ornado de ouro e prata; a profetisa Pítia era a mais célebre intérprete de Apolo.

Outros oráculos notáveis foram os de Júpiter, em Dodona, antiga cidade do Epiro. O templo erguia-se nas proximidades de uma floresta; o ruído da floresta era interpretado pelos sacerdotes e profetas como resposta às consultas.

O Oráculo de Esculápio, no Epidauro, cidade da antiga Argólia, na Grécia, o templo era frequentado pelos doentes.

Amón, na Líbia; Hércules, em Atenas; Vênus, em Pafos, na ilha de Chipre; Pela, na Macedônia, onde nasceu Alexandre Magno, o Grande.

Os oráculos fixaram-se na Grécia e Roma e, evidentemente, nos povos vizinhos.

Como expressa o vocábulo, oráculo era a resposta oral; havia, também, consultas a profetas que manuseavam instrumentos, vísceras de animais, desenhos na areia, bem como cartas, sinais no firmamento; as respostas podiam ser dadas imediatamente, ou em época fixada pelo adivinho.

Hoje, posto o esclarecimento dos povos, as consultas aos "adivinhos" constituem uma prática usual; mormente nos centros religiosos do folclore africano, o lançamento dos "búzios" e a leitura das cartas estão muito difundidos.

A leitura das linhas das mãos, a análise das assinaturas, a consulta dos signos zodiacais, apesar de constituírem um método mais "científico", encontram adeptos certos; pelos jornais e televisões, diariamente, são compostos horóscopos que predizem o futuro.

A "consulta" aos oráculos ou a qualquer outro meio "informativo" não constitui prática maçônica.

É feita aqui a referência aos oráculos, face o comportamento dos sábios antigos, como Licurgo, com a finalidade de cotejar a crença dos antigos com o que hoje já se conhece.

Contudo, o Companheiro descobrirá, por si, que dentro de cada um de nós, por meio da Meditação, existem meios para conhecer o que nos espera o amanhã, sem que isso signifique o reconhecimento de poderes "ocultos", dogmas ou fanatismos.

Como cientificamente existe uma "terapêutica" do destino, existem no Companheiro poderes ainda não vulgarizados e que pertencem a cada indivíduo que tem o dever de sobre eles manter o mais absoluto sigilo.

*
* *

As Instruções do 2º Grau

Da mesma forma como no 1º Grau, os Companheiros recebem, em Loja, instruções, em número de três.

As instruções contêm o resumo da iniciação e são lidas em voz alta, e delas participam o Venerável Mestre, o Orador e os Vigilantes.

No transcurso do presente trabalho, já nos referimos, minuciosamente, a respeito de quase tudo o que contêm as lições; no entanto, nós as comentaremos, ainda que isso signifique, de algum modo, uma repetição.

As instruções não fazem parte do Ritual; são apenas esclarecimentos dados pelo Venerável Mestre. Cada Companheiro recebe, na oportunidade, um exemplar impresso das mesmas.

Findas estas, o Companheiro passa por um exame, como veremos em capítulo à parte.

As instruções podem ser alteradas à vontade, aperfeiçoadas, ampliadas ou resumidas; podem ser lidas em voz alta, dentro da Loja, ou os participantes podem fazer uma explanação, comportando discussões, sempre com interesse em oferecer aos Companheiros os maiores subsídios possíveis para o seu progresso.

É sempre recomendável que o Companheiro receba do Venerável Mestre uma relação dos livros que deva adquirir, ou recebê-los em carga, se a Loja possuir uma biblioteca.

É curial que o Companheiro apenas por meio das instruções, não poderá adquirir o conhecimento necessário para o seu "curso", a fim de habilitar-se ao mestrado.

Recomenda-se que as instruções sejam lidas pausadamente, podendo os participantes estenderem-se em considerações oportunas, citando exemplos, testemunhos ou experiências, para enriquecer o trabalho.

Nem todas as instruções nas denominadas "Obediências"[63] são iguais; extraímos as nossas[64] do Ritual que nos parece um dos mais inteligentemente elaborados e a cuja fidelidade,[65] não há qualquer dúvida, suspeita, ou reparo a ser feitos.

*
* *

Primeira Instrução

A primeira lição é dada para que o Companheiro, na medida de seus conhecimentos, possa contribuir para o progresso da humanidade, que é a finalidade geral da Instituição maçônica.

Como progresso da humanidade, entende-se o bem-estar so-cial e a evolução científica, pois desses dois fatores se refletirão as demais necessidades, como o amor fraternal entre os povos, a felicidade e a harmonia com Deus.

A primeira instrução diz respeito ao Painel da Loja de Companheiro; o Painel resume as atividades do "curso" do 2º Grau. Sendo a Maçonaria também uma escola, cada Grau representa um curso, e deverá haver, então, um "currículo" a ser desenvolvido, e os elementos indicadores serão obtidos pela interpretação do Painel.

A origem dos componentes da Maçonaria Simbólica vem da construção do templo de Salomão; os operários, artífices, mestres e construtores recebiam, semanalmente, sustento e salário.

O sustento consistia em uma ração de trigo, uma de vinho e outra de azeite.

A comercialização era possível entre os trabalhadores porque do salário recebido em "dinheiro" surgiam as trocas e a aquisição de outros produtos para a complementação do alimento.

Não há notícia a respeito dos gastos com vestuário, tampouco com a manutenção de cada família.

---

63. Grandes Lojas, Grande Oriente do Brasil, Grandes Orientes Estaduais.
64. Grande Loja do Rio Grande do Sul.
65. Supremo Conselho do R. E. A. A. para a R. F. do Brasil.

Nem todos os trabalhadores se faziam acompanhar pelas suas famílias; porém, surgiam em torno do templo de Salomão e nos locais de onde provinham os materiais, as Oficinas, as matas de onde eram extraídas as madeiras; acampamentos, onde, durante longos anos, as famílias cresciam, e os filhos juntavam-se aos pais, para prosseguirem na construção.

Até a construção ter atingido determinada evolução, os pagamentos eram feitos "em campo", isto é, nos locais do trabalho; mas, logo que a nave do templo ficou pronta e as suas respectivas Colunas, os pagamentos passaram a ser feitos no Átrio, e aos pés das Colunas, onde eram arquivados o que hoje denominaríamos de "fichas", os nomes e especializações de cada trabalhador.

Como as identificações, devido ao grande número de trabalhadores, cada vez eram mais difíceis, foram organizadas as Palavras de Reconhecimento para cada especialização.

A História Sagrada descreve com minúcias as duas Colunas, que denominamos, em linguagem maçônica, de coluna "J" e coluna "B". Aliás, é a única descrição existente que se conhece, dando as medidas em côvados.

As Colunas eram de bronze, construídas nos terrenos argilosos das margens do rio Jordão, entre Sucote e Zeredata: o fundador mestre era Hiram Abiff.

Todo esse bronze, junto com os vasos e outros ornamentos, como o "Mar de Bronze", as juntas de bois, foram, posteriormente, retirados pelos invasores sucessivos, que os refundiram para armas de guerra.

Do templo de Salomão, temos apenas uma recordação mínima, hoje o "Muro das Lamentações", local sagrado para o povo israelita.

As Colunas desempenhavam, também, as funções de "casa forte", ou "cofre", onde eram depositados os documentos e registros correspondentes à edificação do templo.

A origem dessas duas Colunas à entrada do templo (além de servirem como ornamentação e cofre) vamos encontrá-la no acontecimento misterioso durante a fuga do Egito, do povo de Israel, que em pleno deserto, eram dirigidos, de dia, por uma imensa coluna de fumaça, e à noite, por uma coluna de fogo.

Essas Colunas não sustentam qualquer teto; foram colocadas como símbolo.

Dentro dos templos atuais, elas também não são sustentáculos; as 12 Colunas que circundam a nave do templo, estas sim, sustentam o teto ou Abóbada Celeste.

O significado dessas duas Colunas hoje engloba uma série de estudos e simboliza muito mais que as do templo de Salomão.

Cada trabalhador tinha a sua tarefa para cumprir, orientado pelo Mestre da obra; assim, os Companheiros abandonavam o grupo geral, deixavam os Aprendizes para trás e subiam por uma escada em caracol; ao pé desta, encontrava-se um Vigilante, que exigia de cada Companheiro uma resposta individual, de ouvido a ouvido, sinais e a Palavra Sagrada. Sendo perfeita a resposta, o Companheiro subia a escada.

A Palavra de Passe está representada no Painel por uma espiga de trigo junto de uma queda d'água.

A Palavra Sagrada foi retirada de uma lenda, referida nas Sagradas Escrituras, envolvendo os Efraimitas.

A escada em caracol era constituída por três, cinco, sete ou mais degraus.

A interpretação desses números hoje foi simplificada na organização da Loja; três governam a Loja, o Venerável Mestre e os dois Vigilantes; cinco a constituem, que são os três governantes e mais dois Companheiros; sete a tornam perfeita, que são os já mencionados, acrescidos por dois Aprendizes ou Companheiros.

Três governam a Loja porque três foram os Grão-Mestres que presidiram a construção do primeiro templo de Jerusalém: Salomão, rei de Israel; Hirão, rei de Tiro, e Hiram Abif, da tribo de Neftali.

Cinco constituem a Loja, em consideração às cinco ordens nobres da Arquitetura: dórica, jônica, coríntia, toscana e compósita.

Sete ou mais a tornam perfeita, porque Salomão gastou mais de sete anos na construção, no acabamento e na consagração do templo de Jerusalém ao serviço de Jeová. Nesse número há referência às sete artes e ciências: Gramática, Retórica, Lógica, Aritmética, Geometria, Música e Astronomia.

Os Companheiros que subiam a escada em caracol, atingido o cimo, encontravam a porta da Câmara do Meio, que estava aberta, porém impedida a passagem pela presença do Segundo Vigilante, para todos os que não fossem Companheiros.

Recebidas as provas convincentes da condição de Companheiros, passavam para a Câmara do Meio do templo, onde encontravam os símbolos usados hoje em toda Loja maçônica.

Há aqui na descrição uma certa falha, eis que está descrito um templo já acabado, quando a presença dos trabalhadores era justificada pelo trabalho que deviam executar.

A presença da escada em caracol constitui uma lenda, pois não há na História Sagrada qualquer referência a respeito.

Ela é uma alegoria, representando um jovem que, tendo passado a sua adolescência como Aprendiz e a sua virilidade como Companheiro, tenta, ousadamente, avançar e subir, apesar do caminho apresentar-se tortuoso e a subida ser difícil. Pela diligência e pela perseverança, chega à idade madura como convém a um esclarecido Mestre.

No Vaticano, na sala de recepções, onde se encontra o trono do papa, foram colocadas duas Colunas, denominadas "Colunas de Salomão", como símbolo da sabedoria; essas Colunas, que refletem uma arquitetura artística, ímpar e sem imitações, sobem em caracol, justamente para afirmar a alegoria e a lenda aplicadas ao 2º Grau.

Os antigos maçons artífices esculpiam na pedra os seus trabalhos; não os construíam com argamassa ou modelagem, mas diretamente no granito ou mármore.

Para eles, era um trabalho ambicioso, uma obrigação religiosa, quando "transmitiam" a sua "mensagem".

Em um sentido geral, a "mensagem" era pessoal, e o artífice, após passar pelo aprendizado, não se limitava a entregar a obra; com ela, entregava uma mensagem tão duradoura como a própria obra.

Outros, recebiam a "ordem" dos Mestres para confeccionar a obra com a "mensagem" por eles sugerida.

O estudo da Geometria e da Matemática era tão necessário como o manejo dos instrumentos.

Faziam da Geometria seu principal estudo, porque cada detalhe de sua obra deveria obedecer às proporções tiradas da própria natureza, onde encontravam a inspiração.

Se no aprendizado, o artífice estudava o manejo dos instrumentos que lhe haviam sido entregues, como Companheiros dedicavam-se ao estudo acurado da Geometria hermética, isto é, extraíam de "dentro de si mesmos" as medidas equilibradas para a "verdadeira construção", por isso que, em cada obra, havia uma "mensagem", fruto da meditação e revelação da personalidade plasmada à luz da inspiração propiciada pelo Grande Geômetra.

Eram os tesouros extraídos das duas mais puras fontes: a verdade e a justiça emanadas de um coração puro.

Aquele estudo e a dedicação amorosa e perseverante, na qual o tempo não era fator importante, criavam uma obra perfeita, algo palpável, físico, duradouro e que, até hoje, grande volume de obras permanecem para admiração e contemplação de toda a humanidade.

O maçom, quando vê uma obra arquitetônica, acervo de museus, relíquias ciosamente preservadas, e que pode passar as suas mãos sobre a pedra burilada, pelos conhecimentos que possui, pode perfeitamente receber a mensagem vinda do passado, que é sempre nova e oportuna.

Essas velhas tradições não constituem apenas o orgulho de uma Arquitetura do passado, nem valem pelo que representam em moeda, mas sim a dedicação, a perseverança, o esforço e, sobretudo, o "resultado" de um trabalho proveitoso.

Tudo isso está no Painel da Loja de Companheiro, e dela, todos nós participamos, porque a sua "mensagem" hermética nos atinge mesmo se ainda não conseguimos penetrar no significado simbólico. Basta a existência da obra para "testemunhar" a existência da possibilidade da evolução criativa e tornar-se o Companheiro um sábio, um artista ou um cientista, dentro da Arte Real, que é nossa Oficina.

O anatomista, ao estudar o esqueleto humano, tem diante de si um amontoado de ossos; cada um desempenha sua função, em local exato; cada um apresenta uma forma diferente da do outro, embora alguns apresentem semelhanças; cada um apresenta saliências, cavidades, protuberâncias, enfim, desde os mínimos orifícios até as ranhuras profundas, cada aspecto recebe um nome; assim, o anatomista conhece a estrutura do corpo humano, nos seus mínimos detalhes.

E assim prossegue com o estudo dos nervos, dos músculos, das entranhas, das partes periféricas. Cada milímetro apresenta aspectos diferentes, sem contar o intrincado sistema das células, dos humores, do sangue.

A obra está diante do anatomista que a conhece, porém a conhece como obra inerte.

O organismo humano, vivo, apesar de apresentar toda estrutura e conjunto de aspectos idênticos ao cadáver, é um corpo diferente, porque tem vida.

As suas "reações" não são encontradas no cadáver, nem as emoções, o sistema nervoso e a inteligência.

A obra arquitetônica é semelhante; o corpo humano é um monumento construído pelo Grande Arquiteto do Universo, de forma hermética, que o homem atual ainda não conseguiu desvendar.

A obra arquitetônica de pedra assemelha-se ao corpo humano inerte; ela possui todos os elementos para ser uma "criatura", porém, falta-lhe a vida; essa vida, para o Companheiro, será a mensagem que extrairá da obra e com ela poderá ter uma técnica de vida até então desconhecida e viver feliz; sobretudo, transmitir essa felicidade ao seu próximo.

Esses são os ensinamentos contidos nesta primeira instrução.

*
* *

Segunda Instrução

A segunda instrução contém todos os ensinamentos já proporcionados ao Companheiro, um repasse ou recapitulação para que o Companheiro perceba se está apto a prosseguir, ou se deverá fazer uma pausa e revisar os seus estudos.

A instrução é aplicada por meio de um diálogo mantido entre o Venerável Mestre e os dois Vigilantes O Companheiro não participa do diálogo; limita-se a ouvi-lo.

O Venerável pergunta e os Vigilantes respondem:

P. VENERÁVEL: "Sois Companheiro, Irmão Primeiro Vigilante ?"

A pergunta inicial constitui o princípio do "catecismo", cuja resposta deve ser exata e empregar palavras convencionais, que servem também de "senha".

O Primeiro Vigilante dá a resposta adequada, referindo-se a um dos primeiros símbolos que se estuda no 2º Grau.

P. VENERÁVEL: "Como podeis justificar essa vossa afirmativa?"

Não basta uma resposta, ela deve ser consciente; o Primeiro Vigilante responde que faz a afirmação porque adquiriu consciência de si memo, conhecendo-se, podendo fazer afirmações com segurança e precisão.

Evidentemente, o Primeiro Vigilante será sempre um Mestre, dada a posição que ocupa, e nessa condição as suas respostas são positivas e exatas.

P. VENERÁVEL: "Que é ser Companheiro?"

R. PRIMEIRO VIGILANTE: "O Membro de uma Loja de Companheiros, obviamente, é reconhecido por todos os presentes, apto para exercer a sua 'arte', ou seja, as suas tarefas correspondentes ao Grau com energia de trabalho. Não é suficiente o trabalho, mas este deve ser desempenhado com energia, pois o Companheiro trouxe para a sua coluna, a 'força' adquirida na coluna de onde proveio; o Companheiro tem o dever de realizar o plano teórico traçado pelos Mestres, transformando-o em prática".

Aqui, poderá surgir certa confusão: os planos teóricos são apresentados ao Companheiro pelo Segundo Vigilante, porém, de que planos se trata? Dos planos filosóficos, que constituem a base do Grau, vindos dos nossos antepassados, ou dos planos que os Mestres atuais elaboram para os Companheiros?

A Maçonaria atual muito tem que acrescentar às lições recebidas do passado; todo Mestre está apto para orientar os seus "discípulos", que são os Aprendizes e Companheiros; assim, competirá aos Mestres da Loja de Companheiros elaborar os planos de estudo e de trabalho teórico, a fim de possibilitar que os Companheiros possam, com os conhecimentos que já possuem, transformar os planos em obras.

P. VENERÁVEL: "Por que destes o vosso consentimento em serdes recebidos como Companheiro?"

Tanto no primeiro como no segundo Grau, o Venerável, antes de receber os Candidatos, pergunta a eles se concordam em prestar os compromissos do Ritual, que lhes são explicados.

Qualquer compromisso ou juramento não são impostos; os Candidatos têm toda a liberdade de recusar; não são raros os casos em que Candidatos, já em meio a uma iniciação, retiram-se, sob a alegação de não se encontrarem preparados para o passo que decidiram dar.

R. PRIMEIRO VIGILANTE: "Porque tinha desejo de conhecer os mistérios da natureza e da Ciência, bem como o significado da letra IOD, que corresponde à nossa letra G".

O desejo de conhecer os mistérios da natureza e da Ciência não significa "curiosidade".

A "curiosidade" poderia ser de um profano, mas jamais de um iniciado e, sobretudo, de um Companheiro.

"Desejo", aqui, é sinônimo de "fome"; o Companheiro necessita de alimento para o seu crescimento, e o alimento lhe é fator vital.

Além dos "mistérios" da natureza e da Ciência, o Companheiro deseja penetrar no hermetismo da letra hebraica IOD.

Os maçons israelitas, obviamente, conhecem o significado da letra IOD; esse conhecimento, que faz parte de sua educação, torna-se um "privilégio" que os demais não possuem; assim, será a respeito das lendas e histórico contidos nas Sagradas Escrituras, que é um livro muito "familiar" para o israelita.

Da mesma forma, para o cristão consciente e estudioso, o conhecimento dos Evangelhos lhe dará vantagem sobre aqueles que encontrarão, somente nas Lojas, as notícias, as novidades, a explicação de muitos símbolos, embora os Evangelhos tenham estado à sua disposição desde a meninice.

P. VENERÁVEL MESTRE: "Que significa a letra G?"

O significado da letra G é profundo, como já expomos em capítulo anterior; o Venerável Mestre não questiona o Primeiro Vigilante sobre todos os aspectos da letra G, apenas em quatro.

R. PRIMEIRO VIGILANTE: "Geometria, Gravidade, Gênio e Gnose".

O Venerável Mestre dirige as próximas quatro perguntas ao Segundo Vigilante, que é o capacitado a responder, uma vez que a letra G encontra-se no centro da Estrela Flamígera, que é o símbolo por excelência do 2º Grau.

P. VENERÁVEL MESTRE: "De que Geometria se trata aqui, Irmão Segundo Vigilante ?"

R. SEGUNDO VIGILANTE: "Da aplicável à construção universal; o polimento do homem, para que seja digno de ocupar seu lugar no edifício social".

A construção universal diz respeito exclusivamente a quem pode criar, ou seja, ao Grande Arquiteto do Universo; só por meio de sua obra é que se podem extrair os conhecimentos para dar polimento ao homem.

"Polir", aqui, significa tornar o homem de tal forma receptivo que possa "refletir" a luz recebida. Será o "refletor" da vontade do Grande Geômetra, Deus; somente então poderá o Companheiro ocupar um lugar no edifício social, porque nessa sociedade, dos herméticos, todos refletem a luz divina.

P. VENERÁVEL MESTRE: "Que relação existe entre a geração e o Companheiro?"

A pergunta sugere dois planos distintos; a geração não é um significado da letra G, mas um desdobramento da Geometria; a pergunta ainda é feita dentro do assunto Geometria.

R. SEGUNDO VIGILANTE: "O Companheiro é chamado a fazer a "obra de vida", pondo em ação sua energia vital, que extrai dos conhecimentos que possui sobre a sua própria existência, obedecendo às leis que regem a Geometria".

É o conhecimento Socrático do "conhece-te a ti mesmo"; quando o homem conhecer a sua "natureza", conhecerá todo o Universo; conhecer-se a si mesmo, eduzir de si mesmo, da fonte permanente, eterna, universal, que se situa dentro de si, seja em sua mente, em sua consciência, onde for, constitui o "realizar a obra de vida";

a realização significa pôr em ação uma energia vital que sempre existiu no homem.

Essa é a lição dos nossos sábios antigos e, por incrível que pareça, embora tenham passado alguns séculos e a tecnologia se apresente assombrosa, o homem ainda não busca a si mesmo, ao seu "Cristo" interno, para desvendar todos os mistérios.

P. VENERÁVEL MESTRE: "Em que pode a gravidade interessar à Maçonaria?"

R. SEGUNDO VIGILANTE: "A Atração universal", que tende a aproximar os corpos da ordem física, corresponde, na ordem social, a uma força misteriosa análoga que tende à reunião, e mesmo à fusão das almas. Corresponde à força que une os corações, que assegura a solidez do edifício maçônico, cujos materiais são seres vivos, indissolúveis pela profunda afeição que sentem uns pelos outros. O amor fraternal é, na Maçonaria, um princípio vital de ordem, harmonia e estabilidade, assim como a gravidade o é dos corpos celestes".

A resposta é dada em sentido genérico, pois a gravidade não constitui, para a filosofia hermética, apenas a atração exercida pelos corpos celestes, incluindo a Terra.

Hoje sabemos, com as viagens espaciais, e por experiência vivida, que há atração na Lua e em diversos outros corpos celestes.

Cada Universo possui o seu centro de gravidade, como possui um sol, e demais corpos celestes, diversos daqueles que "gravitam" em torno da Terra.

O interesse do estudo é a função da gravidade, que em resumo pode ser definida como uma "força misteriosa que atrai a si".

Dentro do Cristianismo, a força da gravidade é o espírito crístico. Dentro da Maçonaria, a força da gravidade é o amor fraternal.

O maçom sente-se "atraído" à sua Loja e a frequenta com satisfacão; é a força da gravidade do edifício maçônico.

Edifício social não significa um prédio ou o agrupamento da família maçônica. É a força misteriosa que atrai as almas. Alma, no sentido de um ser vivo; uma alma vivente, mas vida maçônica e não vida vegetativa comum, ou sociedade comunitária dos povos.

Quando se menciona a "ordem social", significa o conjunto de leis que a ordem maçônica estabelece para serem observadas; a Maçonaria não prepara apenas as leis; prepara os indivíduos para que possam obedecer às "suas leis", que são inspiradas nos legisladores antigos, como Licurgo de Atenas.

P. VENERÁVEL MESTRE: "Em que consiste o gênio?"

R. SEGUNDO VIGILANTE: "Na exaltação fecunda de nossas faculdades intelectuais e imaginativas. Desde que o espírito, cal-culadamente, adquira a posse de si mesmo, não sai dos limites do talento que possa conter.

Para chegar a ser gênio, é necessário que se abandone as influências superiores, que se entusiasme, que se vibre aos acordes de uma harmonia mais elevada".

Não esqueçamos que a pergunta é feita dentro de uma Loja de Companheiros. Gênio", na pergunta, não significa uma mente excepcional com um Q.I. superior ao normal.Significa o resultado obtido pelo Companheiro de, após longo e orientado período de meditação, ter chegado ao "conhecimento de si mesmo".

O Segundo Vigilante empregou com acerto o vocábulo "espírito" em vez de "mente", "intelecto" ou "alma".

Espírito significa a "mente do Grande Geômetra".

Não esqueçamos que estamos dentro do significado da letra "G".

A presença de Deus em nós deve ser "consciente".

Uma "presença" inconsciente em nada nos serviria, porque Deus "sempre" está presente em sua criatura, quer queiramos, quer não, quer saibamos ou ignoremos.

Mas, uma "Presença" consciente significa "Comunhão" com Deus.

O "espírito" tomando "posse" do que é seu, comandando as ações do "invólucro", do "continente", sendo ele o conteúdo.

A "presença" do Grande Geômetra, no Companheiro, não extravasa os limites do talento natural.

O Companheiro possui um manancial de talentos suficiente para a realização do plano divino.

Quando a "presença" do Grande Geômetra for notada, sentida e conscientemente vivida, surgirá o gênio.

P. VENERÁVEL MESTRE: "Que significa gnose?"

R. SEGUNDO VIGILANTE: "Em grego quer dizer: "conhecimento". É o conjunto das noções comuns a todos os iniciados que, à força de aprofundar, acabam por se encontrar na mesma compreensão da causa das coisas".

Finda aqui a primeira parte do diálogo mantido entre o Venerável Mestre e o Segundo Vigilante.

O grego, o latim e o hebraico são línguas usadas na Maçonaria, porém, apenas para identificar alguns símbolos ou esclarecer a respeito da filosofia; esse uso encontra explicação no fato de os nossos filósofos antigos provirem da Grécia, de Roma e do Oriente.

Hoje, pouco a pouco, dada a simplificação dos ensinos, os termos gregos, latinos e hebraicos vêm sendo substituídos por vocábulos comuns a cada língua própria de cada povo.

A tendência é o uso de todos os termos estrangeiros devidamente traduzidos; na Universidade, já não se estudam essas línguas, tidas como "mortas".

Gnose é conhecimento. Conhecimento é a ativação do desejo de saber; da fome a respeito do desconhecido, para que seja desvendado.

Gnose é representado pelo "rompimento do véu" que separava, no templo de Salomão, o local considerado santo, onde o sacerdote praticava os atos litúrgicos; com a morte de Jesus, o véu rasgou-se, propiciando, assim, a qualquer homem, o caminho em busca do conhecimento.

P. VENERÁVEL MESTRE: "Como fostes recebido, Companheiro?"

A linguagem maçônica deve ser, sempre que possível, observada; o Companheiro é "recebido", e não "iniciado"; ainda que se trate, realmente, de uma "iniciação".

R. PRIMEIRO VIGILANTE: "Passando de uma coluna para outra".

P. VENERÁVEL MESTRE: "Que representa essa passagem?"
R. PRIMEIRO VIGILANTE: "Uma complementação no programa iniciático. Quando Aprendiz, recebeu seu "salário" junto à sua coluna, a que representa a força; para tanto, o Aprendiz teve necessidade de basear-se na razão, para poder discernir entre a luz e as trevas, entre a verdade e o erro.

Sem se afastar de seu aprendizado, mantendo a mesma disciplina, como Companheiro deverá exercitar a sua "imaginação" e desenvolver a sua "sensibilidade". Depois, estará capacitado a dirigir o seu pensamento às raízes de todos os "fenômenos", "mistérios" e "hermetismos".

O programa iniciático abrange as bases de todos os Graus, desde o 1º até o 33º; esse programa é estabelecido no aprendizado do 1º Grau, e não se altera na ascensão, mas complementa-se, enriquece-se e amplia-se.

O "salário" do Aprendiz é a autorrealização; contudo, aqui, para efeito dessa instrução, será a premiação com a elevação ao 2º Grau.

A razão é a "presença" do Grande Geômetra em função; isso não absorve a "imaginação" do Companheiro.

"Imaginação" pode significar "intuição"; não devemos esquecer que o Companheiro, para atingir o topo de sua coluna, fez cinco viagens e que em uma delas se deteve no estudo dos cinco sentidos.

Basta fechar as pálpebras, recolher o pensamento ocupado por meio de um dos cinco sentidos e, quietamente, dar vasão à imaginação, que será aqui uma função ampliada pelos conhecimentos adquiridos. A "imaginação" só é possível de ser criativa e útil quando elaborada por uma mente disciplinada. Isso o Companheiro aprende.

A "imaginação" deve ser exercitada, ou seja, "burilada", para que produza; seu fruto será: "sensibilidade", isto é, sensível para reagir a qualquer provocação dos seus sentidos.

Em meditação, o Companheiro poderá "dirigir" o seu pensamento e buscar as soluções de que necessita; soluções que não são necessariamente convencionais; podem extravasar ao comum e viajar para lugares ignotos e "criar" novas situações.

A meditação não significa "concentração"; ela nos vem, sofisticada, da Índia.

O Companheiro, em casa, senta-se comodamente em uma poltrona, fecha os olhos e fixa o pensamento em um "mantra", isto é, em uma palavra adequada que o Ritual pode lhe fornecer; a certa seria a Palavra Semestral, recebida durante a formação da Cadeia de União. Com essa palavra na mente, seu pensamento começa a divagar, "nas asas de sua imaginação", até que encontra o "caminho para dentro de si mesmo".

É evidente que o Companheiro deverá solicitar a um Mestre, orientação. Com perseverança, há de sentir o resultado e, então, eis que os seus "sentidos" iniciam uma função até então, para ele, desconhecida; a visão e a audição espirituais são as primeiras manifestações da meditação.

Qualquer livro sobre a Meditação Transcendental do Maharichi Maechi Iogi servirá para o aperfeiçoamento da técnica.

P. VENERÁVEL MESTRE: "Que vos ensinaram no decorrer de vossas viagens?"

R. PRIMEIRO VIGILANTE: "A me servir de utensílios precisos para transformar a pedra bruta em pedra cúbica, talhada de acordo com as exigências da arte".

A pedra bruta, mercê do trabalho do Companheiro, "transforma-se"; o homem é sempre o mesmo, nada se lhe soma ou diminui; apenas eduzem-se dele os valores ocultos; assim passará por uma transformação.

As arestas retiradas da pedra bruta são simbólicas, pois a pedra da Loja maçônica permanece inalterável. Simbolicamente, o Companheiro já não tem nenhuma aresta que possa desvalorizar a sua personalidade e se apresenta como pedra polida, que também se denomina pedra cúbica; a pedra bruta informe passa a ser uma figura geométrica perfeita: o cubo.

O Companheiro recebe na sua trajetória, desde a iniciação para o aprendizado até os últimos instantes em que é Companheiro, os instrumentos necessários para o trabalho na pedra.

P. VENERÁVEL MESTRE: "Quais são esses instrumentos?"

R. PRIMEIRO VIGILANTE: "A princípio, o maço e o cinzel; em seguida, a régua e o compasso; depois, a alavanca; e, finalmente, o esquadro".

São seis instrumentos rudimentares; evidentemente, ninguém poderá trabalhar na pedra com a finalidade de burilá-la e poli-la apenas com estes instrumentos, considerando que a régua, o compasso e o esquadro são instrumentos para a medição; e a alavanca, apenas um auxiliar para se remover a pedra.

A lição que retiramos da simplicidade dos elementos dados aos maçons dos 1º e 2º Graus nos faz compreender que o trabalho é mais mental que físico.

Quais são os instrumentos mais importantes? São justamente os de medida; porém, devemos "trabalhar" com um conjunto de instrumentos; para cada Grau conquistado, novos instrumentos são acrescentados, até que o maçom adquira o conhecimento do manejo de todos os elementos que lhe são proporcionados para vencer.

P. VENERÁVEL MESTRE: "Que significam o maço e o cinzel?"

R. PRIMEIRO VIGILANTE: "Como instrumentos destinados a desbastar a pedra bruta, mostram-nos como devemos corrigir nossos defeitos, tomando resoluções sábias (cinzel), que uma determinação enérgica (maço) põe em execução".

Há uma informação falsa de que a Maçonaria modifica o homem, como se fosse uma escola.

Em tudo, nota-se que o trabalho é autorrealizado; é o próprio neófito que percebe as suas arestas; ele sabe perfeitamente que ele, a pedra bruta, possui arestas supérfluas e as vai retirando, uma a uma.

Não são os Vigilantes nem o Venerável Mestre que manejam o maço e o cinzel; tampouco os Mestres indicarão quais as arestas a retirar.

A pedra bruta representa o homem comum; as arestas do homem normal, a que nós denominamos "profano", são elementos naturais, surgidos com a própria vida.

As ações maléficas; a intolerância; o desamor para com o próximo, o egoísmo, são atitudes normais no homem profano; atitudes aceitas por todos, que provocam, evidentemente, reações também desagradáveis. Assim, porém, é a humanidade.

O neófito, mais tarde Aprendiz; o Companheiro, mais tarde Mestre, adquirem, pondo em funcionamento os seus "sentidos", a consciência de suas "imperfeições".

O portador de "arestas", contudo, não é um indivíduo "imperfeito", pois é criatura de Deus, e o Grande Geômetra cria sempre, com justiça e Perfeição.

Trata-se de "pinçar", com muita sabedoria, dentre milhares de indivíduos, aqueles, talvez, "predestinados" a serem as "exceções", transformando-se em "líderes" espirituais, para conduzirem o resto da humanidade, sem alarde; silenciosamente, também, pelo exemplo.

Constitui um "privilégio" ingressar na Maçonaria, quando o "recipiendário" sabe ver-se quotidianamente, descobrir arestas e eliminá-las.

Os nossos "defeitos", que são sinônimo de "arestas", devem ser "corrigidos" por nós mesmos; ninguém retirará de nós as nossas próprias arestas e tampouco nós podemos retirar dos nossos Irmãos as suas arestas. Trata-se de um trabalho individual.

P. VENERÁVEL MESTRE: "Qual a relação existente entre a régua e o compasso?"

R. PRIMEIRO VIGILANTE: "A régua, permitindo traçar linhas retas que podem prolongar-se ao infinito, simboliza o direito inflexível, a lei moral no que ela tem de mais rigorosa e imutável. A esse "absoluto" se opõe o círculo da relatividade, cujo raio se mede pelo afastamento das pernas do compasso. Ora, como nossos meios de realização são limitados, devemos traçar nossos programas de trabalho considerando não só a ideia do abstrato que nos incumbe seguir (régua), como a realidade concreta (compasso) com as quais estamos habituados".

Não basta termos em mãos uma régua. Precisamos usá-la e fazer o traçado, que é o plano, a meta e o ideal; o Mestre realmente nos auxilia na elaboração dos planos, assim como na construção arquitetônica o mestre orienta o operário; este executa a obra seguindo as plantas que o engenheiro elaborou.

Não podemos vacilar no uso da régua, porque o traçado deverá ser reto e sempre para o "infinito".

Esse infinito deve ser "verticalidade", porém, com os movimentos de rotação da Terra, não sabemos, nunca, em que direção está a verticalidade, tomando, porém, como limite a "luz" de uma estrela, saberemos que a direção será sempre vertical.

A linha traçada deverá ser sempre reta, sem interrupções. Não confundamos o traçado da régua com o traçado por meio do esquadro; ambos os instrumentos traçam retas, porém, com o esquadro sabemos distinguir, imediatamente, uma linha vertical e outra horizontal.

A reta representa o direito, inflexível, e a Lei moral, que sempre são caminhos retos, definidos e conhecidos. Uma conduta reta significa um comportamento dentro dos limites traçados pelo direito, que representa o conjunto de todas as leis.

O compasso "limita" nosso percurso; o limite é necessário porque não convém ao maçom conduzir o seu conhecimento além do que pode absorver; nosso traçado é limitado pelo círculo; estamos presos a limites por nós mesmos traçados, eis que nossa pesquisa e estudo são conscientes; nós devemos ter a consciência de nossa ignorância; como disse Sócrates, o "conhecer-se a si mesmo" significa conhecer o Grau de sua própria ignorância.

O caminho traçado pela régua é infinito, portanto, abstrato; a limitação do círculo nos dá a realidade concreta; paulatinamente, chegado o tempo, esse círculo se abre, e nossa mente poderá abranger outros planos.

P. VENERÁVEL MESTRE: "A que alude a alavanca, Irmão Segundo Vigilante ?"

R. SEGUNDO VIGILANTE: "Ao poder irresistível de uma vontade inflexível, quando inteligentemente aplicada".

A força de vontade tem sido privilégio de poucos; os vencedores podem ter tido origem humilde, berço paupérrimo, porém, a persistência, a perseverança, a insistência, a força de sua mente, a necessidade da vitória, constituem elementos escassos nos indivíduos.

Dentro das Lojas maçônicas, cultiva-se uma técnica de vida que conduz, justamente, ao exercício da força de vontade. Ela é representada pela alavanca.

A força da vontade deve ser dirigida pela inteligência; todos os indivíduos possuem igual quantidade de inteligência, portanto, todos poderiam dirigir sua vontade.

Dentro de uma Loja, por meio dos exercícios feitos, o maçom, com sua inteligência, robustece sua força mental e realiza o seu ideal.

Inteligência pode ser compreendida também como participação da Suprema inteligência em nós.

P. VENERÁVEL MESTRE: "Por que a régua deve juntar-se à alavanca?"

R. SEGUNDO VIGILANTE: "Porque a vontade só é invencível quando posta a serviço do direito absoluto".

A força de vontade, por si só, sendo fruto de um trabalho disciplinado, obviamente, será empregada à luz das leis morais, sociais e divinas.

P. VENERÁVEL MESTRE: "Qual a importância do esquadro?"

R. SEGUNDO VIGILANTE: "Permite controlar o corte das pedras, que devem ser estritamente regulares para se ajustarem, com exatidão, entre si. Assim, simbolicamente, o esquadro determina as condições de solidariedade; emblema da sabedoria, ensina-nos que a perfeição consiste, para o indivíduo, na justeza com que se coloca na sociedade".

Na presente instrução, nota-se que os instrumentos são considerados na sua ação produtiva; são os símbolos em dinâmica.

A instrução diz que o esquadro permite controlar o corte das pedras.

Há, portanto, um seccionamento na pedra que se apresenta já, isenta de crostas; trata-se de utilizar a pedra já preparada na construção do edifício maçônico; em última análise, é a "multiplicação" de si mesmo; é a "produção", a "colheita", na seara que levou tanto tempo no amâino da terra, no plantio da semente, no ajoiramento.

As pedras devem ser perfeitamente regulares para se ajustarem umas às outras; desaparece aqui a individualidade, pois cada obreiro junta as suas pedras já elaboradas, une-as às pertencentes aos seus Irmãos, e todos se põem a edificar.

Assim, as condições da solidariedade, do conjunto, são determinadas pelo esquadro.

O maçom contribui para a sociedade maçônica, que difere da sociedade profana.

Por reflexo, o maçom beneficiará não só a sociedade profana, mas também o mundo espiritual dos sete que habitam os outros planos, e que poderemos referir como a Sociedade Celestial, conhecida também pelo nome de Fraternidade Universal ou Fraternidade Branca.

P. VENERÁVEL MESTRE: "Por que a última viagem do Companheiro deve ser feita sem instrumentos de trabalho?"

R. SEGUNDO VIGILANTE: "Porque a sua transformação em pedra cúbica está completa e, assim, não mais tem de se preocupar com o seu aperfeiçoamento. Cabe-lhe, desde então, concentrar-se e observar, tornando-se acessível aos clarões intelectuais que devem iluminar, progressivamente, o seu entendimento".

Concluindo o trabalho, obviamente o Companheiro descansa, e ao mesmo tempo deixa de lado os seis instrumentos recebidos.

Como pedra cúbica, possui o "autopolimento" suficiente para refletir os clarões recebidos do alto, do seu Mestre absoluto, do Grande Arquiteto do Universo; esses clarões iluminam, ao mesmo tempo, o seu entedimento e o entendimento de seu próximo.

P. VENERÁVEL MESTRE: "Como um Companheiro se faz reconhecer?"

R. PRIMEIRO VIGILANTE: "Por um sinal e por toque".

O Primeiro Vigilante dá uma explicação minuciosa sobre o modo como um Companheiro pode ser reconhecido; trata-se de sigilo do Grau que não pode, de forma alguma, ser revelado.

P. VENERÁVEL MESTRE: "Que significa a Palavra de Passe?"

R. PRIMEIRO VIGILANTE: "Fartura, abundância, daí sua representação no painel da Loja por uma espiga de trigo".

Evidentemente, "fartura e abundância", riquezas do intelecto; sabedoria e conhecimento. É o alimento espiritual representado por uma espiga de trigo, o cereal nobre, que representa o pão da vida.

A origem da Palavra de Passe proveio de uma passagem na guerra entre os israelitas e os efraimitas, como vem referido nas Sagradas Escrituras, o que foi objeto de estudo em capítulo anterior.

A Palavra de Passe, traduzida em linguagem hermética, tem significação mais iniciática, relacionando-se com os Mistérios de Ceres, cujo Simbolismo era agrícola; o iniciado, simbolicamente, devia em Elêusis sofrer a sorte do grão do trigo que morre, no inverno, sob a terra para renascer, na primavera, sob a forma de planta nova.

P. VENERÁVEL MESTRE: "Dizei-me Palavra Sagrada, Irmão Segundo Vigilante."

R. SEGUNDO VIGILANTE: "A palavra (dá a Palavra Sagrada) significa estabilidade, firmeza. É o nome de uma das Colunas de bronze erguidas na entrada do templo de Salomão, onde os Companheiros recebiam o seu salário".

Estabilidade e firmeza, provenientes do armazenamento de conhecimentos.

As Colunas de bronze correspondiam aos obeliscos dos santuários egípcios. Deveriam ter sido cobertas de hieróglifos ou ideogramas que os iniciados aprendiam a decifrar.

A História sagrada, no Livro do Êxodo, faz uma descrição minuciosa, com medidas exatas das Colunas, e silencia a respeito de qualquer inscrição.

A finalidade primeira daquelas Colunas, como já foi referido, era a de facilitar o controle, para pagamento de salários, sobre os milhares de artífices e operários contratados para a construção do templo. Talvez, mais tarde, concluído o Santuário, elas tivessem outra finalidade iniciática; isso, porém, é mera suposição.

A doutrina iniciática trazida por Moisés do Egito foi mantida em sigilo; pelos atos de Moisés, nota-se o emprego da magia, porém, tudo era atribuído à ação de Jeová.

Contudo, as Colunas eram confeccionadas em bronze para indicar que os princípios da iniciação são imutáveis e que se transmitem de uma civilização a outra.

As dimensões das Colunas eram de 18 côvados de altura, sem contar o capitel, que media cinco. Além disso, havia um rendilhado de 12 côvados cercando cada coluna. Os capitéis terminavam em calota, cercada de uma dupla fila de romãs. Essas proporções dão às Colunas um aspecto "fálico" e as aproximam dos numerosos monumentos fenícios consagrados ao poder gerador masculino.

A espessura era de quatro polegadas, porque se supõem ocas para guardar os tesouros e as ferramentas dos Aprendizes e Companheiros.

Nao é aceitável, porém, a interpretação de que as Colunas ocas fossem destinadas a guardar as ferramentas dos milhares de artífices e operários; as Colunas deveriam ter proporções dez vezes maiores, para tal finalidade.

Assim, as Colunas deveriam guardar apenas os instrumentos preciosos ou sagrados.

P. VENERÁVEL MESTRE: "Que representa o Tesouro Oculto das Colunas?"

R. SEGUNDO VIGILANTE: "A Doutrina iniciática, cujo conhecimento está reservado aos que não param na superfície e sabem aprofundar-se".

O conhecimento não vem ao homem gratuitamente; ele é conquistado com trabalho. O salário corresponde à premiação do esforço. O conhecimento é dado a todos, mas isso constitui um conhecimento de superfície. Só o verdadeiramente interessado é que pode aprofundar-se e mergulhar no oceano iniciático.

P. VENERÁVEL MESTRE: "Por que a marcha do Companheiro comporta passos laterais?"

R. SEGUNDO VIGILANTE: "Para indicar que o Companheiro não é obrigado a seguir invariavelmente a mesma direção. Para que possa colher a verdade por toda parte lhe é permitido afastar-se do caminho normalmente traçado. A exploração do Mistério, porém, não o deve desorientar, e, por isso, todo afastamento momentâneo da imaginação deve ser seguido de uma pronta volta à retidão do raciocínio".

Parece existir uma contradição; o Companheiro recebe um traçado, que é elaborado pelos Mestres ou por si mesmo; esse traçado, que é resultado de esforço e estudo, é minuciosamente calculado, não havendo possibilidade de erro.

Contudo, faz-se necessário palmilhar o caminho da experiência; para apreciar a luz, nada melhor que conhecer as trevas; o campo experimental é o laboratório do Companheiro; ele se afasta temporária e aparentemente do traçado definitivo, porém, feita a exploração, conhecido o terreno que lhe parecia misterioso, retorna ao plano original, que é aquele que lhe satisfaz.

P. VENERÁVEL MESTRE: "Quais são, Irmão Primeiro Vigilante, os ornamentos de uma Loja de Companheiros?"

R. PRIMEIRO VIGILANTE: "O Pavimento de Mosaico, a Estrela Flamígera e a Orla Dentada".

"O Pavimento de Mosaico é o soalho do grande Pórtico; a Estrela Flamígera brilha ao centro da Loja para iluminá-la e a Orla Dentada limita e decora as extremidades".

"Os ladrilhos do Pavimento de Mosaico são de iguais dimensões, alternadamente brancos e pretos, traduzem a rigorosa exatidão que a tudo equilibra no domínio de nossos sentimentos, submetidos fatalmente à lei dos contrastes".[66]

Os Ornamentos sempre são símbolos; eles são colocados dentro de uma Loja maçônica, com específica finalidade; na atualidade, o Pavimento de Mosaicos é restrito a um quadrilátero central, sobre o qual é colocado o Ara sagrado.

Aqui, já não tem aplicação a definição dos "contrastes" a que se presta o símbolo com o branco e negro dos seus ladrilhos.

"Qual operário aplicado à realização da Grande Obra, o iniciado no Segundo Grau deve estar compenetrado do interesse de prosseguir na conquista de uma felicidade contínua e sem mescla. Uma felicidade que se perpetue e que não seja perturbada, não pode, como tal, ser considerada; transforma-se em suplício, porque ela

---

66. Vide obra do mesmo autor, *Introdução à Maçonaria*.

fatiga e conduz ao aniquilamento, à morte. A nossa vida consiste na ação, na luta contra todos os obstáculos, no trabalho penoso, mas perseverante empreendido por um ideal a realizar. O esforço, sofrimento provado, é o prêmio da vida, cujas alegrias são exatamente proporcionais às ações empregadas para possuí-las".

Assim, para o Companheiro, o ladrilho branco deverá ser branco, e o negro, permanecer negro; a definição dos seus propósitos; a exatidão do seu querer.

P. VENERÁVEL MESTRE: "Por que a Estrela Flamígera é o símbolo do Companheiro?"

R. PRIMEIRO VIGILANTE. "Porque o Companheiro é chamado a tornar-se um fogo ardente, fonte de luz e de Calor. A generosidade de seus sentimentos deve incitá-lo ao devotamento, sem reservas, mas com discernimento, de uma inteligência verdadeiramente esclarecida, porque está aberta a todas as compreensões".

O Companheiro é "chamado" por quem? Pelo Grande Geômetra, que o atrai a si e o ilumina. De corpo que reflete, passa a ser refletor, a conter em si a luz recebida de "sua" estrela, ardendo nas chamas e no calor, fonte que se "eterniza", pois quem se aproxima de um "sol", por ele é atraído, podendo ocorrer uma "fusão".

P. VENERÁVEL MESTRE: "Por que essa estrela é de cinco pontas?"

R. SEGUNDO VIGILANTE: "É para figurar os quatro membros do homem e a cabeça que os governa. Esta, como centro das faculdades intelectuais, domina o "quaternário" dos elementos ou da matéria. Assim, a estrela de cinco pontas é, mais particularmente, emblema do poder da vontade".

Mais um símbolo subjetivo; o homem, perfeitamente enquadrado dentro de figuras geométricas, que em conjunto formam a estrela de cinco pontas,[67] já referida inúmeras vezes e descrita em capítulo anterior.

---

67. Não confundir com a Estrela Flamígera.

Os quatro membros do homem são inteiramente "comandados"; não possuem, como os órgãos internos, movimentos autônomos que independem de um "comando".

O divino Mestre já deixava o conselho: "Se a tua mão comete escândalo, corta-a e lança-a fora"; isso significa que os membros obedecem cegamente ao comando da mente, embora possam sofrer as consequências de atos inapropriados.

O "comando" impulsiona a perna a dar um passo, porém, se esse passo conduz à beira de um abismo, somente a própria mente poderá sustar a queda; a perna, o pé, não têm discernimento nem vontade própria.

O conjunto das ações deve ser equilibrado a ponto de nenhum membro sofrer.

A estrela de cinco pontas não comporta a "sexta ponta"; deveria conter o sexo, ou seja, o membro viril.

Será a denominada "estrela de Davi", de seis pontas, a condicionar a atividade sexual.

P. VENERÁVEL MESTRE: "Que lugar ocupa a Estrela Flamígera em relação ao Sol e à Lua?"

R. SEGUNDO VIGILANTE: "Está colocada entre esses corpos de maneira a, com eles, formar um triângulo".

"Porque a Estrela Flamígera irradia a luz do Sol e da Lua, afirmando que a inteligência ou a compreensão procede igualmente da razão e da imaginação".

"Porque a Estrela Flamígera irradia a luz do Sol e da Lua, da Loja de Companheiro; a colocação é simbólica, bem como a afirmação de que a Estrela Flamígera irradia a Luz do sol e da Lua.

Na realidade, apenas a Lua, por ser satélite, poderia receber a irradiação luminosa da Estrela Flamígera, porém, invisível para a Terra.

O Sol é o astro rei, que possui luz própria.

Mas, na simbologia da disposição dos símbolos, formam o Sol, a Lua e a Estrela Flamígera, um triângulo.

O significado dado pela instrução do ritual[68] diz respeito a razão, imaginação e inteligência ou compreensão; a inteligência proviria da

---

68. Ritual da Grande Loja do Rio Grande do Sul.

Estrela Flamígera, que contém dentro de si, a figura do Companheiro, em sua ponta vertical, a cabeça, logo, o ponto onde está situada a inteligência.

A razão proviria do Sol, fonte de todas as energias, símbolo do Grande Arquiteto do Universo; a Lua seria a imaginação, por não possuir luz própria, mas ser iluminada pelo Sol.

P. VENERÁVEL MESTRE: "Que entendeis por orla dentada?"

R. SEGUNDO VIGILANTE: "É o lambrequim[69] onde corre a corda formada por uma série de nós, os "laços do amor". É a "Cadeia de União", cujas extremidades, desfiadas em borlas, se reúnem próximo às duas Colunas. O todo é o emblema dos laços que unem todos os maçons para constituírem uma única família sobre a Terra".

A resposta apresenta-se um pouco confusa, pois poderia sugerir ser a orla dentada, a própria corda dos 81 nós.

A orla dentada, ou o lambrequim, é o ornamento colocado à guiza de "lambrequim", entre o teto e a parede, em forma de "triângulos" em cadeia, isto é, uma corrente formada pela sucessão de triângulos.

Nem sempre a corda dos 81 nós é colocada sob, ou sobre a orla dentada; ela pode ser colocada nas Colunas, em número de 12, que circundam a Loja, formando a sua nave.

Também, a orla dentada é vista em algumas Lojas desenhada em torno do pavimento de mosaico, seja no quadrilátero simbólico na parte central da Câmara do Meio, seja contornando o soalho, onde limita com as quatro paredes.

O nome dado à corda dos 81 nós, de "cadeia de união", não significa a "Cadeia de União", ato litúrgico; a corda dos 81 nós é uma "cadeia" de nós que simbolizam união ou laços de amizade.

P. VENERÁVEL MESTRE: "Há outras joias na Loja?"

R. SEGUNDO VIGILANTE: "Sim, Venerável Mestre, três móveis e três imóveis; as móveis são: O "esquadro", insígnia do Venerável Mestre; o "nível", que decora o Irmão Primeiro Vigilante,

---

69. Ornato que pende do elimo sobre o escudo, em cavalaria.

e o "prumo", de que me acho revestido. São denominadas de joias móveis porque, além de passarem, anualmente, a novos serventuários, o esquadro controla o talho das pedras, de que o nível assegura a posição horizontal, enquanto que o prumo permite que sejam colocadas verticalmente".

Essas joias móveis não devem ser confundidas com os instrumentos de trabalho, embora na sua forma física sejam idênticas.

São joias porque adornam os colares usados pelas três luzes, adornando, também, os tronos.

A instrução lhe dá o título de joias móveis porque são trans-feridas aos novos titulares, periodicamente; não se faz necessário que o período seja de um ano; isso depende do que estabelece o Regimento Interno da Loja.

Elas são constituídas joias-símbolo, dada a sua dupla função; a de instrumentos, como necessários para a edificação, isto é, no seu aspecto objetivo; no seu aspecto subjetivo tem outras definições.

P. VENERÁVEL MESTRE: "Sob o ponto de vista moral, essas joias significam alguma coisa, Irmão Primeiro Vigilante?"

R. PRIMEIRO VIGILANTE: "O esquadro nos induz a corrigirmos os defeitos que nos impeçam de manter firmemente nossa posição, na construção humanitária; o nível exige que o maçom tenha como iguais a todos os homens, enquanto o prumo incita o Iniciado a elevar-se acima de todas as mesquinharias, fazendo-o conhecer o valor das coisas".

O significado subjetivo do esquadro abrange a todos os ma-çons; não se refere, apenas, aos Companheiros; notamos nas instruções, lição dirigida direta e exclusivamente ao Companheiro e também, em sentido genérico, a todos os obreiros da Instituição.

A correção dos "defeitos" será ação individual; cada um de nós tem a obrigação de descobrir e corrigir os próprios defeitos; não se faz preciso que alguém nos alerte a respeito; nas Lojas Maçônicas há muita tolerância e só em casos extremos é que são tomadas as iniciativas para chamar à realidade e consciência o obreiro faltoso.

O nivelamento humano diz apenas que todos os homens são iguais nos seus direitos e oportunidades. Porém, não são iguais nas hierarquias, na cultura e no comportamento. Diz-se do Candidato apto a ser aceito à iniciação "livre e de bons costumes"; essas são as condições mínimas para o nivelamento.

Raça, cor da pele, condição social, não serão jamais, para a Maçonaria, obstáculos de ingresso.

A condição econômica, porém, deve ser analisada com precisão, porque o maçom deve possuir meios suficientes, além dos obrigatórios para o sustento de sua família, para "socorrer" os necessitados e atender os gastos para a manutenção da Instituição.

A condição intelectual também é atributo de seleção, porque há necessidade de longos e profundos estudos.

O prumo "incita" o maçom, isto é, impulsiona a colocação do maçom em um plano superior ao das "mesquinharias", ou seja, dos assuntos pueris, pornográficos, no qual a luxúria, a vaidade, o ócio ocupam inadequadamente o pensamento. O maçom deve "conhecer" o valor das "coisas". O vocábulo "coisas" é empregado para definir o curial, o que não possui valor algum, mas que, para tantos, constitui o todo de suas pobres vidas.

O desprezo das "coisas vãs" é resultante do esforço realizado para que o maçom se coloque, como técnica de vida, em uma posição "superior", no sentido moral, sem desprezar os seus semelhantes, mas influenciá-los pela palavra e pelo exemplo.

A máxima socrática do "conhece-te a ti mesmo" relaciona-se à máxima do 2º Grau: "conheças o valor das 'coisas'".

P. VENERÁVEL MESTRE: "Quais são as joias fixas?"

R. PRIMEIRO VIGILANTE: "A pedra bruta, a pedra cúbica e o painel da Loja. A pedra bruta é a matéria sobre a qual se exercitam os Aprendizes, a pedra cúbica serve para os Companheiros ajustarem seus instrumentos e o painel da Loja permite aos Mestres traçarem seus planos.

A pedra bruta representa o homem grosseiro e ignorante, suscetível, porém, de ser educado e instruído; a pedra cúbica figura o iniciado que, livre de erros e de preconceitos, adquiriu os conhecimentos necessários e a habilidade para participar utilmente da Grande obra de Construção universal; o painel da Loja relaciona-se aos Mestres, cuja autoridade se baseia no talento, de que são provas, e no exemplo que devem dar".

As "joias fixas" ou "imóveis" são consideradas no seu aspecto físico; são símbolos objetivos, já analisados em capítulo anterior.

Aqui, a instrução faz alusão à tarefa dos Mestres, indicando, de modo lento, o que espera a ordem do Companheiro, quando atingir a exaltação a Mestre.

Os 33 Graus do Rito Escocês Antigo e Aceito entrosam-se de forma sutil e, pela falta de conhecimento, tanto os Aprendizes como Companheiros e Mestres não se dão conta de que alguns ensinamentos constituem o pórtico de Graus mais elevados. Quando os pertencentes aos Graus simbólicos ingressarem nos denominados Graus Filosóficos, irão se admirar de encontrar esclarecimentos que já lhe haviam sido administrados, embora em linguagem mais simples e menos hermética.

P. VENERÁVEL MESTRE: "Quantas são as janelas existentes na Loja de Companheiro?"

R. SEGUNDO VIGILANTE: "São três, ao Oriente, ao Sul e ao Ocidente; no setentrião não existe janela, porque a luz nunca vem de lá; as janelas são destinadas a iluminar os obreiros, quando ingressam ou se retiram da Loja".

A Loja de Aprendiz difere da Loja de Companheiro; pela pobreza da Maçonaria brasileira, inexistem, como já referimos, templos que contenham Lojas para os três Graus simbólicos; são necessárias adaptações e estas sempre são grotescas, inadequadas e improvisadas.

P. VENERÁVEL MESTRE: "Onde têm assento os Companheiros?"

R. SEGUNDO VIGILANTE: "Ao Sul, trabalhando com liberdade, alegria e fervor".

O Ritual faz referência ao "assento" dos obreiros porque é a postura mais longa dentro da Loja.

Se é importante, relevantemente importante a "postura" de pé, mais relevante é observar a "postura" sentada, para que seja mantida dentro das normas ritualísticas e simbólicas.

A "postura" sentada é estática; a imobilidade do obreiro constitui um exercício para disciplinar o corpo físico, submetê-lo a uma posição adequada para que a mente possa receber o ensinamento, "livre" de qualquer "condicionamento" imposto pelo seu corpo.

Todos os maçons sabem qual é a postura correta, e isso constitui um benefício para o corpo; é o exercício "Yoga" que, dominando o corpo, liberta a mente.

Quem não se disciplina, julga erradamente que a posição longa a que os obreiros são submetidos constitui um sacrifício, provoca câimbras e cansaço; ao contrário. Uma posição correta permite suportar, por um longo período, a "postura".

A posição dada aos Aprendizes, sem lhes permitir encostarem a parte dorsal, porque os seus lugares não possuem encostos, bem como a posição dos Companheiros, um pouco mais cômoda, embora, beneficia a "espinha dorsal", "coluna" do organismo.

Furtando do afã da vida moderna, algumas horas semanais das posições rotineiras, a "postura" correta dentro da Loja é altamente recomendável, proporcionando aos obreiros os benefícios espirituais e físicos.

Os Vigilantes têm obrigação de chamar a atenção, por sua autoridade, dos obreiros de suas Colunas, quando não se postam adequadamente.

Faz-se necessário, outrossim, dar orientação aos obreiros sobre esses aspectos.

A "postura" sentada é comum a todos os três Graus simbólicos, enquanto a "postura" de pé difere de um Grau a outro.

E os obreiros que se encontram no Oriente, nas Lojas de Aprendizes e Companheiros? A "postura" é igual.

Os obreiros que ocupam os lugares destinados às luzes, ou seja, Venerável Mestre e Vigilantes, e os Oficiais, como o Orador, o Secretário, o Chanceler e o Tesoureiro, que possuem tronos, como devem se sentar?

Sua "postura" sentada difere em parte, porque as suas mãos estão executando alguma tarefa; porém, quando não ocupados, devem manter a mesma "postura" dos demais.

As luzes, por terem malhetes em suas mãos, mantêm posturas diferentes; quando de pé, a posição dos pés continua em esquadria; a mão esquerda, no local adequado ao Grau, e a direita elevará o malhete à altura do coração; porém, se preferirem, poderão abandonar o malhete sobre o trono e colocarem-se na postura comum ao Grau.

*
*   *

Terceira Instrução

A terceira e última instrução consiste na administração de noções de Filosofia Iniciática, da parte do Venerável Mestre, e de Simbologia Numérica, da parte do Orador.

São noções que dizem respeito ao 2º Grau[70] e já referidas no presente trabalho; as repetições, tratando-se de uma obra "didática", como pretende o autor, são toleráveis.

Dois são os temas escolhidos: o Enigma da Vida e a Meditação da Verdade.

O primeiro tema comporta as perguntas: O que é a vida? Para que ela serve? Qual é o seu fim?

Essa trilogia se desdobra em questões secundárias, como: Por que o homem não aceita a vida, como fazem os animais, tal como se apresenta? Gozá-la do melhor modo, com feliz despreocupação, não seria mais prático, mais acertado do que torturar o espírito querendo penetrar esses mistérios insondáveis?

Essas questões não impressionam a grande massa dos povos, que só almejam satisfações materiais e imediatas, acreditando em um Deus que castiga e que deve ser venerado.

Porém, e felizmente, sempre existiram homens que buscaram penetrar no âmago dessas questões, alguns, até com verdadeira obsessão, em todos os povos. Os sinais dessa preocupação permaneceram, desde os sumerianos, aos hindus, egípcios, hebreus, gregos e latinos, no esboço do que passou a constituir a civilização e chegaram até nós; alguns intactos, outros fragmentados, até o surgimento dos livros impressos.

---

70. Extraídas de várias obras de Oswald Wirth.

Assim, a Maçonaria seguiu os passos desses "pensadores", verdadeiros sábios, coletando todas as impressões e as redistribuindo, selecionadas e, em muitos casos, ampliando-as dentro do pensamento filosófico moderno.

Dentre o grupo de homens interessados, há os que, pelo incessante trabalho mental, buscam conhecer a existência de outros universos, interrogando, ansiosamente, o Cosmos; e dentro do nosso mundo, a natureza.

Esses pensadores de todas as épocas só se satisfazem quando encontram as explicações almejadas.

Desses esforços todos, surgiram os sistemas filosóficos; alguns transformados em religião; outros em doutrina, mas todos com a finalidade de corresponder às necessidades de saber, inatas no homem em geral.

Assim, encontramos dentro dos "resultados" concebidos apenas pela mente humana verdadeiras heresias e discrepâncias.

Ainda não foi conquistado o denominador comum, que seria a "posse" da verdade.

O mistério persiste; apenas foram definidos raros aspectos; parece que quanto mais avança a humanidade no terreno tecnológico, mais recua o interesse a respeito da verdade.

Quem faz alarde de sua própria sabedoria e anuncia descobertas definitivas, comprova a pobreza de seu espírito.

O verdadeiro sábio, que é iniciado, sempre se mostra humilde em presença de uma verdade, pois a reconhece superior à sua compreensão. Foge, se lhe solicitam ser o instrutor das multidões porque tem consciência de que jamais poderia satisfazer a curiosidade dos discípulos.

O sábio e iniciado, porém, possui a capacidade de encontrar o seu discípulo; aquele que, como terra fértil, recebe a semente e tem condições de germiná-la.

A pretensão de, satisfazendo uma curiosidade, o indivíduo querer "adivinhar" o eterno enigma resultará em fracasso certo e previsto. Nunca saberá a verdade.

A verdade adquire vida e corporifica-se, e como tal, é muito sutil e vivaz para deixar-se prender, penetrar e encontrar; foge.

Há os que nos apresentam a verdade vestida com os trajes escolhidos pelos próprios impostores; a personagem poderá enganar os incautos, porém os verdadeiramente iniciados distinguirão com facilidade a mistificação.

Fugir da mistificação é ação hábil, prudente e própria dos espíritos humildes e conscienciosos.

O maçom, desde os seus tempos de Aprendiz, e agora na condição de Companheiro, recebeu a orientação certa: ele repele as "sugestões" recebidas dos pseudo-sábios; esquece o que se lhe pretendeu impingir; medita e penetra dentro de si, desce no infinito de dentro, dos próprios pensamentos, e assim, aproxima-se da "fonte pura da verdade".

O aprendizado, totalmente à margem de qualquer ensino convencional, devidamente orientado pelos exercícios já executados, pela vivência maçônica, encontrará como Mestre, o Grande Geômetra; como compêndio, seu próprio ser, a sua parte divina; e como escola, o seu "interno", a sua mente, o seu coração.

A soma de todas as suas novas sensações, a compreensão dos símbolos que compõem a edificação da obra, que é sinônimo de vida, e vida humana, representa o caminho na direção certa.

O Companheiro não deve afastar-se da seguinte norma:

"Em matéria de saber, a qualidade supera a quantidade. Sabei pouco, mas esse pouco, sabei-o bem. Aprendei, principalmente, a distinguir o real do aparente. Não vos deixeis apegar às palavras, às expressões, por mais belas que pareçam; esforçai-vos sempre para discernir aquilo que é inexplicável, intraduzível, a Ideia-Princípio, o fundo, o espírito, sempre mal e imperfeitamente interpretado nas frases mais buriladas. É desse modo, unicamente por esse meio, que afastareis as trevas do mundo profano e atingireis a clarividência dos Iniciados".[71]

---

71. Terceira Instrução do Ritual da Grande Loja do Rio Grande do Sul.

Cumpre ao Companheiro selecionar as obras para orientar o estudo; os livros indicados pelos Mestres são necessários, porque a vida moderna não permite longos momentos de meditação.

A escassa meditação praticada dentro das Lojas também não proporciona proveito como necessitam os Companheiros; a meditação é prática muito recomendada, mas pouco usada; faz-se mister uma renovação nos hábitos exercitados dentro das Oficinas.

Para suprir as deficiências por todos conhecidas, as Lojas deveriam[72] organizar as suas próprias bibliotecas, enriquecendo-as com obras adequadas. A meditação, para surtir eficiência, necessita de um ponto de partida; o assunto a pesquisar na "Universidade de dentro" deverá estar já elaborado; e sem a experiência dos que se têm dedicado a escrever, o caminho a percorrer será mais lento e longo.

O Enigma da Vida e a Meditação da Verdade constituem o "desafio" à perseverança do Companheiro.

Chegará para ele a oportunidade.

ORADOR

A "gnose numérica" foi arquitetada pelos sábios maçons antigos, em dados abstratos ligados, particularmente, às propriedades intrínsecas dos números.

A ciência dos números, ou a Numerologia, torna-se base para a compreensão dos símbolos.

O Aprendiz estudou os números até a tétrade pitagórica, ou seja, até o n° 3; o Companheiro partirá do número 4, para chegar aos números 5, 6 e 7.

Geometricamente, 1 representa o ponto; 2, a linha; 3, a superfície, e 4, o sólido, cuja medida é o cubo.

— "1, o ponto sem dimensões, é, porém, o gerador abstrato de todas as formas imagináveis. É o nada contendo o todo em potência, digamos, o criador, o príncipe anterior a toda manifestação, o *archeo*, o obreiro por excelência.

---

72. Opinião do autor.

— 2, a linha, nada mais é que 1, o ponto em movimento e, portanto, a ação, a irradiação, a expansão ou a emanação criadora, o verbo ou o trabalho.

— 3, a superfície, apresenta-se como o plano em que se precisam as intenções, em que o ideal se determina e se fixa. É o domínio da lei necessária, que governa toda a ação, impondo a toda arte suas regras inevitáveis.

— 4, o sólido, o cubo, mostra a obra realizada, por meio da qual se nos revela a arte, o trabalho e o obreiro". O quaternário existe em todas as coisas; faz-se mister, porém, descobri-lo. A concepção quaternária é prática, enquanto a ternária é abstrata.

Cumpre ao Companheiro que não se satisfaz com concepções teóricas realizar as suas ambições, no terreno prático.

Portanto, as concepções abstratas ficaram no aprendizado do 1º Grau; o Companheiro terá no 4 o seu ponto de partida.

O Ideografismo, que é a expressão da ideia escrita, tem como fundamento os seguintes sinais:

O círculo, a cruz (simples), o triângulo (com o vértice para cima) e o quadrado.

Era a Geometria Filosofal da escola platônica; diferente da Geometria de Euclides, que era a ciência da medida e do espaço.

A Geometria Filosofal é sútil, espiritual, mais arte que ciência.

Partindo das formas, as mais simples, dando-lhes um sentido, o espírito pode elevar-se a alturas jamais imaginadas.

Nem sempre a expressão verbal satisfaz; frequentemente, falseia a verdade.

Assim, encontramos, desde os tempos primitivos, homens sábios ocultando seu conhecimento, por meio de uma linguagem figurativa: a Alquimia dava os nomes dos elementos, por formas, partindo, sempre, dos sinais acima referidos, fazendo combinações entre si.

A matéria-prima da grande arte deverá ser extraída da "mina", que está em nós mesmos.

Assim agiram os hermetistas da Idade Média, que aspiravam à transmutação do chumbo em ouro; o vulgo suponha que a transmuta-ção realmente fosse no metal, quando, na realidade, os sábios herméticos desejam transformar o homem rude em homem sábio.

A matéria-prima era humana.

O seu alfabeto era secreto, formado por signos; não revelava a ideografia iniciática; a Intuição, personificada por Ísis, deveria instruí-los.

O círculo vincula-se, Segundo as noções pitagóricas, à Unidade; a cruz, ao Binário; o triângulo, ao Ternário e o quadrado, ao Quaternário.

Três das quatro figuras possuem superfície; a cruz, porém, não é uma figura "fechada"; a cruz simples, formada por dois traços, um horizontal e outro vertical, em Alquimia, não designa nenhuma substância; ela serve para as combinações; a cruz vem substituída pelo triângulo invertido, ou seja, com o vértice para baixo.

Com essas quatro figuras, a inserção da cruz as modificando, foram denominados os elementos; a cruz une-se facilmente ao círculo, realizando uma conciliação ideal dos contrários; há uma afinidade entre a cruz e o quadrado, cujos lados formam o esquadro; a menor afinidade está entre a cruz e os triângulos; somente na base dos triângulos, pela parte externa, é oposta a cruz, representando o elemento de conciliação, o signo religioso, a ligação que verifica e põe em movimento.

Em Astrologia, cada signo foi demarcado com um sinal, mantido em segredo pelos herméticos.

O TETRAGRAMA HEBRAICO

Jeová, o Ser dos seres, o Ser em Si, Aquele que É, representado nas Sagradas Escrituras hebraicas por 4 letras que não se podiam pronunciar, mas apenas escrever; letras, naturalmente hebraicas, em que a primeira, o IOD conhecido pelos Aprendizes, está inserida no triângulo sagrado.

IOD representa o princípio ativo; é o Ser que pensa, que ordena; representa o fogo, como na sarça ardente.

HE, a segunda letra, representa o sopro animador, aquele que deu vida a Adão, feito com barro; representa a vida.

VAU representa a ligação do abstrato ao concreto; é a lei; é o amor que une o pai à mãe, engendrando o filho.

HE é a segunda letra duplicada, que representa a manifestação "visível".

O conjunto constitui a fonte perene da natureza, o supremo mistério da criação; resumindo, as quatro letras hebraicas indicam o nome do ser criador que se divide em quatro partes: o sujeito; o atributo; o objeto e o complemento (direto ou indireto); é uma concepção da gramática.

O QUATERNÁRIO

A Maçonaria, porém, não se fixa apenas no Tetragrama Hebraico; busca, sempre na Antiguidade, outras definições para a Numerologia.

Assim pensavam os antigos:

O quadrado é o símbolo do quaternário; em uma linguagem filosófica, é a quadratura de todo círculo e que expressa o "ciclo da manifestação".

O Quaternário dá limitação e definição à natureza, que é constituída de três princípios ativos, ou qualidade: *raja*, ou enxofre, representando o princípio da "atividade"; *tamas*, ou sal, princípio da resistência; *satva*, ou mercúrio, princípio rítmico.

O quaternário geométrico (o círculo, a cruz, o triângulo e o quadrado) une-se a outras representações: os quatro pontos cardeais; as quatro dimensões einsteinianas; os quatro braços de Brahma; e a cruz (de quatro braços), as quatro estações do ano, os quatro elementos da natureza (Ar, Água, Fogo e Terra); os quatro Vedas, os quatro evangelhos, as quatro verdades; os quatro animais sagrados constitutivos da cruz zodiacal, formando a esfinge e a coroa dos magos: o touro, o leão, a águia e o filho do homem.

O quadrado é a expressão do Quaternário, síntese da Natureza; é a imagem de um templo perfeito, representando o templo de Salomão.

O templo maçônico é um quadrilongo que se estende do Oriente ao Ocidente e de Norte a Sul.

Depois do círculo, o quadrado é a mais perfeita das figuras planas, por possuir seus quatro lados iguais, perfeitamente esquadrejados, reproduzindo seus quatro ângulos, os 360º da circunferência, daí o nome "Quadratura do Círculo".

O QUINÁRIO

A união do ternário com o quaternário forma a pirâmide, o perfeito quinário.

As pirâmides são os testemunhos vivos da sabedoria do antigo Egito, sabedoria arquitetônica que tem um liame perfeito com a Maçonaria.

Na pirâmide, encontramos o ternário divino, que se realiza em cada uma de suas faces, correspondentes aos quatro elementos, cada um dos quais surge em seu aspecto tríplice (atividade, inércia e ritmo), como no zodíaco. Os quatro espigões que unem as faces representam as qualidades comuns aos elementos (masculinos e femininos; positivos e negativos).

O vértice superior indica a quintessência; o quinto princípio, o elemento que corresponde ao verbo inteligente que se manifesta na Loja. É o princípio que deu origem ao Universo. A Loja, como a pirâmide, constitui uma representação perfeita do Universo.

A pirâmide é colocada sobre a pedra quadrada, como símbolo da construção perfeita, social e humana. É a pedra cúbica com ponta.

O quinto elemento nos faz passar do quaternário ao quinário, e do domínio da matéria ao da vida e da inteligência. No plano da criação, foi no quinto dia que Deus criou os animais, deixando-os na Terra, Segundo nos relata o Gênesis. Na vida do homem, mormente do Companheiro, a quintessência é o elemento espiritual que o impulsiona à ação.

A vida vegetativa não tem comparação com a vida espiritual; espírito, aqui, representa a presença do Grande Geômetra na mente do Companheiro.

Entre os homens, a "espiritualidade" apresenta gamas diversas: o "crescimento" de que nos falam os Evangelhos e as Cartas de São Paulo é comparado ao crescimento comum e vegetativo do ser.

Esse estado espiritual, no maçom, surge desde a iniciação, mas se manifesta com mais potência no Companheiro. Seria a definição da quintessência dos elementos; a razão dos filósofos, a cristianização dos cristãos e o nirvana dos hindus. Em uma linguagem poética, poderíamos definir a quitessência como o reino dos céus.

As cinco fases consideradas pelos herméticos, a saber: primeira, a de sua origem (a criação a partir do nada); segunda, como originária dos quatro elementos; a terceira, a energia neles contida, como centro estático equilibrante; quarta, a vida que os anima; e quinta, a inteligência que governa a vida orgânica, ponto de partida para as demais "possibilidades", bem demonstram que lhes faltava apenas um simples toque para a definição final.

Hoje, pelo conhecimento que temos oriundo da Psicologia sobre o que seja a inteligência, temos consciência de que algo muito superior governa o indivíduo que sabe raciocinar.

O saber que Deus está em nós; que nós somos parcela divina; que fomos criados perfeitos, não basta para amenizar a grande ansiedade de um conhecimento mais claro.

O Companheiro sabe de sua origem; sabe por onde andou e suspeita qual será o seu fim; "suspeita", porém, não tem coragem de penetrar no mistério da Quintessência.

O Companheiro chegou até aqui. A sua última Instrução é complexa. Sua mente busca, não uma resposta, mas situar-se no caminho que está trilhando.

Resta-lhe, apenas, uma atitude a tomar: isolar-se um pouco do mundo profano, com as suas obrigações fatais.

Medite. Entre em si mesmo e busque na própria fonte a resposta aos seus anseios.

Essa é a lição que a numerologia lhe propicia, quanto ao número de seu Grau.

O HEXAGRAMA

Quando surgiu o quinário, nascido do centro do quaternário, originou-se a atmosfera psíquica envolvendo a personalidade do Companheiro.

Hermeticamente, essa atmosfera psíquica surgiu da água vaporizada pelo fogo, ou água ígnea, fluido vital carregado de energias ativas.

Essa união é representada pela estrela de seis pontas, ou denominada signo de Salomão.

São dois triângulos entrelaçados, representando, o primeiro, o ser masculino, e o Segundo, o feminino; o primeiro representa a energia individual; o Segundo, o triângulo invertido, simbolizando uma taça, recebe o "orvalho" depositado pela umidade difundida pelo espaço.

A estrela de seis pontas representa o macrocosmo, ou seja, o grande Universo em toda a sua extensão infinita.

O hexagrama expressa o princípio da analogia e a correspondência universal dos herméticos: "O de cima é como o de baixo; o de baixo, como o de acima". São os triângulos do mundo divino e do mundo material; no centro do hexagrama, encontra-se a representação do mundo subjetivo, ou o interior do homem.

O hexagrama é representado em duas cores: o triângulo de cima, na cor vermelha; o de baixo, na azul ou preta.

O hexágono formado na parte interna do hexagrama é encontrado nos favos das abelhas e na forma da maioria dos cristais; essas figuras são chamadas de "arquitetura orgânica".

O SETENÁRIO

Sete é o número da harmonia, que resulta do equilíbrio estabelecido pelos elementos heterogêneos.

É formado pelo número 3 somado ao número 4, ou seja, pelo tetragrama, mais o triângulo.

É o símbolo do delta sagrado, sendo o tetragrama central formado de quatro letras hebraicas, envolvidas pelo triângulo equilátero.

O conhecimento do setenário diz mais de perto ao 3º Grau, representa a "essência do ser", ou seja, a alma humana purificada, fortificada, temperada pelas provas da existência, tendo atingido um estado que lhe permite realizar a "magia", denominada pelo profano de "milagres".

É o número do iniciado perfeito, que é o Mestre.

Representa o dia do "descanso" do Senhor, o dia sagrado, quando a criatura rende homenagem ao seu criador.

*

* *

O Exame

Todos os compêndios sobre o 2º Grau se referem ao exame ao qual o Companheiro deve ser submetido, fornecendo até alguns modelos de questionários.

A "passagem da perpendicular ao nível", fórmula aplicável ao Companheiro, permitirá daquele momento em diante, que ele participe nos trabalhos da Loja.

A perpendicular suporta a "chumbada", que simboliza a descida em "si mesmo" (a transformação alquímica do chumbo em ouro); meditação grandiosa que proporciona a oportunidade de tudo analisar detalhadamente.

Concluído o trabalho individual, finda a "descida", o Companheiro volta-se aos demais Irmãos e "nivela" seu comportamento, permanecendo, todos, no mesmo plano.

O Companheiro, na condição de "livre-construtor", deverá preparar-se para assimilar as lições contidas nos símbolos.

O Aprendiz recebe a primeira letra de sua Palavra Sagrada, porém, necessita proporcionar a segunda, para então receber a terceira.

Desde os primeiros passos, o Companheiro luta para absorver o que aprende.

Não poderá, porém, estacionar no 2º Grau, mas não tem o "direito" de buscar a exaltação.

A admissão de um Candidato profano decorre de um longo estudo, de parte, primeiramente, de quem o apresenta; em Segundo lugar, da Comissão de Sindicância e, em terceiro lugar, da aprovação por unanimidade da Assembleia.

Em tese, o sistema de arregimentação de Candidatos é perfeito; porém, na realidade, cada Loja segue a sua "praxe" e nem sempre a escolha é acertada.

Em cidades pequenas, todos são conhecidos e torna-se muito fácil saber quem serve e da conveniência ou não de solicitar o interesse do profano.

Porém, nas cidades maiores e mormente nas capitais, o problema torna-se difícil de equacionar.

Geralmente, posto seja altamente condenável, basta a própria apresentação feita por um Mestre do Quadro. Este merece fé; o pressuposto de que a sua convivência com o Candidato é razão suficiente para que lhe seja perfeitamente conhecido; a confiança que os obreiros depositam no proponente; as informações elogiosas iniciais, são fatores de plena e geral convicção.

A própria comissão de sindicância busca informações superficiais, dado o pressuposto de que o proponente merece fé.

Os aspectos negativos surgem do fator básico de que o des-preparo existente nas Lojas brasileiras não capacita a maioria dos proponentes a uma escolha acertada.

Dessa deficiência é que surgiu a frase que se tornou axioma: "Se o Candidato não for digno, ele não permanecerá por longo tempo na Loja".

A sua escassa permanência decorre de sua própria vontade. Perdendo o interesse, afasta-se.

E temos então o resultado comum a todas as Lojas: Sessões pouco frequentadas; membros do quadro que permanecem longo período afastados do convívio dos Irmãos e que, muitas vezes, são elevados e exaltados por "antiguidade".

Portanto, quando o Aprendiz se mostra apto à elevação, surge a oportunidade de lhe exigir trabalhos, com a finalidade de compeli-lo ao estudo e à dedicação. Um bom Aprendiz será um Companheiro promissor.

Mas, se o Companheiro, vencido seu tempo para se candidatar à exaltação, não estiver devidamente preparado, teremos um Mestre que não terá condições de apresentar candidatos. Estará formado o círculo vicioso, e a Loja se apresentará como Loja fraca e inexpressiva dentro da Jurisdição.

Daí a necessidade, recomendada pela experiência, de submeter o Companheiro a um exame. Esse exame deverá ser feito dentro da Loja, e o Companheiro deverá responder às questões oralmente.

Apresentar um trabalho escrito não comprovará o conhecimento adquirido, porque será extremamente fácil a consulta aos compêndios.

Porém, as questões devem ser elaboradas inteligentemente e

preparadas de forma individual, para evitar a rotina.

Cada resposta deve comportar uma dissertação e proporcionar a todos os membros da Loja a oportunidade de apartes e perguntas suplementares.

Atingir o 3º Grau não significa apenas a passagem por meio de um cerimonial, para nova situação maçônica, mas a definitiva posição dentro da Loja, onde existe um mesmo plano de conhecimentos e oportunidades, e que poderá conduzir qualquer membro à posição de Venerável Mestre.

O questionário para o exame deverá ser elaborado pelo Orador e deverá atingir não somente a parte doutrinária, mas a personalidade do examinado, a fim de que todos os presentes passem a conhecê-lo e a saber das possibilidades amplas que o novo Mestre terá para o "coroamento da obra".

O exame deve atingir o "comportamento" do examinado; isso constitui a "ciência do comportamento".

O comportamento humano é complexo; de um lado, temos a Fisiologia, investigando os órgãos e células que executam o trabalho orgânico; de outro lado, as ciências sociais, estudando o homem dentro do grupo humano; há a posição intermediária, que centraliza a atenção sobre o "indivíduo", que é a Psicologia; esta estuda as atividades do indivíduo durante toda a sua vida, desde o período embrionário, continuando pela infância, meninice e adolescência, até a maturidade.

Durante esse período, o "indivíduo" mantém-se o mesmo, porém seu comportamento apresenta dualidade: continuidade e modificações.

A Psicologia compara a criança e o adulto, o normal e o anormal, o humano e o animal; aplica as leis gerais que regulam as atividades dos indivíduos muito diferentes entre si; leis do crescimento, da aprendizagem, do pensamento e da emoção.

Em suma, a Psicologia pode ser definida como a ciência das atividades do indivíduo.

A atividade inclui, além das atividades motoras, como andar e falar, as cognitivas (aquisição de conhecimentos), como ver, ouvir, lembrar e pensar; e atividades emocionais, como rir e chorar, sentir alegria ou tristeza.

O tema constante das lições do Ritual, para o Companheiro,

são os seus cinco sentidos. Daí a necessidade de se conhecerem essas atividades, após transcorrido o período do companheirismo.

Segundo o ponto de vista científico, a Psicologia trata das atividades mentais, como aprender, lembrar, pensar, planejar, observar, desejar, amar, odiar.

A atividade mental, porém, também é atividade corporal; o cérebro entra ativamente em toda atuação mental; os músculos e os órgãos também desempenham o seu papel.

Descobrir o funcionamento dos órgãos diz respeito à Fisiologia, ciência que subdivide os organismos em suas partes componentes e procura determinar a contribuição de cada órgão para a vida, considerados um conjunto.

A Fisiologia estuda a função dos olhos na visão; dos órgãos da linguagem nas comunicações verbais; dos músculos no ato de pegar um objeto e, assim, investiga como é que esse órgão a que chamamos de cérebro integra as atividades do indivíduo obrigando-o a acomodar-se ao ambiente.

O indivíduo deve ser estudado como um todo, embora as atividades individuais possam ser decompostas. O indivíduo é uma unidade, é quem ama ou odeia, realiza ou falha; executa tarefas, soluciona problemas, adapta-se com o meio ambiente e na coexistência com outras pessoas.

Essas "interações" entre o indivíduo considerado um todo e o mundo ao seu redor requerem investigações científicas; esse estudo é levado a efeito pela Psicologia.

O indivíduo humano "interage" com outros indivíduos, tomando parte em atividades grupais. É o indivíduo dentro da Maçonaria.

Pode-se tomar o grupo que compõe uma Loja como unidade; o estudo dessas atividades denomina-se Sociologia.

A atividade de uma Loja poderia ser considerada um todo, mas, ao mesmo tempo, descrita individualmente, na medida das realizações de cada componente.

Logo, ao estudarmos a atividade mental e social do Companheiro, deve-se considerar como indivíduo e, ao mesmo tempo, como componente de um grupo.

O Companheiro durante seu aprendizado deu provas de ser tolerante? A Loja o submeteu a testes? O Companheiro mostrou-se eficaz por ocasião de um trabalho em grupo? O Companheiro tomou alguma iniciativa que atingisse todo o grupo? Individualmente, fora da Loja, entrou em contato, "com o trabalho maçônico", visitando Irmãos enfermos; oferecendo auxílio aos necessitados; empreendendo atividade isolada e mais tarde relatada em Loja?

Em suma, o exame deve abranger o trabalho operativo individual e em grupo, o trabalho especulativo, por meio de seus estudos, iniciativas no campo cultural e científico, bem como o discernimento a respeito dos símbolos, da liturgia; o conhecimento do Rito, dos rituais e das leis maçônicas.

Faz-se necessário que uma Loja, por intermédio de seu Venerável Mestre, programe esses exames e pratique, à guisa de ensaios, ocupando todos os obreiros Mestres, para que os resultados sejam proveitosos.

Sem dúvida, uma Loja "intelectualizada" terá mais e melhores probabilidades de evolução, as Lojas cujos componentes sejam culturalmente medíocres.

O campo experimental é de suma importância, mormente em uma Loja de Companheiros, uma vez bem conduzido o Ritual e as suas instruções.

Os Veneráveis Mestres, por ocasião dos seus encontros com Veneráveis Mestres das demais Lojas de uma jurisdição, deverão trocar ideias e permutar experiências, para que o trabalho e as realizações atinjam a maioria, em benefício de uma instituição progressista.

Palavras Finais

Encerramos, aqui, a segunda parte da "trilogia" que nos propusemos a apresentar, sobre o Simbolismo dos três primeiros Graus.

A terceira parte completará o que se convencionou denominar de "Maçonaria Simbólica", ou "Maçonaria Azul", ou seja, os três primeiros Graus do Rito Escocês Antigo e Aceito.

Tentamos, de forma simples, e ao alcance de todos, esclarecer os "mistérios" sobre o 1º Grau, o de Aprendiz, porém, fugindo ao que já existe entre nós e ingressando em um terreno mais prático, qual seja, a interpretação do Ritual.

Recomendamos aos Aprendizes e aos Companheiros que, ao iniciarem a leitura desses dois primeiros livros, façam-no tendo ao lado os respectivos rituais.

O "desenvolvimento" do Ritual, seja na parte correspondente às "Sessões econômicas", ou na parte da "iniciação", obedece rigorosamente à ordem estabelecida nos rituais.

Se ao leitor parecer que de um assunto o autor passa bruscamente a um outro, isso se deve, justamente, à obediência estabelecida aos referidos rituais.

Os leitores que lerem essas duas primeiras obras, se forem membros ativos de Loja maçônica, verificarão, imediatamente, a existência de uma continuidade, eis que, a leitura dos rituais já lhes será familiar.

Para os instrutores, as presentes obras fornecem material farto, equacionado e apto para a apresentação de qualquer assunto, bastando apresentar um resumo para que seja desenvolvido no decorrer do trabalho, com a participação dos Aprendizes ou Companheiros.

O Companheiro, após ler com atenção este livro, estará pronto para apresentar seus trabalhos e ser chamado à exaltação.

O 3º Grau, o do Mestre, ou como se costuma dizer, o do "mestrado", contém, obviamente, a parte mais difícil da trilogia, eis que os alicerces do 3º Grau são constituídos por uma "lenda" que vem sendo interpretada há seguramente um século, das mais variadas formas.

É recomendável que tanto os Aprendizes como os Companheiros já formem a sua "biblioteca maçônica", adquirindo as obras que se encontram à venda, tanto nas sedes de suas instituições como em todas as boas livrarias do país. (Existem livraria especializadas nas capitais)

Não se pode classificar uma obra como boa ou ruim; todos nós somos idealistas e nos propomos a colaborar com nossos esforços para possibilitar ao povo brasileiro, profano ou maçônico, o conhecimento acerca da Maçonaria.

Os autores brasileiros são poucos e encontram séria dificuldade na impressão e sobretudo na distribuição de suas obras, seja pela escassez de editoras especializadas, seja pelo elevado custo do livro.

A Academia Maçônica de Letras reuniu todos os que publicaram, ou que pretendem publicar obras maçônicas, em um esforço digno dos maiores elogios e reconhecimento.

As obras estrangeiras, por sua vez, apresentam duas dificuldades: a língua e o custo.

As bibliotecas (públicas ou privadas) são paupérrimas em obras maçônicas, e não oferecem nenhum subsídio valioso para a pesquisa.

Sendo assim, o leitor, deverá aceitar os modestos trabalhos — plenos de imperfeições e lacunas — com a máxima boa vontade, porque estamos construindo, para o Brasil, uma literatura maçônica. O leitor também deve prestigiar os autores nacionais, divulgando as suas obras, fornecendo-lhes incentivos, críticas e colaborações.

MADRAS® Editora

CADASTRO/MALA DIRETA

Envie este cadastro preenchido e passará a receber informações dos nossos lançamentos, nas áreas que determinar.

Nome _____
RG _____ CPF _____
Endereço Residencial _____
Bairro _____ Cidade _____ Estado ____
CEP _____ Fone _____
E-mail _____
Sexo ❏ Fem. ❏ Masc.   Nascimento _____
Profissão _____ Escolaridade (Nível/Curso) _____

Você compra livros:
❏ livrarias   ❏ feiras   ❏ telefone   ❏ Sedex livro (reembolso postal mais rápido)
❏ outros: _____

Quais os tipos de literatura que você lê:
❏ Jurídicos   ❏ Pedagogia   ❏ Business   ❏ Romances/espíritas
❏ Esoterismo ❏ Psicologia ❏ Saúde   ❏ Espíritas/doutrinas
❏ Bruxaria   ❏ Autoajuda   ❏ Maçonaria   ❏ Outros:

Qual a sua opinião a respeito dessa obra? _____
_____

Indique amigos que gostariam de receber MALA DIRETA:
Nome _____
Endereço Residencial _____
Bairro _____ Cidade _____ CEP _____

Nome do livro adquirido: **_Simbolismo do Segundo Grau_**

Para receber catálogos, lista de preços e outras informações, escreva para:

MADRAS EDITORA LTDA.
Rua Paulo Gonçalves, 88 — Santana — 02403-020 — São Paulo/SP
Caixa Postal 12183 — CEP 02013-970 — SP
Tel.: (11) 2281-5555 — Fax.:(11) 2959-3090
www.madras.com.br

MADRAS® Editora

Para mais informações sobre a Madras Editora,
sua história no mercado editorial
e seu catálogo de títulos publicados:

Entre e cadastre-se no site:

www.madras.com.br

Para mensagens, parcerias, sugestões e dúvidas, mande-nos um e-mail:

marketing@madras.com.br

SAIBA MAIS

Saiba mais sobre nossos lançamentos,
autores e eventos seguindo-nos no facebook e twitter:

@madrased

/madraseditora